스포츠시설 경영론
Sport Facility Management

스포츠시설 경영론
Sport Facility Management

저자 / 윤태훈, 김성훈, 이성민

초판 1쇄 인쇄 / 2015년 9월 13일
초판 1쇄 발행 / 2015년 9월 23일

발행인 / 이광호
발행처 / 도서출판 대한미디어
등록번호 / 제2-4035호
전화 / (02)2267-9731 팩스 / (02)2271-1469
홈페이지 / www.daehanmedia.com

ISBN 978-89-5654-416-8 93690
정가 20,000원

※ 이 책은 저작권법에 의하여 보호받는 저작물이므로 무단으로 전재하거나 복제하여 사용할 수 없습니다.
※ 잘못 만들어진 책은 구입처 및 대한미디어 본사에서 교환해 드립니다.

스포츠시설 경영론
Sport Facility Management

윤태훈, 김성훈, 이성민 공저

Sport Facility Management

머리말

　스포츠 활동은 인간의 삶 전체에 걸쳐 정신적, 육체적 건강을 지키기 위한 필수적인 수단이다. 이러한 스포츠 활동의 중요성은 국가 정책에도 반영되어 국민의 신체와 정신건강, 행복한 삶의 질을 향상시키는 데 기여하고 있다. 과거의 국가정책의 최우선 관심사는 경제의 성장과 안정이었다. 하지만 오늘날 우리 사회는 지속적인 경제성장, 국민소득 증가, 주5일 근무제로 직장생활과 가정생활 내에서 개인의 여가활동 및 건강에 대한 인식이 변화하게 되었다. 따라서 기업이 빠르게 다각도로 변화할수록 사람들의 생각도 여가와 활동을 중시하는 경향으로 바뀌어 가고 있다. 더불어 삶의 질 향상과 레저·스포츠 건강에 대한 문화적 복지적 욕구가 점점 높아지고 있다.

　최근 레저·스포츠 건강은 발전 가능성이 높은 신진 사업 분야로 떠오르고 있으며 국민의 관심 및 관련 시설의 이용이 나날이 증가하는 추세다. 국내의 수많은 스포츠시설들이 국민을 위해 존재하며 국민건강의 중추적인 역할을 하고 있다. 스포츠시설은 단순히 시설 및 공간을 제공하고 서로의 인간관계 커뮤니티가 통하는 휴먼 서비스로의 편의성과 안전성을 바탕으로 이용자들에게 만족감을 줄뿐만 아니라 다채로운 콘텐츠 제공과 다양한 경험을 할 수 있는 시설이어야 한다.

　저자와 비슷한 세대와 이전 세대의 학창시절로 거슬러 올라가면 접할 수 있는 스포츠시설이라고는 교내 운동장 한쪽 구석에 있는 축구골대, 농구골대, 녹슨 철봉, 그리고 약간의 흙과 모래가 섞여진 씨름장이 고작이었다. 저자가 대학에 입학한 후에야 비로소 실내체육관과 탈의실, 샤워실 등을 접하게 되었고 이를 통해 기존 학교 스포츠시설의 현실을 직시하게 되었다. 대학시절 '코오롱 스포렉스'라는 스포츠 관련 현장에서 자원봉사를 하면서는 그동안 접하지 못했던 다양한 스포츠 기구 및 시설을 경험할 수 있었다. 대학을 졸업한 후에는 롯데그룹(스포츠부), 삼성그룹(스포츠단), 호텔신라(휘트니스클럽), 삼성라이온스 야구단 등에서의 본격적인 직장생활을 통해 보다 다양한 스포츠 환경 속에서의 시설들을 경험하게 되었다.

　이렇듯 학교와 다양한 상업적 스포츠시설 현장을 접하면서 실무능력을 쌓기 시작하였고 긴 시간 동안 수많은 경험을 하였다. 이러한 소중한 경험들은 더 큰 발전을 꾀할 수 있는 계기를 형성해 주어 지금의 저자를 만들었다고 해도 과언이 아니다. 현장에서 익힌 지식은 그 누구도 가르쳐주지 않는 그야말로 산지식이었고 또 다른 지식을 함양하는 기회를 제공해 주었다. 또한 각계각층의 사람들과의 만남 속에 형성된 인적 네트워크는 인생의 큰 힘과 재산이 되었다. 이러한 것들이 결국 저자의 본 졸고를 편찬하게 한 원동력이 되었다.

　본인은 스포츠시설 경영과 관련된 전문인을 꿈꾸는 이들에게 혹은 현장에서 활동하고 있으나 기본적 이론을 접하고 싶은 이들에게 깊이 있는 설명, 실제 현장사례, 다양한 시설경영 관련 문제를 제시하고자 노력하였다. 이 책을 접하는 모든 이들이 시설경영과 관련된 폭넓은 지식을 쌓는 데 많은 도움이 되기를 기대하는 바이다.

2015년 9월 윤 태 훈

Contents

PART 01 스포츠시설의 이해

Chapter 1 스포츠시설의 개요

1.1 스포츠시설의 개념과 정의 ··· 2
   1. 스포츠시설의 정의 ··· 2
   2. 스포츠시설의 개념 ··· 5
   3. 스포츠시설의 필요성 ··· 6
   4. 스포츠시설의 기본조건 ·· 6
   5. 스포츠시설의 역할 ··· 6
   6. 스포츠시설의 물량관리 ·· 8
   7. 스포츠시설의 경영 ··· 8

1.2 스포츠시설의 분류 ··· 10
   1. 일반적인 분류 ·· 10
   2. 기타분류 ·· 33
   3. 체육활동공간의 효율적 활용 ····································· 34

1.3 체육시설 조성정책 ··· 36
   1. 체육시설 조성정책의 전개과정 ·································· 36
   2. 국민생활체육진흥종합계획 ······································ 38
   3. 국민체육진흥 5개년계획 ··· 39
   4. 공공체육시설 균형배치 중장기계획 ··························· 41

Chapter 2 스포츠시설의 구성

1.1 스포츠시설의 기준 ··· 43
   체육시설업의 시설기준 ·· 43
   체육시설업의 종류별 기준 ·· 44

1.2. 스포츠시설의 규모 ··· 68
   1. 스포츠시설의 규모 ··· 68
   2. Decision Tree기법 ·· 68
   3. 대기행렬이론 ··· 68

1.3. 스포츠시설의 규격 ··· 69
   1. 등록체육시설 ··· 69
   2. 신고체육시설 ··· 69
   3. 기타 체육시설 ··· 69

Chapter 3   스포츠시설 고객관리

1.1 고객관리의 이해 ·· 77
   1. 고객관리 정의 ··· 77
   2. 고객관리의 특징 ··· 77
   3. CRM의 목적과 활용 ·· 79

1.2 스포츠 소비자의 유형 ·· 82
   1. 관람스포츠 소비자 ··· 82
   2. 참여스포츠 소비자 ··· 82
   3. 스포츠용품 구매자 ··· 83

1.3 스포츠시설의 고객관리 ·· 85
   1. 스포츠시설의 고객관리 ·· 85
   2. 스포츠시설의 고객유지관리 ··· 85

1.4 고객유치관리 ·· 86
   1. 신규고객의 유치관리 ··· 86
   2. 기존고객의 유치관리 ··· 86

1.5 회원권 ·· 90
   1. 회원권의 정의 ··· 90
   2. 회원권의 종류 ··· 91

PART 02 스포츠시설의 경영

Chapter 1 스포츠시설의 운영관리

- 1.1 스포츠시설의 입지 및 배치 ·· 108
    - 1. 스포츠시설의 입지 ·· 108
    - 2. 스포츠시설의 배치 ·· 109

- 1.2 스포츠시설의 경영전략 ··· 110
    - 1. 스포츠시설 경영전략의 개요 ·· 110
    - 2. 스포츠시설 경영전략의 유형 ·· 110

- 1.3 스포츠시설의 운영관리 ··· 111
    - 1. 운영관리의 정의 ·· 111
    - 2. 운영관리의 목표 ·· 111
    - 3. 운영관리의 기본원리 ·· 112
    - 4. 물적관리 ··· 112
    - 5. 안전관리 ··· 113
    - 6. 실내 및 실외 스포츠시설 관리 ·· 116
    - 7. 경기장 인대 및 부대사업 ·· 123

- 1.4 스포츠시설 설치 목적에 따른 운영관리 ·· 124
    - 1. 공공스포츠시설 ·· 124
    - 2. 민간스포츠시설 ·· 127
    - 3. 직장스포츠시설 ·· 128
    - 4. 학교스포츠시설 ·· 128
    - 5. 제3섹터 방식 스포츠시설 ··· 131

- 1.5 뉴스포츠 및 프로그램 개발 ··· 131
    - 1. 뉴스포츠의 정의 ·· 131
    - 2. 뉴스포츠의 특징 ·· 132
    - 3. 뉴스포츠의 종류 ·· 132
    - 4. 프로그램 개발 ·· 135

1.6 스포츠시설의 홍보 및 광고 ·· 136
　1. 스포츠시설의 고객에 대한 정의 ································· 136
　2. 스포츠시설의 홍보 및 광고 ······································· 136
　3. 기타 홍보 및 광고방법 ··· 137
　4. 스포츠시설 프로모션 ·· 137
　5. FCB 모델 ··· 137
　6. 경기장 광고 ··· 138
　7. 입장권 판매 ··· 139

1.7 스포츠시설의 효율적 공간 활용 ·································· 140
　1. 스포츠시설 이용과 공간 활용 ··································· 140
　2. 스포츠시설 활용방안 ·· 141
　3. 스포츠상해와 안전 ··· 151
　4. 스포츠시설 보험 ·· 155

Chapter 2 　스포츠시설의 관계 법령

　1.1 체육시설의 관련 규제완화 등 제도개선 ······················· 163
　1.2 체육시설의 설치·이용에 관한 법률 ···························· 166
　1.3 체육시설의 설치·이용에 관한 법률 시행령 ················ 179

　연습문제 ·· 191
　저자 소개 ·· 273

PART 01

스포츠시설의 이해

스포츠시설은 스포츠활동의 터전으로 운동을 통하여 건강과 즐거움을 추구하는 공간이다. 스포츠 프로그램은 운영의 필수요건이며, 체육활동 참여에 강력한 유인동기로 작용하기도 한다. 스포츠시설을 통해 인간은 건강과 체력을 증진하고, 다양한 욕구를 충족하게 되며, 경제적 부가가치를 생산하기도 한다.

Chapter 1 스포츠시설의 개요

1.1 스포츠시설의 개념과 정의

01 스포츠시설의 정의

① 스포츠시설이란 스포츠를 할 수 있는 공간을 말하며, 이러한 공간에서 운동을 통하여 삶의 즐거움과 기쁨 그리고 삶의 질을 높여 행복한 삶을 추구하는 것을 말한다.

② 스포츠시설에는 시설에 맞는 다양한 프로그램이 있어야 하며, 프로그램에 맞는 정확한 시설의 규격과 지도가 필요하다.

③ 광의의 스포츠시설 : 스포츠에 관련된 모든 스포츠시설(Sports Complex, 월드컵 경기장, 야외수영장 등)과 인공적인 시설, 스포츠에 필요한 용품 등이 이에 포함된다.

④ 협의의 스포츠시설 : 스포츠를 할 수 있는 공간을 말한다.

⑤ 스포츠시설은 다양한 경제적 부가가치를 창출하기도 하며, 사회적·경제적 활동은 물론 경제적 생산요소로서 중요한 가치를 가지고 있다.

⑥ 체육시설의 설치·이용에 관한 법률에서는 체육활동에 지속적으로 이용되는 시설과 그 부대시설을 말한다.

- 부대시설 : 스포츠시설의 기능을 원활하게 운영될 수 있도록 도와주는 시설
  (예 : 실내수영장의 기계실(여과장치), 스포츠센터의 냉·난방시설 등)
- 부속시설 : 스포츠활동에 편리를 제공하는 시설
  (예 : 개인사물함, 파우더룸, 사우나 내 이용실, 린넨실 등)
- 관계적 스포츠시설 : 운동 이외의 사용목적을 가지고 만들어진 시설
  (예 : 하천부지, 공원, 인근 녹지공원, 유희도로 등 현대에 와서 많이 사용되는 시설)

⑦ 스포츠활동을 통하여 건강과 즐거움을 추구하는 공간

⑧ 관점에 따른 스포츠시설
- 사회적 관점 : 스포츠활동의 터전이며, 건강과 즐거움의 추구공간
- 기능적 관점 : 스포츠활동을 위해 설립된 실내·외의 장소

- 경제적 관점 : 스포츠활동을 가능하게 하는 생산적 수단
- 법률적 관점 : 스포츠활동에 이용되는 시설 및 부대시설

TIP 1

파우더룸이란? : 샤워 후 화장을 할 수 있는 공간
일반적인 Membership Center의 파우더룸의 비율 – 남 16개, 여 28개

  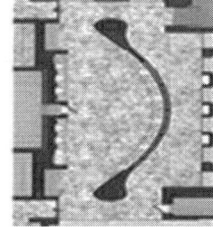 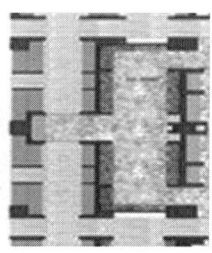

　　남성 파우더룸　　　　　여성 파우더룸　　　　　남성 파우더　　　　　여성 파우더

TIP 2

사우나 온탕 및 냉탕 높이 비교
일반적인 Membership Center의
파우더룸의 비율 – 남 16개, 여 28개

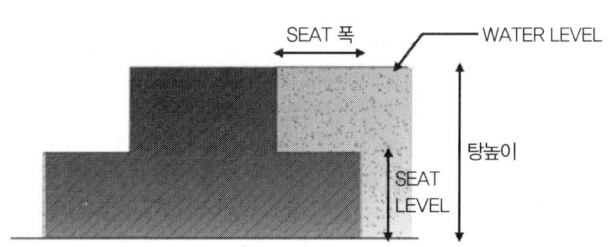

구 분		탕 높이	SEAT LEVEL	SEAT 폭	WATER LEVEL	비 고
반트	남	650	350	300	600	남.녀 탕높이 구분하여 설계
	녀	600	300	300	550	
메리어트호텔 호텔신라		600	300	300	600	남.녀공동
코엑스 인터콘티넨탈		580	260	300	580	남.녀공동
조선호텔		700	400	300	650	남.녀공동
하얏트 호텔		500	250	250	500	남.녀공동

(단위 : mm)

■ 사우나탕 - 동종사 온탕높이 비교

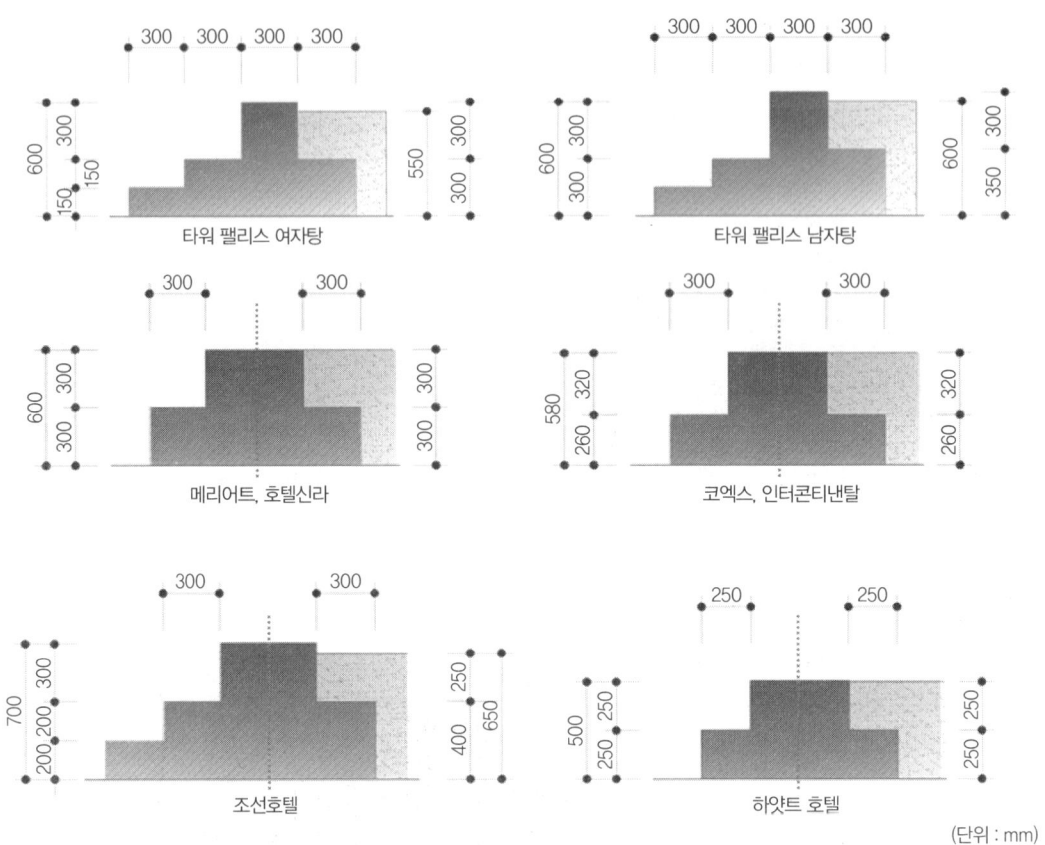

(단위 : mm)

TIP 3

린넨실이란?

린넨(Linen)은 '아마로 짠 직물을 말하며 강인하고도 광택이 있으며 물을 잘 흡수하고 건조가 빨라서 세탁이 편리하며 내균성(균이 생기는 것을 방지)이 좋아서 손수건, 식탁보, 행주, 침구류로 사용된다. 멤버십 스포츠클럽, 호텔에서 침구류를 보관해 놓는 곳을 린넨실, 린넨룸이라고 한다.

린넨실(세탁과 건조)

02 스포츠시설의 개념

① 스포츠시설은 스포츠활동의 터전으로 운동을 통하여 건강과 즐거움을 추구하는 공간이다. 스포츠 프로그램은 운영의 필수요건이며, 체육활동 참여에 강력한 유인동기로 작용하기도 한다. 스포츠시설을 통해 인간은 건강과 체력을 증진하고, 다양한 욕구를 충족하게 되며, 경제적 부가가치를 생산하기도 한다.

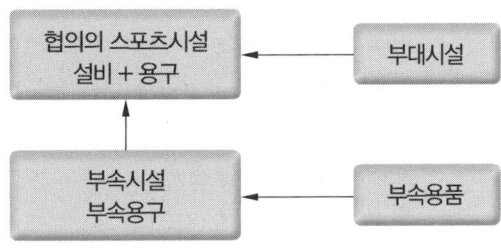

② 학문적 스포츠시설은 '운동에 필요한 물적인 여러 가지 조건을 인공적(Tip 4 참조)으로 정비한 시설과 용기구 및 용품을 포함한 조형물'로 정의하며, 협의의 개념으로는 '운동학습을 위한 각종 장소'로 규정함으로써 스포츠시설의 공간적 개념을 좀 더 부각시키고 있다.

TIP 4

인공암장
- 시각적인 형태와 공간을 비례화하여 주변 환경을 충분히 고려한 설계가 필요하다.
- 벽체와 인공암장면의 색상을 조화롭게 구성한다(37가지의 디자인 패널형태로 다양한 디자인이 가능).
- 홀더의 다양한 컬러로 난이도를 구분한다.
- 안전성의 중요도를 체크한다.
- 전체적인 조도 및 디자인을 고려한다.

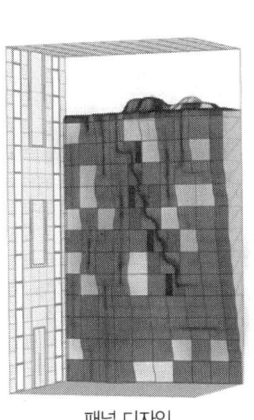

패널 디자인

초·중·고 구분

패널 디자인

③ 체육시설의 설치·이용에 관한 법률(이하 체시법) 제2조 제1호에서는 체육시설을 '체육활동에 지속적으로 이용되는 시설과 그 부대시설'로 정의하고 있다. 또한 국민체육진흥법 제2조에 따르면 체육은 '운동경기·야외운동 등 신체활동을 통하여 건전한 신체와 정신을 기르고 여가를 선용하는 것'으로 규정하고 있다. 따라서 체육시설의 법적 개념은 '건전한 신체·정신 함양과 여가 선용을 목적으로 운동경기·야외운동 등의 신체활동에 지속적으로 이용되는 시설과 그 부대시설'로 정의할 수 있다.

03 스포츠시설의 필요성

① 삶의 가장 중요한 요인은 건강이며, 건강에 반드시 필요한 신체활동은 스포츠를 통하여 이루어진다.
② 국민소득이 향상되고 수준 높은 스포츠를 하기 위해서는 정규 규격에 맞는 스포츠시설이 필요하다.
③ 올바른 운동방법과 효과를 높이기 위해서는 과학적인 운동이 필요하며, 우수한 지도자가 필요하다.
④ 체육시설의 설치·이용에 관한 법률 제3조 및 같은법 시행령 〈표 1-1〉에서는 체육시설을 운동종목 및 시설형태에 따라 구분하고 있으며, 골프장, 골프연습장, 궁도장, 게이트볼장 등 45개의 운동종목을 위한 운동장, 체육관, 종합체육시설을 체육시설로 규정하고 있다.

04 스포츠시설의 기본조건

① 누구나 이용이 편리하고 자주 찾는 시설이 되어야 한다.
② 시설이 견고함은 물론 안전에 문제가 없어야 한다.
③ 이용자의 연령·수준·특색에 맞는 시설이어야 한다.
④ 다양한 용도로 쓰일 수 있는 다기능·다목적 시설이어야 한다.
⑤ 비용이 저렴하여 누구나 쉽게 사용할 수 있는 시설이어야 한다.
⑥ 지속적으로 유지관리가 되어야 하며 관리비가 적게 드는 시설이어야 한다.
⑦ 운동효과 및 건강에 도움이 되는 유용한 시설이어야 한다.

05 스포츠시설의 역할

① 스포츠시설은 스포츠 참여자로 하여금 건강을 유지하고, 증진시킬 수 있는 공간이어야 한다.

TIP 5

개폐식 돔

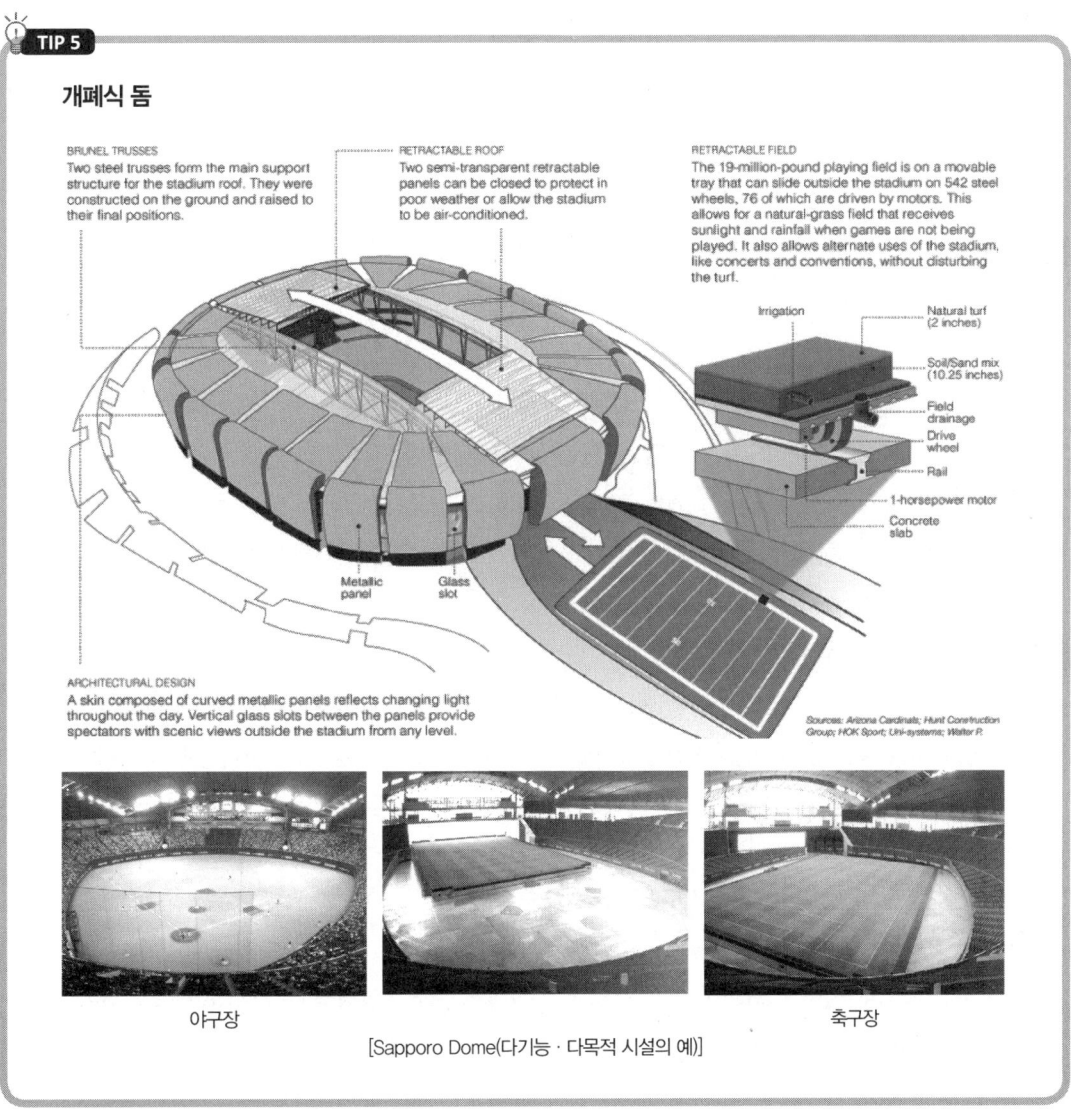

[Sapporo Dome(다기능·다목적 시설의 예)]

② 스포츠시설은 스포츠 참여자로 하여금 여가문화를 퇴폐·향락적이고 비생산적인 활동에서 건전하고 생산적이며 바람직한 활동으로 변화시켜야 한다.

③ 스포츠시설은 스포츠 참여자로 하여금 사회교육의 공간으로 스포츠활동을 하면서 사회에 쉽게 적응을 할 수 있는 공간이어야 한다.

④ 스포츠시설은 스포츠 참여자로 하여금 각계각층의 다양한 사람들이 모여 같이 운동을 하면서 문화를 교류할 수 있는 문화 공간이어야 한다.

⑤ 스포츠시설은 스포츠 참여자로 하여금 공동체를 형성하여 신체활동의 장소만이 아닌 심리적인

유대감까지 함께 할 수 있는 상호작용 공동체 공간이어야 한다.
⑥ 스포츠시설은 스포츠 참여자로 하여금 서로 정보를 공유하고 수익창출에 있어서 공감을 형성할 수 있는 수익창출의 공간이어야 한다.

06 스포츠시설의 물량관리

① 물량관리의 필요성 : 스포츠시설 및 용구는 적정한 수준으로 물량이 관리되어야 이용의 효율성을 증대시킨다.
② 능률적 물량 : 스포츠활동 효과를 극대화시키기 위한 소요 물량이며, 물량결정의 기준이 된다.
③ 경제적 물량 : 경제적으로 사용할 수 있는 물량을 말한다.
④ 소모적 물량 : 스포츠활동 효과가 최대한 발휘하기 위해서는 시설·용구가 완전한 상태로 관리되어야 한다. 이를 위해 소모된 용구의 보충에 필요한 물량이 확보되어야 한다.

07 스포츠시설의 경영

"체시법 제9조(체육시설의 위탁 운영) 국가나 지방자치단체는 제5조(제1항) 및 제6조에 따른 체육시설과 제7조(제1항)에 따른 직장체육시설 중 국가나 지방자치단체가 설치한 체육시설의 전문적 관리와 이용을 촉진하기 위하여 필요하면 그 체육시설의 운영과 관리를 개인이나 단체에 위탁할 수 있다."

(1) 스포츠시설의 경영방법

1) **경영방법의 구분** : 스포츠시설의 경영에는 직접경영과 간접경영 두 가지로 나누어진다.
   - 직접경영 : 소유자와 관리자가 같은 경우로 소유자가 직접 경영하는 방식을 말한다.
   - 간접경영 : 소유자와 관리자가 다른 경우이다.

2) **간접경영은 다시 위탁경영과 임대경영으로 구분된다.**
   - 위탁경영 : 소유자와 경영자가 다른 간접경영 형태를 말하며, 일반적으로 정부 또는 지방자치단체가 투자하여 소유하고, 경영은 다른 사람에게 위탁하므로 투자자는 직접 경영에 참여하지 않는다. 소유자는 위탁자에게 장기간(보편적으로 30년 정도) 위탁하여 투자를 상환할 수 있는 시간을 보장해 주는 형태이다.
   - 임대경영 : 위탁경영이 장기간임에 비해 임대경영의 경우 1~10년 정도의 단기간이다. 민간시설의 경우 1년 단위, 공공시설의 경우 3~5년 기간으로 계약하는 경우가 일반적이다.

※ 스포츠시설의 매각 : 경영권을 다른 사람에게 넘기는 경우를 매각이라고 하며, 공공스포츠시설의 경우 이를 민영화라고도 한다.

(2) 공공스포츠시설의 경영

1) 설치목적 : 공공스포츠시설의 설치목적은 주민복지, 건강증진이 가장 중요한 목적이며 수익을 중점으로 하는 민간스포츠시설과는 구분된다.

2) 공공경영과 민간경영의 차이

	공공경영	민간경영
운영 목적	주민 복지향상	수익발생
경영 원리	공공성 추구	이윤추구
운영 방법	예산분배방식	기업회계방식
경영 수단	공공서비스의 제공	시장경제에 의한 자본조달

(3) 공공스포츠시설의 위탁 경영

1) 위탁경영의 장점

① 경영과 시설활용에 있어서 효율성을 높일 수 있다.

② 인건비, 유지관리비 등 비용 절감이 가능하다.

③ 전문가의 KNOW-HOW로 운영될 수 있다.

④ 공휴일 등 개장시간의 탄력적인 운영이 가능하다.

⑤ 업무 및 행정이 간소화될 수 있다.

2) 위탁경영의 단점

① 특정 주민들에게 편중되어 이용될 가능성이 있다.

② 사고 발생시 책임소재가 불명확할 수 있다.

③ 서비스품질 저하를 초래할 수 있다.

④ 위탁받은 기관의 운영이 잘못되면 여러 가지 문제가 발생할 수 있다.

⑤ 위탁을 명분으로 이권개입 등 부정발생 소지가 있을 수 있다.

1.2 스포츠시설의 분류

01 일반적인 분류

체시법 제3조 및 같은법 시행령 〈표 1–1〉은 체육시설을 운동종목 및 시설형태에 따라 구분하고 있다. 운동종목에 따라서는 골프장, 골프연습장, 궁도장, 게이트볼장 등 45개의 시설과 기타 국내 또는 국제적으로 행하여지는 운동종목의 시설로서 문화체육관광부장관이 정하는 것으로 규정하고 있다. 시설형태별로는 운동장, 체육관, 종합체육시설 등 세 가지 형태로 구분하고 있으며, 운동종목과 시설형태별 체육시설의 종류는 아래의 표와 같다.

또한, 설치주체나 운영주체에 따라 공공체육시설과 민간체육시설로 구분하고 있다. 1994년 체시법이 개정되면서 공공체육시설이라는 용어가 법령에 공식적으로 사용되기 시작하였다. 체시법은 공공체육시설을 시설의 주요 이용자와 이용목적에 따라 전문체육시설, 생활체육시설, 직장체육시설 등 세 가지로 구분하고 있다.

표 1–1. 운동종목별 · 시설형태별 체육시설의 종류

구 분	체육시설의 종류
운동종목	골프장, 골프연습장, 궁도장, 게이트볼장, 농구장, 당구장, 라켓볼장, 럭비풋볼장, 롤러스케이트장, 배구장, 배드민턴장, 벨로드롬, 볼링장, 봅슬레이장, 빙상장, 사격장, 세팍타크로장, 수상스키장, 수영장, 무도학원, 무도장, 스쿼시장, 스키장, 승마장, 썰매장, 씨름장, 아이스하키장, 야구장, 양궁장, 역도장, 에어로빅장, 요트장, 육상장, 자동차경주장, 조정장, 체력단련장, 체육도장, 체조장, 축구장, 카누장, 탁구장, 테니스장, 펜싱장, 하키장, 핸드볼장. 그 밖에 국내 또는 국제적으로 치러지는 운동종목의 시설로서 문화체육관광부장관이 정하는 것
시설형태	운동장, 체육관, 종합체육시설

※ 출처 : 체육시설의 설치 · 이용에 관한 법률 시행령 별표 1

(1) 공공체육시설

공공체육시설이란, 전 국민의 적극적이고 건전한 체육, 스포츠활동을 권장하기 위하여 특정집단이 아닌 일반대중을 위하여 국가 또는 지방자치단체의 예산으로 건설되고, 운영 · 유지되는 체육 · 스포츠시설을 지칭한다(김사엽, 2004).

공공스포츠시설은 여타의 시설보다도 국민의 요구에 부응하는 시설이 되어야 하며, 국민 체육활동의 장으로 중추적인 역할을 담당하여야 한다. 또한 공공성을 최대한 보장한다는 의미에서 일반대중에게 지역적, 시간적으로 균등한 혜택을 부여하여야 한다.

1) 정의

공공체육시설이란 국가나 지방자치단체 또는 공공단체가 국민의 체육활동을 할 수 있도록 하기 위해 설치하여 관리·운영하는 시설(동네 체육시설, 시·도 교육청 및 시·군 교육청, 학생 체육관, 학생수영장 등 포함)을 말한다.

2) 역할

① 스포츠활동 공간

② 건강과 체력관리의 공간

③ 스포츠지도 및 육성의 공간

④ 주민 및 소속 직원의 상호교류 공간

3) 구분

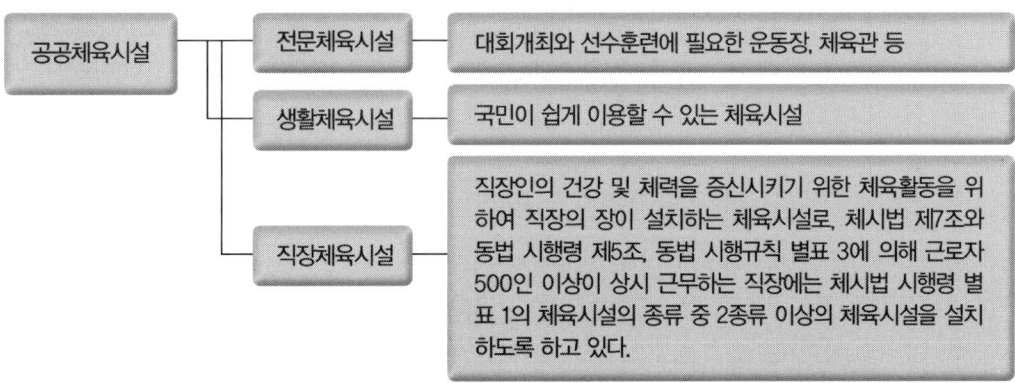

가. 전문체육시설

국내·외 경기대회의 개최와 선수훈련 등에 필요한 운동장·체육관 등의 체육시설을 말하며, 체시법 제5조는 국가와 지방자치단체의 설치의무를 규정하고 있다. 이에 따라 특별시·광역시 및 도에는 국제경기대회 및 전국규모의 종합경기대회를 개최할 수 있는 체육시설을, 시·군에는 시·군 규모의 종합경기대회를 개최할 수 있는 체육시설을 설치토록 하고 있다(체시법 시행령 제3조).

(가) 국가 및 지자체가 설치 운영해야 할 전문체육시설

구분	내용
특별시·광역시·도	국제경기대회 및 전국 규모의 종합경기대회 개최 가능 시설
시·군	시·군 규모의 종합경기대회를 개최할 수 있는 체육시설

(나) 전문체육시설의 종류 : 운동장, 체육관, 실내빙상장, 전국체육시설

(다) 전문체육시설의 설치기준(제2조 관련)

가) 특별시 · 광역시 및 도

시설종류	설 치 기 준
종합운동장	대한육상경기연맹의 시설관계 공인규정에 의한 1종 공인경기장
체육관	바닥면적이 1,056m²(길이 44m, 폭 24m) 이상이고, 바닥에서 천장까지의 높이가 12.5m 이상의 관람석을 갖춘 체육관
수영장	대한수영연맹의 시설관계 공인규정의 의한 1급 공인수영장
기 타	전국대회 개최종목시설, 해당 종목별 경기단체의 시설규정에 따른 시설

나) 시 · 군 전문체육시설의 설치기준

시설종류	구 분		① 혼합형	② 소도시형	③ 중도시형
	적용기준		군, 10만 미만 시	인구 10~15만 시	인구 15만 이상 시
운동장	경기장 규격		공인 제2종	공인 제2종	공인 제2종
	관람석 수		5,000석	10,000석	15,000석
	경기장 면적		20,640m²(6,244평)	20,640m²(6,244평)	20,640m²(6,244평)
	스탠드면적	계	1,822m²	3,526m²	6,178m²
		일반	273m²	455m²	455m²
		본부석	4개소	8개소	14개소
체육관	경기장 규격		폭×길이×높이 24m X 46m X 12.4m	폭×길이×높이 24m X 46m X 12.8m	폭×길이×높이 24m X 46m X 13.5m
	부지면적		6,109m² (1,894평)	7,124m² (2,155평)	8,236m² (4,491평)
	건축면적		1,864m²(564평)	2,196m²(664평)	2,472m²(748평)
	연면적	계	2,541m²(769평)	3,011m²(911평)	3,743m²(1,132평)
		지하층	367m²	393m²	467m²
		1층	1,811m²	1,926m²	2,213m²
		2층	363m²	692m²	1,063m²
	관람석 수		500석	1,000석	1,420석
수영장	경기장 규격		3급 공인	3급 공인	2급 공인
	수영조 규격	길이	50m 또는 25m	50m 또는 25m	50m
		폭	21~25m	21~25m	21~25m
		레인수	8~10레인	8~10레인	8~10레인
	관중석 수		–	–	300석
기타시설			해당 종목별 경기단체의 시설규정에 의한 시설		
비 고			위 기준은 해당 시 군의 인구, 지형, 교통, 등 여건을 감안 조정 가능		

다) 체육진흥시설 지원(광역지역발전특별회계)

운동장, 체육관 등 시·군 기본체육시설, 종목별 체육시설, 지방체육시설 리모델링, 생활체육공원 등 각종 공공체육시설 확충 사업이 2005년부터 국가균형발전특별법에 의하여 일반회계에서 국가균형발전특별회계로 전환되었고, 2009년부터 광역지역발전특별회계로 변경되면서 포괄보조사업인 체육진흥시설 지원사업으로 명칭이 변경되었다. 특별회계로 전환한 것은 지방자치단체 자율성을 높이고, 지역 여건 및 특성 등을 반영한 운동장, 체육관, 종목별 체육시설, 전지훈련시설 등 각종 공공체육시설을 확충할 수 있도록 하기 위해서이다.

2013년에는 서울 3개소 27억 원, 부산 1개소 13억 원, 대구 2개소 1백 25억 원, 광주 2개소 69억 원, 대전 3개소 34억 원, 울산 1개소 2억 원, 경기 20개소 143억 원, 강원 9개소 88억 원, 충북 17개소 70억 원, 충남 9개소 109억 원, 전북 29개소 125억 원, 전남 25개소 140억 원, 경북 7개소 18억 원, 경남 16개소 59억 원, 제주 1개소 6억 원 등 총 145개소 1천 33억 원이 지원되었다.

표 1-2. 2013 체육진흥시설 예산 지원내역   (금액단위 : 백만 원)

지방자치단체		세부사업	예산액
합 계		145개소	103,345
서울특별시		3개소	2,700
서울	영등포구	제2구민체육센터 건립(신규)	1,000
	노원구	제2구민체육센터 건립(신규)	1,000
	서대문구	구민체육센터 건립(신규)	700
부산광역시		1개소	1,300
부산	북구	청소년 복합문화체육시설건립(계속)	1,300
대구광역시		2개소	12,500
대구	본청	야구장 건립(계속)	12,000
	달성	종합스포츠파크조성(계속)	500
광주광역시		2개소	6,900
광주	남구	다목적체육관 건립(계속)	2,000
	본청	국민생활관(종합체육회관건립) 증축(신규)	4,900
대전광역시		3개소	3,450
대전	본청	덕암축구센터 조성(계속)	1,170
	본청	한밭수영장 노후시설 보수(신규)	1,230
	본청	송강실내테니스장 건립(신규)	1,050

지방자치단체		세부사업	예산액
울산광역시		1개소	240
울산	본청	연암배드민턴장 조성(신규)	240
경기도	수원시 外 19개소	씨름 경기장 건립(계속), 종합스포츠센터 건립(계속) 등	14,230
강원도	속초시 外 8개소	생활체육공원 조성(계속), 자전거 테마공원(신규) 등	8,890
충북	충주시 外 16개소	앙성 생활체육공원 조성(신규), 옥산 생활체육공원 조성(신규) 등	7,069
충남	계룡시 外 8개소	종합운동장 건립(계속), 종합운동장 건립(계속) 등	10,972
전북	정읍시 外 28개소	장애인종합스포츠센터 건립(신규), 장애인체육시설(신규) 등	9,348
전남	보성군 外 24개소	종합운동장 개보수(신규), 공설운동장 부대시설 확충(신규) 등	14,064
경북	칠곡군 外 6개소	덕산생활체육공원 조성(계속), 생활체육공원 조성(신규) 등	1,850
경남	양산시 外 21개소	하북스포츠파크 조성(신규), 서창운동장 정비(신규) 등	5,902
제주특별자치도		1개소	600
제주	본청	승마경기체육시설 조성(계속)	600

라) 전국체전시설

매년 전국체육대회의 성공적인 개최와 운영을 위해 유치가 확정된 시·도의 미보유(규격미달 등) 경기장을 확보하기 위한 목적으로 전국체전시설 건립 지원 사업을 추진하고 있다. 2013년 전국체육대회가 개최된 인천에는 문학경기장 28억 2천만 원, 시립도원수영장 2억 6천 6백만 원, 인하대 체육관 2억 6천 5백만 원, 경인교대 체육관 1억 9천 4백만 원, 해사고 체육관 1억 2천 9백만 원 등 총 21개소에 42억 원이 지원되었다.

표 1-3. 전국체전시설 지원실적 (단위 : 백만 원)

개최년도	지역	지원금액	지원대상
'82	경남	1,200	마산야구장(1,200)
'83	인천	200	종합운동장(200)
'84	대구	2,000	종합운동장(500), 수영장(1,500)
'85	강원	4,500	춘천종합운동장(3,000), 벨로드롬(500), 원주운동장(500), 강릉운동장(500)
'87	광주·전남	7,000	광주체육관(2,800), 목포운동장(400), 체육관(600), 수영장(1,700), 나주사격장(700), 벨로드롬(800)
'89	경기	3,000	성남로울러장(300), 의정부벨로드롬(700), 안양수영장(2,000)
'90	충북	7,000	청주수영장(3,600), 롤러장(1,430), 궁도장(170), 사격장(1,100), 음성벨로드롬(600)

연도	지역	금액	내역
'91	전북	8,000	전주수영장(2,500), 벨로드롬(1,500), 롤러스케이트장(1,000), 승마장(500), 군산체육관(1,500), 이리운동장(1,000)
'92	대구	3,843	사격장(360), 롤러장(1,010), 다이빙장(250), 테니스장(505), 승마장(1,168), 궁도장(300), 조정카누장(250)
'93	광주	4,000	수영장(4,000)
'94	대전	4,913	수영장(2,736), 벨로드롬(2,177)
'98	제주	5,500	제주체육관 4개소(2,300, 동흥, 조천, 한경, 안덕, 표선체육관(2,000), 서귀포궁도장(600), 서귀포테니스장(600)
'01	충남	14,537	천안종합운동장(12,750), 천안실내체육관(750), 보령요트장(750), 예산운동장(500)
'02	제주	2,500	제주시 주경기장 및 야구장보수(1,250), 서귀포 롤러스케이트장(750), 제주유도체육관(500)
'03	전북	19,200	전북임실도립사격장(6,000), 전주실내수영장(11,200), 전주롤러스케이트장(1,000), 부안요트장(1,000)
'04	충북	12,100	청주운동장(2,500), 청주유도회관(2,000), 청주다이빙장(1,000), 충주체육관(2,500), 충주요트장(500), 제천하키장(1,100), 제천정구장(500), 진천운동장(1,500), 진천카누장(500)
'05	울산	31,100	종합운동장(17,000), 수영장(11,000), 테니스장(1,000), 롤러스케이트장(1,400), 사격장(700)
'06	경북	15,000	실내수영장(2,800), 실내체육관(7,550), 테니스장(900), 롤러스케이트장(710), 종합운동장조명탑(670), 태권도경기장(1,500), 종합스포츠센터 (870)
'07	광주	14,200	핸드볼경기장(4,877), 정구장(349), 하키장(500), 사격장(475), 월드컵경기장증축(1,724), 수영장보수(1,800), 태권도장보수(1,768), 승마장보수 등 10개소(2,707)
'08	전남	23,000	사격장(3,967), 나주인라인롤러장(1,905), 여수종합경기장보수(7,387), 망마경기장보수(2,797), 목포하키장(1,316), 목포수영장보수(1,181), 사이클경기장 보수 등 18개소(4,437)
'09	대전	19,600	한밭 종합운동장 리모델링(19,600)
'10	경남	21,000	진주 종합운동장(17,000), 창원 종합사격장 리모델링(3,000), 김해 카누조정장(1,000)
'11	경기	18,000	고양 실내체육관(9,300), 고양 야구장(1,220), 고양 종합운동장(1,230), 용인 조정경기장(3,300), 의정부 사이클경기장(1,700), 경기도 사격장 개보수 등 6개소(1,250)
'12	대구	4,514	두류 테니스경기장(105), 만촌 자전거경기장(615), 두류 수영장(1,452), 유니버시아드 테니스장(231), 카누경기장(198), 시민운동장 축구장(660), 시민운동장 야구장(480) 등 6개소(773)
'13	인천	4,200	문학경기장(2,820), 시립도원수영장(266), 인하대 체육관(265), 경인교대 체육관(194), 해사고 체육관(128) 등 21개소

마) 지방체육시설 개수·보수

다중체육시설인 대형운동장이 시설의 노후화 등으로 인해 체육활동 및 경기관람환경이 저하되어 개선 필요성이 계속해서 제기되어 이들 노후화된 시설을 개수·보수하기 위해 조치하였으나 기존의 국고보조금 지원체계로는 근본적인 문제를 개선하기에 한계가 있었다. 이에 국민체육진흥의 필요성과 국민들의 불편함 해소를 위해 국민체육진흥법 개정을 추진하였고 그 결과 2010년 국민체육진흥법(2010년 1월 27일) 및 동법 시행령(2010년 9월 17일)이 개정되어 2010년부터 2014년까지 5년간 한시적으로 지방자치단체의 공공체육시설 개수·보수 지원이 체육진흥투표권 수익금으로 가능하게 되었다.

개정된 국민체육진흥법으로 시설 개수·보수를 받을 수 있는 체육시설 대상은 준공된 지 20년 이상 경과한 전문체육시설(실내시설은 500석 이상, 실외시설은 1,000석 이상 관람석을 갖춘 시설로 제한)로 제한했다. 공공체육시설 개수·보수 지원에 대한 체육진흥투표권 수익금의 배분비율은 5%이며, 개수·보수에 들어가는 시설비용의 30%를 지원하도록 정해졌다. 개정된 국민체육진흥법에 따라 정부는 2010년부터 공공체육시설 개수·보수사업을 진행하고 있는 지방자치단체에게 체육진흥투표권의 수익금을 지원하고 있으며 2014년까지 지속적인 지원을 통해 노후화된 많은 체육시설들이 편의성을 갖춘 현대화된 시설을 갖출 것으로 보인다.

나. 생활체육시설(제3조 관련)

국민이 거주지와 가까운 곳에서 쉽게 이용할 수 있는 체육시설로, 시·군·구에는 지역주민이 이용할 수 있는 실내·외 체육시설을, 읍·면·동에는 지역주민이 고루 이용할 수 있는 실외체육시설을 국가와 지방자치단체로 하여금 설치·운영하도록 하고 있다(체시법 제6조, 같은법 시행령 제4조).

생활체육공간 확충은 지역주민이 집 주변에서 손쉽게 접근하여 이용할 수 있는 복합형 신규시설의 적극적 조성과 기존시설의 이용 활성화를 주요 추진전략으로 하고 있다. 현재 국민체육센터, 농어민 문화체육센터, 생활체육공원, 마을단위 체육시설, 천연잔디구장 및 우레탄 시설, 동네미니운동장 등의 시설확충을 지원하고 있다.

(가) 국가 및 지자체가 설치운영해야 할 생활체육시설

가) 의무 규정

국민이 거주지와 가까운 곳에서 쉽게 이용할 수 있는 생활체육시설을 설치 운영해야 하는 의무 규정

표 1-4. 생활체육시설의 설치기준(체시법 시행규칙)

구 분	내 용
시·군·구	지역주민이 고루 이용할 수 있는 실내·외 체육시설
	체육관, 수영장, 볼링장, 체력단련장, 테니스장, 에어로빅장, 탁구장, 골프연습장, 게이트볼장 등의 실내·외 체육시설 중 지역주민의 선호도, 입지여건 등을 고려하여 설치
읍·면·동	지역주민이 고루 이용할 수 있는 실외 체육시설
	테니스장, 배드민턴장, 운동장, 골프연습장, 게이트볼장, 롤러스케이트장, 체력단련장 등의 실외 체육시설 중 지역주민의 선호도·입지여건 등을 고려하여 설치

나) 생활체육시설 확충을 위한 지방자치단체 중점 추진사항

① 국민체육센터(지방스포츠센터) 확충
② 농어민 문화체육센터 건립(동사무소)
③ 생활체육공원 조성
④ 마을단위 생활체육시설 설치
⑤ 천연잔디구장 및 잔디·우레탄 체육시설
⑥ 게이트볼 전용구장 설치
⑦ 배드민턴 시설확충 및 지원

(나) 생활체육시설의 종류

가) 국민체육센터(지방스포츠센터) 확충

1997년의 지방스포츠센터로부터 출발하여 1999년에는 보급형 스포츠센터로, 다시 2001년부터는 국민체육센터로 그 명칭이 바뀌면서 현재에 이르고 있다. 2001년 8월 문화관광부의 '생활체육 활성화 대책'에서는 일반 대중이 값싸고 손쉽게 이용할 수 있는 도시형 종합체육 공간확보를 목적

으로, 시·구 단위에 각 1개소씩 기존의 35개소를 포함하여 85개소를 건립하는 것으로 목표를 확대하였으며, 다시 232개 시·군·구에 1개소씩 건립하는 것으로 확대되었다. 국민체육센터는 지방자치단체와 국민체육진흥공단이 사업 시행주체가 된다.

나) 농어민 문화체육센터 건립

농어민 문화체육센터는 한국마사회 경마수익금의 농어촌 발전 지원을 위한 사업으로서 문화체육관광부와 지방자치단체가 사업 시행주체가 된다. 군 단위 및 도 농어민 통합형 시의 읍면지역 135개소에 1개소씩 지원하는 것을 목표로 추진되고 있다.

다) 생활체육공원 조성

생활체육공원 조성사업은 녹지공간 속에 각종 생활체육시설을 집중설치, 선진국형의 쾌적한 체육활동 환경을 조성함으로써 국민생활체육을 활성화하고, 휴식과 체육, 레저활동을 겸할 수 있는 다목적 복합공간 조성을 목적으로 하고 있다. 제2차 국민체육진흥 5개년 계획에서는 전국 시·도 단위별로 각 1개소씩 시범적으로 설치·운영한 후 확대추진하는 것으로 설정되었다. 그러나 2001년 1월 발표된 '생활체육공원 조성 기본계획'에서는 시·군·구 단위의 기초자치단체마다 1개소씩 확보하는 것으로 확대되었다.

라) 마을단위 생활체육시설 설치

마을단위 생활체육시설 설치사업은 1990년부터 동네체육시설이란 사업으로 전국 읍·면·동 단위에 1개소 이상 설치를 목표로 추진되어 왔으며, 2002년부터는 마을단위 생활체육시설 설치사업으로 변경하여 전국 3,566개 읍·면·동 단위에 2~3개소 설치를 목표로 등산로, 약수터, 마을 공터 등 인근 지역주민이 쉽게 이용할 수 있는 소규모 간이운동시설을 설치하는 것으로 추진하고 있다.

마) 천연잔디구장 및 잔디·우레탄 체육시설

천연잔디구장 조성사업과 잔디·우레탄 체육시설 조성사업은 제2차 국민체육진흥 5개년 계획에 새로 도입된 사업이다. 천연잔디구장 확보를 통해 축구발전을 위한 여건을 조성하고, 축구 경기력 향상과 쾌적한 체육·여가공간 확보를 목적으로 국민체육진흥공단에서 기금을 지원하여 사업을 추진하여 왔으며, 체육시설의 고급화와 생활체육 참여촉진에 크게 기여하고 있다는 평가를 받고 있다.

바) 게이트볼 전용구장 설치

게이트볼 전용구장 설치사업은 동호인 클럽육성 지원사업의 일환으로, 게이트볼 전용구장 설치지원을 통하여 노인클럽 활동을 활성화할 목적으로 추진되고 있다. 2003년부터 국민체육진흥기금 지원사업으로 전환되어 3개소(광주, 천안, 의성)에 지원되었다.

(다) 생활체육시설 지원현황

생활체육공간 확충은 지역주민이 집 주변에서 손쉽게 접근하여 이용할 수 있는 복합형 신규시설의 적극적 조성과 기존시설의 이용 활성화를 주요 추진전략으로 하고 있다. 현재 국민체육센터, 생활체육공원, 마을단위 체육시설, 운동장생활체육시설(구 천연잔디구장 및 우레탄 시설), 농어촌 복합체육시설 등의 시설 확충을 지원하고 있다.

가) 국민체육센터 확충

삶의 질 향상과 건강·여가활동에 대한 국민적 욕구에 부응하기 위해 서민 체육공간을 확충하여 사회복지기반 구축에 기여하고 국민체육진흥기금을 국민체육복지에 환원하고, 생활체육시설을 전국적으로 확대 건립하여 체육서비스의 지역적 균형을 도모하고자 국민체육센터를 확충하고 있다. 1991년부터 1992년까지 시행한 국민생활관 사업을 초석으로 1997년부터 전국 시·군·구를 대상으로 지방스포츠센터로부터 출발하여 1999년에는 보급형 스포츠센터로, 다시 2001년부터는 국민체육센터로 그 명칭이 바뀌면서 현재에 이르고 있다. 생활체육서비스 공급의 지역적 균형을 위해 1998년부터 시·도별로 각 1개소씩 연차적으로 착공하고 2001년까지는 모두 건립하는 것으로 계획하였다. 그러나 2001년 8월 문화관광부(현 문화체육관광부)의 '생활체육활성화 대책'에서는 일반 대중이 저렴하고 손쉽게 이용할 수 있는 도시형 종합 체육공간을 확보할 목적으로, 시·구 단위에 각 1개소씩을 추가로 건립하여 기존의 35개소를 포함한 85개소를 건립하는 것으로 목표를 확대하였으며, 이후 시·군·구에 각 1개소씩을 다시 추가 건립하는 것으로 더 확대되었다. 국민체육센터는 지방자치단체와 국민체육진흥공단이 사업 시행주체가 되어 설치 지역의 고유특성을 고려해 기본형(4레인×25m 수영장, 체력단련장, 체력측정실 등), 체육관 복합형(기본형+체육관), 다목적 체육관형(체육관 복합형에서 수영장 제외) 등 3개 모델을 기본으로 하여 지원되고 있다. 다음 〈표 1-5〉는 국민체육센터 연도별·지역별 건립 지원 현황이다. 2013년에는 대전 서구를 비롯한 10개의 지방자치단체에 국민체육센터를 건립하였다.

표 1-5. 국민체육센터 연도별·지역별 건립 지원현황

구분	국민생활관	97	99	00	01	02	03	04	05
서울 (3/25)	종로	강서(90) 〈00.7〉				성동(30) 〈04.3〉			
부산 (14/16)	해운대		서구(37.5) 〈01.11〉			사하(30) 〈06.4〉	금정(30) 〈07.11〉	영도(30) 〈09.10〉	
대구 (7/8)	달서구		동구(37.5) 〈03.11〉				북구(30) 〈05.12〉	달서(30) 〈07.4〉	서구(30) 〈09.1〉
인천 (6/10)	남동구		계양(37.5) 〈01.12〉		부평(30) 〈04.11〉		남동(30) 〈06.7〉	서구(30) 〈08.10〉	
광주 (5/5)	서구		광산(37.5) 〈03.7〉		서구(30) 〈04.11〉		북구(30) 〈06.8〉	남구(30) 〈09.2〉	
대전 (5/5)	서구		유성(22) 〈02.9〉			서구(30) 〈06.8〉		대덕(30) 〈09.6〉	
울산 (4/5)			중구(30) 〈04.9〉		동구(30) 〈05.10〉			북구(30) 〈09.11〉	
경기 (24/31)	안산		의왕(30) 〈02.12〉 부천(30) 〈02.5〉			광명(30) 〈08.7〉 평택(30) 〈05.7〉	가평(30) 〈08.5〉	시흥(30) 〈07.5〉 하남(30) 〈07.6〉	화성(30) 〈10.11〉 오산(30)
강원 (14/18)	춘천		춘천(30) 〈02.9〉	원주(30) 〈06.7〉		고성(30) 〈06.7〉		인제(30) 〈09.6〉 동해(30) 〈07.3〉	강릉(30) 〈09.4〉
충북 (12/12)	청주	제천(45) 〈99.5〉		충주(30) 〈05.10〉		보은(30) 〈06.8〉	청원(30) 〈05.10〉	음성(30) 〈09.6〉	증평(30) 〈08.4〉
충남 (14/16)	아산		천안(30) 〈01.7〉	공주(30) 〈03.3〉	금산(30) 〈06.4〉	연기(30) 〈05.12〉	서산(30) 〈06.7〉	보령(30) 〈06.6〉	논산(30) 〈09.7〉
전북 (14/14)	익산	익산(45) 〈00.10〉		전주(30) 〈05.11〉	군산(30) 〈04.7〉	정읍(30) 〈06.7〉	완주(30) 〈06.9〉	남원(30) 〈07.1〉	장수(30) 〈09.4〉
전남 (19/22)	순천		강진(30) 〈02.3〉 목포(30) 〈02.12〉		무안(30) 〈09.12〉		영광(30) 〈07.10〉 곡성(30) 〈07.6〉	나주(30) 〈11.3〉	해남(30) 〈08.6〉
경북 (20/23)	구미		영주(30) 〈05.10〉 군위(20) 〈03.4〉			문경(30) 〈04.10〉 경주(30) 〈05.12〉	안동(30) 〈06.2〉	포항(30) 〈08.12〉	상주(30) 〈09.10〉
경남 (20/18)	마산		진해(30) 〈02.12〉 밀양(20) 〈03.11〉		함안(30) 〈04.8〉		의령(30) 〈07.4〉	양산(30) 〈09.12〉 진주(30) 〈08.9〉	거제(30) 〈11.5〉
제주 (5/2)	서귀포		제주(30) 〈01.10〉	서귀포(22) 〈05.12〉				북제주(30) 〈08.5〉	
계	192 (5,440)	15 (-)	3 (180)	17 (512)	5 (142)	7 (210)	10 (300)	13 (390)	16 (480)	12 (360)
	결산액	4,318	276	63	123	228	175	274	269	

06	07	08	09	10	11	12	13
남구(30) 〈10.3〉		기장(29)	연제(30), 사상(30) 동래구(31), 북구(31) 〈11.9〉	강서구(30)	동구(32)	부산진구(30)	
			달성(29)		중구(30)	수성구(30)	
				중구(29)	강화군(32)		
			동구(31) 〈11.8〉		−		
		중구(30) 〈10.9〉			−	동구(32)	서구(35)
		남구(29) 〈10.11〉			−		울주군(29)
	양평(29) 〈10.12〉	포천(29) 〈'10.9〉 안성(29) 〈'11.6〉	남양주(28) 〈11.7〉 김포(27) 성남(27) 여주(28) 고양(27)	이천(29) 파주(28) 양주(28)	구리시(29) 수원시(27)	용인시(27)	용인시(27)
평창(30) 〈10.12〉	태백(28) 〈11.5〉	속초(30) 횡성(31)	양구(31) 〈10.8〉 홍천(31) 〈11.11〉 정선(31) 〈11.12〉	영월(32)	−		
	영동(30) 〈09.10〉		옥천(31) 단양(31)	진천(31) 괴산(32)	−		청주시(30)
서천(30)		태안(30)	예산(31) 당진(29)	부여(32) 청양(32)			아산시(29)
		부안(32) 〈10.4〉	김제(31) 〈11.9〉 진안(31)	무주(32) 순창(33) 임실(33)	고창군(33)		전주시(30)
구례(30) 〈09.7〉	진도(36) 〈11.7〉 여수(27) 〈10.6〉	장흥(32) 〈10.11〉	영암(31) 화순(30) 〈11.7〉	신안(33) 광양(29) 〈11.12〉 완도(33)	−	고흥군(33), 장성군(32)	담양군(37) 보성군(37)
경산(30) 〈10.3〉	청도(30) 〈10.6〉	칠곡(29)	고령(31) 울릉(32)		김천시(31), 의성군(32), 영양군(32), 성주군(32)	영덕군(32), 울진군(32), 청송군(32)	포항시(29)
거창(30) 〈11.1〉	김해(30) 〈09.9〉	통영(31) 〈10.3〉	사천(31) 〈11.11〉 고성(31) 하동(31) 산청(31) 〈11.5〉 창원(27) 〈11.12〉	창녕(32) 합천(32) 남해(32) 함양(32)	−		김해시(30)
		남제주(30) 〈09.12〉			−		
6 (180)	7 (210)	13 (391)	29 (871)	20 (624)	10 (310)	9 (280)	10 (313)
515	464	460	531	409	530	518	528

나) 농어촌 복합 체육시설설치

「우리나라의 체육시설은 정부의 지속적인 관심과 투자로 양질적인 면에서 획기적으로 개선된 것은 사실이나 주요 경기대회 개최를 위한 시설투자 대부분이 대도시나 중소도시에 편중되어 추진되었다. 따라서 지역차별 없이 모든 국민에게 균등한 체육복지 제공과 생활체육 활성화를 위해서는 읍·면 단위이하 지역에 체육시설 보급을 하기 위한 노력이 필요할 것으로 판단하여 농어촌 복합체육시설 조성지원사업을 추진하였다. 농어촌 복합체육시설 조성지원사업은 기존 한국마사회 경마수익금으로 지원되던 농어민문화체육센터(2004년 종료)의 대안사업으로 2006년부터 시범적으로 추진되고 있다. 농어촌 복합체육시설은 국민체육진흥기금으로 조성되는데 이는 기금을 국민체육복지에 환원함과 동시에 급격하게 노령화 사회로 진입한 농어촌 체육복지 서비스 수요에 효과적으로 대처하고, 도·농간 지역 격차 완화를 통한 국민 화합과 삶의 질의 균형발전, 국민체육복지 구현을 목적으로 하고 있다.

지원대상은 특별시 및 광역시를 제외한 9개 도의 읍·면 지역(199개소)이며 그 중 국민체육센터, 농어민문화체육센터, 기타 유사 공공체육시설이 없는 지역을 선정한다. 2012년 말 현재 총 43개소를 지원하였고 그 중 33개소가 건설 완료되어 운영 중에 있으며, 10개소가 건설 추진 중에 있다. 농어촌 복합체육시설의 구성은 레크리에이션센터, 커뮤니티센터, 아쿠아센터, 다목적구장 등으로 지역적 특성을 고려하여 3가지 유형 중에서 지자체가 선택하여 설치하도록 지원하고 있다.

표 1-6. 농어촌복합체육시설 연도별·지역별 지원실적 지원금액   (단위 : 개/억 원)

시·도	개소수	2006년	2007년	2008년	2009년	2010년	2011년	2012년
서울	-							
부산	-							
대구	-							
인천	-							
광주	-							
대전	-							
울산	-							
경기	6	남양주(3.5) 포천(5)	양주(5) 여주(5)	파주(5)			여주군(6)	양평군(6)
강원	7	삼척(6)		영월(6)	홍천(4.5) 화천(5) 고성(6)	춘천시(6)	영월군(6)	
충북	1				음성(6)			

지역	계							
충남	3					서천군(6) 예산군(6)	부여군(6)	
전북	4	순창(5)		정읍(5)		부안군(6)	무주군(6)	진안군(6)
전남	4	고흥(6)	영암군(6)	강진(4.5) 신안(6)				함평군(6)
경북	6		구미(4.5) 포항(5) 영주(6)	봉화(6)	청도(5)		의성군(6)	문경시(6)
경남	6	사천(6) 산청(6)	하동(6)	창녕(4.5)	함안(6)	거창군(6)		
제주	1				제주(5)			서귀포(6)
계	38 (210)	7 (37.5)	7 (37.5)	7 (37.5)	7 (37.5)	5 (30)	5 (30)	5 (30)

다) 운동장 생활체육시설(잔디 · 우레탄 체육시설)

축구발전종합대책(1997년 9월)과 제2차 국민체육진흥 5개년계획(1998~2002년)에 의해 운동장 생활체육시설은 학교 및 생활체육활성화를 통한 체육인구의 저변확대와 유망주 육성 등을 통한 전문체육발전을 위한 기반 조성, 체육시설 인프라 구축을 통한 국민체육복지 향상을 위한 목적으로 추진되었다. 1998년부터 공설운동장과 학교 운동장을 대상으로 천연잔디구장을 조성하였고, 1999년에 공설운동장 34개소를 천연잔디구장으로 조성하였다. 이후 2000년에는 천연잔디구장과 잔디 · 우레탄 체육시설 설치 지원사업으로 나뉘어 추진하였으며, 2003년에는 종합운동장 조성지원사업, 2004년에는 인조잔디구장 조성지원사업이 추가되었다. 2005년부터는 사업명을 운동장 생활체육시설 조성사업으로 개칭하여 초 · 중 · 고 · 대학교와 공설운동장의 잔디 · 우레탄 체육시설 조성사업을 지원하고 있다. 2012년까지 매년 지원사업을 펼치고 있으며 2012년도에는 초 · 중 · 고교 운동장 120개소, 대학(교) 5개소, 지자체 45개소 등 총 170개소를 지원하여 현재까지 1,552개소(천연잔디구장 및 운동장 생활체육시설)를 지원하였다.

- (내용) 학생들의 쾌적한 체육활동 여건 조성을 위해 운동장을 천연잔디, 인조잔디, 우레탄 트랙, 다목적구장 등으로 조성 지원
- (계획) 2009~2012년 기간 총 1,000개교의 학교운동장 조성(문체부, 교과부(현 교육부) 각 500개교)
  ※ 200개교(2009년) → 200개교(2010년) → 300개교(2011년) → 300개교(2012년)

표 1-7. 운동장생활체육시설 조성지원사업 추진실적 (단위 : 개소수)

구분		계	서울	부산	대구	인천	광주	대전	울산	경기	강원	충북	충남	전북	전남	경북	경남	제주
천연잔디구장	'98	37	–	1	–	–	2	–	–	5	4	3	1	4	3	7	6	1
	'99	34	–	1	1	–	2	1	1	2	2	2	2	6	5	4	3	2
	'00	13	1	–	–	–	–	–	–	1	–	–	–	1	2	1	3	2
	'01	11	–	–	1	–	–	–	–	1	2	–	–	1	2	–	1	2
	합계	95	1	2	2	–	4	1	1	9	10	6	3	12	12	12	13	7
운동장생활체육시설(잔디우레탄)	'00	13	5	1	–	–	–	1	–	1	–	–	–	2	1	–	1	1
	'01	50	6	2	2	1	2	3	1	9	2	2	4	5	2	4	3	2
	'02	55	4	2	4	2	2	2	2	9	3	2	3	6	3	5	4	2
	'03	109	12	12	8	3	5	4	4	10	5	4	6	6	7	9	11	3
	'04	104	11	13	8	4	5	4	3	9	4	6	6	5	9	9	6	2
	'05	116	10	11	8	4	6	5	5	11	6	6	8	8	10	9	4	
	'06	100	12	10	6	3	4	4	3	13	3	4	5	6	5	8	10	4
	'07	141	16	8	6	6	5	4	18	9	5	8	5	10	12	12	3	
	'08	108	10	10	7	5	4	5	4	16	5	5	6	4	8	8	9	2
	'09	200	18	17	12	7	10	11	5	19	15	8	14	14	12	18	17	3
	'10	140	14	11	6	7	6	3	17	8	7	9	8	8	11	12	3	
	'11	175	16	14	10	7	5	6	4	21	14	7	10	10	13	18	17	3
	'12	170	17	12	13	7	3	5	5	26	9	5	10	10	15	17	13	3
	합계	1,481	147	132	97	55	59	61	43	177	84	61	88	87	98	130	127	35

* 출처 : 국민체육진흥공단 내부자료

라) 축구 인프라 구축사업 추진

2002년 한일월드컵의 성공적 개최와 4강 진입이라는 성과를 바탕으로 중장기적 축구발전의 토대를 마련하기 위하여 월드컵 잉여금을 활용, 전국적인 축구 인프라 구축을 목적으로 추진되었다. 월드컵 잉여금 1,690억 원 중 축구 인프라 구축사업을 위해 650억 원이 국민체육진흥기금에 전입되었다(2003년 6월). 축구 인프라 구축사업은 축구센터(Football Center)와 축구공원(Football Park)으로 구분하여 추진되고 있으며, 전국에 축구센터 3개소, 축구공원 14개소 조성을 목표로 하였다.

축구센터는 충남 천안, 전남 목포, 경남 창원에 건립되는 것으로 확정되었고(2004년 12월), 축구공원은 대도시의 부지확보 어려움을 고려하여 부지선정위원회에서 분리 조성이 가능토록 함에 따라 서울 3개소, 부산 기장, 대구 2개소, 인천 연수, 광주 3개소, 대전 4개소, 울산 울주, 경기 2개소, 강원 강릉, 충북 청주, 전북 익산, 경북 2개소, 제주 서귀포 등 총 23개소에 조성하기로 결정하였다.

표 1-8. 축구 인프라 구축사업 개요

구분	축구센터(Football Center)	축구공원(Football Park)
지원액	375억 원(개소당 125억 원)	275억 원(개소당 19.6억 원)
세부시설	천연잔디 2면, 인조잔디 3면, 풋살 경기장 1개, 하프돔 1개 숙박시설(120베드 이상) 편의시설(교육연수, 체력단련 등)	인조잔디 3면 풋살 경기장 1면 편의시설(관리실, 라커룸, 화장실 등)
부지규모	5~6만평 이상	1.5~2만평 이상
후보지	중부 · 호남 · 영남권 각 1개소	13개 시 · 도(경기 2, 각 시 · 도 1) *F · C 선정 시 · 도는 제외

다. 직장체육시설

가) 직장의 장이 직장인의 체육활동을 위하여 설치하는 체육시설로서, 상시근무하는 직장인이 500인 이상인 직장에는 체시법 시행령 별표 1의 체육시설 중 2종 이상의 체육시설을 설치하도록 하고 있다(체시법 제7조, 같은법 시행령 제5조).

① 설치기준(법 §4-3) : 〈표 1-1〉의 체육시설 중 2종 이상의 체육시설

② 지도감독 : 특별시장, 광역시장, 도지사

③ 군대의 지도감독 : 국방부 장관

나) 체시법 제8조는 이상 세 가지의 공공체육시설에 대하여 경기대회 개최와 직장운영 등에 지장이 없는 범위 안에서 지역주민이 이용할 수 있도록 개방하게 함으로써, 공적 이용이라는 공공체육시설로서의 성격과 역할을 명백히 하고 있다. 공공체육시설 현황은 다음과 같다.

표 1-9. 전국 시·도별 공공체육시설 현황 (단위 : 개소수)

종목/시도	전국	서울	부산	대구	인천	광주	대전	울산	경기	강원	충북	충남	전북	전남	경북	경남	제주
전국계	17,157	2,751	889	471	773	388	353	253	37	2,949	1,367	718	853	940	1,270	1,397	1,449
육상경기장	226	3	3	19	2	2	3	5	−	37	29	15	13	15	24	30	29
축구경기장	718	62	31	1	17	12	11	27	2	140	47	27	15	66	67	42	115
하키장	13	1	1	5	1	−	−	−	−	2	1	1	1	−	2	1	1
야구장	126	12	8	1	5	2	1	1	−	28	15	7	3	7	8	12	9
사이클경기장	12	1	1	16	1	−	1	−	−	1	2	1	−	1	1	−	1
테니스장	598	59	20	1	15	16	8	5	3	119	64	28	27	52	50	42	66
씨름장	40	−	1	1	−	−	1	1	−	9	4	1	1	6	4	7	3
간이운동장(동네체육시설)	12,855	2,354	751	382	685	313	277	181	14	2,184	945	484	543	586	844	1,135	972
체육관	738	112	24	15	16	16	17	11	5	151	60	32	35	50	54	45	72
전천후 게이트볼장	938	4	6	3	4	5	7	5	9	128	121	75	185	113	142	28	89
수영장	320	86	15	4	11	9	16	9	2	63	13	9	4	14	16	17	20
롤러스케이트장	132	14	14	8	7	2	2	2	1	21	10	8	4	6	8	10	18
사격장	21	−	1	1	1	−	−	1	−	1	4	3	1	1	1	4	2
국궁장	244	8	1	14	6	3	5	3	1	43	31	14	19	14	38	14	36
양궁장	19	1	1	3	1	1	1	1	−	3	2	3	−	1	1	1	−
승마장	17	1	2	1	−	1	1	−	−	1	3	−	1	2	−	3	−
골프연습장	68	29	6	3	1	4	−	−	−	6	5	1	−	2	4	4	5
조정카누장	11	−	1	2	−	−	−	−	−	2	1	4	−	−	2	−	1
요트장	17	−	1	2	−	−	1	1	−	1	2	1	1	1	1	1	7
빙상장	21	3	1	1	1	1	1	−	−	7	2	1	−	−	1	2	−
설상경기장	3	−	−	−	−	−	−	−	−	−	3	−	−	−	−	−	−
기타시설	20	1	−	−	−	1	1	1	−	2	3	3	−	2	2	−	1

*2012. 12월말 기준

직장체육시설 설치 면제 신청서

○ 민원인이 해야 할 사항

- 신청서 및 구비서류
  - 종류(체육시설의 설치·이용에 관한 법률 제7조 및 같은법 시행령 제5조 같은법 시행규칙 제4조 2항)
  - 대상
    - 초·중등학교법에 의한 학교
    - 체육시설의 설치운영이 주업무인 직장
    - 인구과밀지역인 도심지에 위치하여 부지확보에 어려운 직장
    - 인근의 직장체육시설 기타 체육시설을 상시 사용할 수 있는 직장 등
  - 구비서류 : 면제신청서 사유를 증명할 수 있는 서류 1부
  - 제출처 및 처리기간 : 구청(민원봉사과) − 15일
- 수수료 및 기타비용의 납부 : 없음

[별지 제1호서식]

<table>
<tr><td colspan="5" align="center">**직장체육시설 설치면제 신청서**</td></tr>
<tr><td>① 직장명</td><td></td><td>② 상시 직장인 수</td><td></td><td>명</td></tr>
<tr><td>③ 소재지</td><td colspan="4">(전화 :   )</td></tr>
<tr><td>④ 면제 신청 사유</td><td colspan="4"></td></tr>
<tr><td>⑤ 앞으로의 계획</td><td colspan="4"></td></tr>
<tr><td colspan="5">「체육시설의 설치·이용에 관한 법률 시행령」 제5조 제1항과 같은 법 시행규칙 제4조 제2항에 따라 위와 같이 직장체육시설의 설치면제를 신청합니다.

년   월   일

신청인   (서명 또는 인)</td></tr>
<tr><td>구비서류</td><td colspan="4">면제 신청 사유를 증명할 수 있는 서류 1부</td></tr>
</table>

※ 직장체육시설 설치면제 신청안내

제출하는 곳		처리기관	
수수료	없음	처리기간	15일
작성방법			

작성방법	④란에는 설치면제 신청 사유를 구체적으로 적으십시오. ⑤란에는 앞으로 직장체육시설을 설치할 계획이 확실하지 아니한 경우에는 적지 않아도 됩니다.

210mm×297mm
(신문용지 54g/m²)

라. 공공체육시설 지원 현황

우리나라의 체육시설은 그동안 정부의 지속적인 투자로 양과 질적인 측면에서 괄목할 만한 성장을 이루었으나, 국민의 다양한 체육활동욕구를 충족하기에는 여전히 부족한 현실이다. 정부는 국민의 건전한 여가선용과 생활체육활동을 증진하기 위하여 국민이 집주변에서 쉽게 접근할 수 있는 생활체육시설과 전문선수의 육성을 위한 전문체육시설의 건설을 지원해 왔으며, 각종 국제경기대회 개최를 계기로 국제수준의 체육시설을 확충하고 있다. 정부가 지원하고 있는 공공체육시설의 종류와 기준은 다음과 같다.

표 1-10. 공공체육시설 지원대상 및 기준

재원명	시설명		목표	지원금액 지원기준	주요시설
체육기금	운동장 생활체육시설		2009~2012년 500개 초·중·고 학교 조성 목표	• 개소당 3.5억 원	토사 또는 잔디(천연, 인조) 운동장, 탄성포장, 다목적구장, 야간조명시설 등
체육기금	농어촌 복합체육시설		읍·면 지역 대상 (국민체육센터, 농어민 문화체육센터 등 미지원 지역)	• 개소당 6억 원	다목적구장, 실내형 복합시설(커뮤니티센터, 운동센터)
체육기금	개방형학교 다목적체육관		2009~2012년 100개 초·중·고 학교 조성 목표	• 개소당 4.8~9억 원 (인구 30만 이상 최대 9억 원, 인구 30만 미만 최대 4.8억 원)으로 최대 30% • 지방비 + 교육청 70% 부담	강당 겸 체육관 또는 다목적 전용 체육관 중 선택
일반회계	전국체전시설		전국체전 개최 시·도의 경기장 확보	• 국고 30%, 지방비 70%	미보유 및 규격 미달 경기장 등
광특회계 광특회계	시군기본 체육시설	운동장	지자체의 사업요청시 검토 지원	• 국고 30%, 지방비 70%	필드(축구장), 육상트랙 등
		체육관	지자체의 사업요청시 검토 지원	• 국고 30%, 지방비 70%	구기 가능 시설
광특회계	동계체육시설 (실내빙상장)		지자체의 사업요청시 검토 지원	• 국고 30%, 지방비 70%	피겨, 아이스하키, 쇼트트랙 가능 시설
광특회계	종목별체육시설		지자체의 사업요청시 검토 지원	• 국고 30%, 지방비 70%	수영장, 테니스장, 사이클장, 승마장, 야구장, 하키장, 씨름장, 양궁장 등
광특회계	체육시설리모델링		지자체의 사업요청시 검토 지원	• 국고 30%, 지방비 70%	10년 이상 경과된 노후 시설 개보수
광특회계	생활체육공원		지자체의 사업요청시 검토 지원	• 국고 30%, 지방비 70%	다목적구장, 테니스장, 농구장, 롤러스케이트장, 배드민턴장, 게이트볼장, 체력단력장, 산책로, 휴게실, 녹지공간 등
광특회계	노인건강 체육시설		지자체의 사업요청시 검토 지원	• 국고 30%, 지방비 70%	노인계층 선호 체육 활동·레저시설, 게이트볼장, 파크(그라운드)골프장 등
체육기금	국민체육센터		시·군·구 단위에 1개소 확충 목표	• 개소당 30억 원 내외 (재정자립도에 따라 차등)	다목적 체육관, 수영장, 체력측정실, 체력단련장 등 민간 스포츠센터 수준의 종합체육시설

마. 공공체육시설 개수 · 보수 지원(체육진흥투표권 수익금)

2010년 국민체육진흥법 및 동법 시행령이 개정되어 체육진흥투표권 수익금의 사용용도에 준공된 지 20년 이상 경과된 전문체육시설(실내시설은 500석, 실외시설은 1,000석 이상 관람석을 갖춘 시설만 해당)의 개수 · 보수가 포함되게 되었다. 2010년부터 2014년까지 5년간 한시적으로 사업비의 30%를 지원할 수 있게 됨에 따라 기준에 맞는 대상을 선정하여 개수 · 보수지원을 추진하였다. 지원체계는 시 · 도로부터 신청을 받아 지원 대상을 결정하고 해당 지자체가 지방비 확보 등 행정절차를 이행하여 교부를 신청할 경우, 지원하는 방식으로 추진하였으며 2012년에는 서울 장충체육관, 잠실야구장, 구덕운동장 야구장, 사직 실내수영장 등 총 37개소에 253억 원의 지원이 결정되었다.

표 1-11. 공공체육시설 개수 · 보수 지원(체육진흥투표권 수익금) (금액 단위 : 백만 원)

지역	사 업 명	지원금액	비고
계	37개소	25,322	
서울	7개소	4,704	
〃	장충 체육관 리모델링	2,000	
〃	잠실 야구장 개 · 보수	755	
〃	잠실 실내체육관 개 · 보수	390	
〃	목동 주경기장 개 · 보수	400	
〃	목동 야구장 개 · 보수	539	
〃	잠실 주경기장 개 · 보수	400	
〃	효창운동장 개 · 보수	220	
부산	6개소	1,292	
〃	구덕 실내체육관 개 · 보수	99	
〃	구덕운동장 주경기장 개 · 보수	1,008	
〃	사직 실내훈련장 개 · 보수	53	
〃	사직 실내체육관 개 · 보수	36	
〃	사직 실내수영장 개 · 보수	30	
〃	구덕운동장 야구장 개 · 보수	66	
광주	1개소	8,100	
〃	무등경기장 개 · 보수	8,100	
대전	1개소	300	
〃	한밭 야구장 리모델링	300	
경기	3개소	507	
〃	성남 실내체육관 리모델링	300	
〃	오산 종합운동장 리모델링	162	
〃	오산 시민회관 체육관 리모델링	45	

지역	사 업 명	지원금액	비고
강원	3개소	570	
〃	양양 실내체육관 리모델링	171	
〃	삼척 종합운동장 보수	354	
〃	강릉 종합운동장 보수	45	
충북	2개소	1,500	
〃	청주 종합경기장 개·보수	780	
〃	청주 체육관 개·보수	720	
충남	1개소	30	
〃	서천 군민체육관 개·보수	30	
전북	4개소	2,320	
〃	군산 월명야구장 보수	500	
〃	익산 공설운동장 리모델링	1,380	
〃	무주 등나무운동장 개·보수	90	
〃	고창 실내체육관 개·보수	350	
전남	2개소	465	
〃	광양 실내체육관 리모델링	420	
〃	목포 유달경기장 개·보수	45	
경북	2개소	330	
〃	경주 시민운동장 개·보수	240	
〃	청송 체육관 개·보수	90	
경남	3개소	3,884	
〃	삼천포 공설운동장 리모델링	3,042	
〃	통영 공설운동장 개·보수	200	
〃	고성 실내체육관 리모델링	642	
제주	2개소	1,320	
〃	제주 애향운동장 보강	720	
〃	제주 연정구장 보강	600	

(2) 민간체육시설

체육단체·사회복지단체·종교단체·민간단체 또는 개인이 영리목적이 아닌 일반인의 체육활동 또는 그 기관의 고유목적을 위하여 설치·운영하는 모든 비영리 체육시설과 개인·영리단체 또는 기업에서 영리목적으로 설치·운영하는 모든 상업용 체육시설로 정의할 수 있다.

① 체시법에서는 영리를 목적으로 하는 체육시설을 설치·경영하는 업(業)을 '체육시설업'이라는 용어를 별도로 규정하고 있다.

② 체육시설업은 당초 9개의 등록체육시설업과 11개의 신고체육시설업으로 구성되어 있었으나, 2005년 7월 29일 개정법률에서는 지방자치단체의 자율성을 높이고 균형발전을 도모하기 위

하여 현재 특별시·광역시 또는 도의 사무로 되어 있는 등록체육시설업 중 요트장업·조정장업·카누장업·빙상장업·승마장업·종합체육시설업 등 6개 시설을 시·군·구 사무인 신고체육시설업으로 전환하여 운영하고 있다.

③ 2006년 3월 24일 개정법률(법률 제7913호)에서는 체육시설업의 육성·발전과 행정규제 완화를 위해 상기의 등록체육시설업에서 신고체육시설로 전환된 6개 업종을 포함 17개 신고체육시설업종 중 볼링장업, 테니스장업, 에어로빅장업을 자유업종으로 전환하고 있다.

1) 영리체육시설

개인 또는 영리단체가 영리를 목적으로 설립한 상업용 시설로서 이익증진에 일차적인 목적을 두고 시설을 사용하는 회원의 건강증진과 회원들의 만족도를 높이는 시설이다.

예) 삼성레포츠센터, 반트, 호텔신라 휘트니스클럽 등

2) 비영리체육시설

개인 또는 비영리 스포츠단체에서 일반인의 스포츠활동과 단체의 복지차원에서 운영하는 시설을 말한다. 체시법 제10조 제2항의 규정에 의한 체육시설업의 세부종류는 다음과 같다.

① 회원제체육시설업 : 회원을 모집하여 체육시설을 경영하는 업

② 대중체육시설업 : 회원을 모집하지 아니하고 체육시설을 경영하는 업

표 1-12. 체육시설업의 종류

구분	내용
스키장업	눈·잔디 기타 천연 또는 인공의 재료로 된 슬로프를 갖춘 스키장 경영업
썰매장업	눈·잔디 기타 천연 또는 인공의 재료로 된 슬로프를 갖춘 썰매장(산림법에 의하여 조성된 자연휴양림 안의 썰매장 제외)을 경영업
요트장업	바람의 힘으로 추진되는 선박(보조추진장치로서 엔진을 부착한 선박을 포함)으로 체육활동을 위한 선박을 갖춘 요트장을 경영업
빙상장업	제빙시설을 갖춘 빙상장을 경영하는 업
종합체육시설업	신고체육시설업의 시설 중 실내수영장을 포함한 2종 이상의 체육시설을 동일인이 한 장소에 설치하여 하나의 단위체육시설로 경영
체육도장업	문화체육관광부령이 정한 종목의 체육도장을 경영하는 업
무도학원업	수강료 등을 받고 국제표준무도(볼륨댄스) 과정을 교습하는 업(사회교육법·노인복지법 기타 다른 법률에 의하여 허가·등록·신고 등을 필하고 교양강좌로 설치·법률하는 경우와 학원의 설립·법률 및 과외교습에 관한 법률에 의한 학원 제외)
무도장업	입장료 등을 받고 국제표준무도(볼륨댄스)를 할 수 있는 장소 제공업

* 볼링장업, 테니스장업, 에어로빅장업의 필수시설 기준은 '체육시설의 설치·이용에 관한 법률'이 개정되면서 2006. 9. 23 부로

삭제되었다.

> **TIP 7**
>
> **1종, 2종 경기장의 구분**
> - 1종 경기장 : 국제공인을 받을 수 있는 경기장, 잔디구장, 400m 8코스, 보조경기장, 보조연습장, 직선 60m 설비, 관중석, 부속시설, 부대시설
> - 2종 경기장 : 국제공인을 받을 수 있는 경기장, 잔디구장, 400m 8코스, 보조경기장, 보조연습장

표 1-13. 2015 전국 시·도별 체육시설업 현황 (단위 : 개소수)

	전국	서울	부산	대구	인천	광주	대전	울산	세종
총 계	56,422	11,456	3,231	2,490	3,191	1,651	1,602	1,455	128
등록체육시설계	461	-	8	2	7	3	3	4	2
골프장	440	-	8	2	7	3	3	4	2
스키장	19	-	-	-	-	-	-	-	-
자동차경주장	2	-	-	-	-	-	-	-	-
신고시설계	55,961	11,456	3,223	2,488	3,184	1,648	1,599	1,451	126
요트장	21	1	-	-	-	-	-	-	-
카누장	1	-	-	-	-	-	-	-	-
빙상장	38	10	2	2	1	1	1	-	-
승마장	138	-	1	-	2	-	-	-	1
종합체육시설	237	85	17	9	5	6	7	4	-
수영장	579	85	28	24	15	13	23	14	-
체육도장	13,660	2,336	885	777	847	421	405	339	29
골프연습장	9,579	2,157	525	471	404	200	263	364	12
체력단련장	6,608	1,672	502	355	332	223	230	142	14
당구장	23,855	4,947	1,205	729	1,534	730	616	557	65
썰매장	129	5	1	3	4	1	2	1	-
무도장	70	14	-	3	4	-	-	-	-
무도학원	1,051	144	58	115	36	53	52	30	5

	경기	강원	충북	충남	전북	전남	경북	경남	제주
총계	13,857	1,952	1,697	2,051	2,183	2,187	2,966	3,487	838
등록체육시설계	144	64	41	19	21	34	40	29	40
골프장	137	53	40	19	20	34	40	28	40
스키장	6	10	1	–	1	–	–	1	–
자동차경주장	1	1	–	–	–	–	–	–	–
신고시설계	13,713	1,888	1,656	2,032	2,162	2,153	2,926	3,458	798
요트장	–	–	–	1	–	2	1	13	3
카누장	–	–	–	–	–	–	–	1	–
빙상장	5	3	1	2	1	2	3	1	3
승마장	42	4	3	10	9	12	13	9	32
종합체육시설	62	6	6	5	4	1	14	5	1
수영장	161	47	9	26	18	28	36	32	20
체육도장	3,576	372	332	502	548	415	761	956	159
골프연습장	2,432	344	291	299	284	300	495	580	154
체력단련장	1,421	172	173	196	195	202	332	365	82
당구장	5,751	875	818	947	1,049	1,135	1,191	1,424	282
썰매장	33	33	7	9	8	7	9	6	–
무도장	29	1	2	2	2	3	5	1	4
무도학원	201	31	14	33	44	46	66	65	58

02 기타분류

(1) 이용자의 연령에 따른 분류

1) **어린이체육시설** : 미래의 주역인 아이들에게 건전한 놀이문화를 배울 수 있는 목적성 있는 시설을 통해 신체개발, 모험심, 창의성, 협동심, 질서의식을 심어 주며, 성인체육시설과는 차별화되어야 한다. 그 예로 미끄럼틀, 그네, 시소 등이 있다.

2) **청소년체육시설** : 예민한 시기를 지나는 청소년들이 입시 등에서 오는 스트레스를 해소하고 탈선의 위험에서도 벗어날 수 있는 시설이어야 하며, 학교 체육시설을 포함하여 방과 후 운동을 즐길 수 있는 운동까지도 포함한다.

3) **성인체육시설** : 스트레스 해소 및 건강증진 등을 위해 꼭 필요한 시설로 다채로운 스포츠시설의 공급이 필요하며, IT분야와 접목된 과학적 시설이 필요하다.

(2) 생활영역에 따른 분류

1) **근린스포츠시설** : 생활거주지 가까이 있는 스포츠시설로 주민들이 많은 시간을 들이지 않아도 쉽게 접근할 수 있고, 부담 없이 즐길 수 있는 스포츠시설이어야 한다.

2) **자연을 이용한 스포츠시설** : 자연을 접하고자 하는 주민의 욕구를 충족시켜줄 수 있는 스포츠시설로 운동공원이나 자연 그대로의 운동시설을 말한다.

(3) 형태에 따른 분류

1) **종합스포츠시설** : 신고체육시설업의 시설 중 실내수영장을 포함한 2종 이상의 체육시설을 동일인이 한 장소에 설치하여 하나의 단위체육시설로 경영하는 시설업을 말한다.

2) **단독스포츠시설** : 야구장, 테니스코트, 육상경기장 등 그 시설이 단독으로만 존재하는 시설업을 말한다.

03 체육활동공간의 효율적 활용

생활수준의 향상과 여가시간의 증대로 국민들의 체육에 대한 관심이 증가함에 따라 공공체육시설을 포함한 체육시설의 수와 규모도 지속적으로 늘어나고 있다. 그러나 공공체육시설의 수와 규모가 늘고 있는 만큼 이들 시설들이 국민의 체육수요를 충족시키고 설치목적에 충실하게 효율적으로 운영·관리되고 있는지에 대해서는 검토가 요구된다. 시설 수가 과거에 비해 지속적으로 늘어나고 있지만 공공체육시설에 대한 인지도가 낮고 시설활용도와 만족도가 민간체육시설에 비해 낮은 수준에 머물러 있는 상태임을 부인할 수 없다. 우리 정부는 공공체육시설의 활용도 제고와 서비스수준 제고를 위해 다양하고도 지속적인 정책을 추진하고 있으며, 최근 지방자치단체에서도 시설의 활용도 제고에 많은 관심을 보이고 있다.

(1) 종합운동장 수익시설 설치기준 완화

운동장, 체육관 등 지방자치단체 소유의 체육시설 수 증가와 함께 이들 시설을 유지·관리하기 위한 비용도 증가함으로써 지방자치단체의 체육시설 관련 재정부담이 더욱 높아지고 있는 실정이다. 이에 정부에서는 종합운동장의 공간·기능적 다양성을 적극 활용하고, 체육시설 고유의 기능을 확대함과 동시에 다양한 수익시설의 설치, 운영 가능성을 확대함으로써 시설활용도 제고와 지방의 재정부담 완화를 도모하고자 건교부와 협의하여「도시계획시설의 결정·구조 및 설치기준에 관한 규칙」을 개정('04. 12. 3)하여 종합운동장 내 수익시설의 설치기준을 대폭 완화하였다.

종래 수익시설의 설치·운영이 가능한 운동장의 규모가 100만m^2 이상이거나 6종목 이상의 국제규격 경기장을 갖춘 체육시설에서 10만m^2 이상이거나 3종목 이상의 국제규격 경기장을 갖춘 체육시설로 기준을 완화함으로써 약 20여 개 이상의 자치단체 운동장이 좀 더 적극적으로 수익시설을 설치·운영할 수 있도록 하였다.

(2) 지자체 시설관리자 대상교육 강화

교육을 통한 경영마인드의 도입과 시설운영개선을 유도하고자 매년 국민체육진흥공단 체육과학연구원에서 실시하고 있는 지방체육행정공무원 및 지방체육시설관리자 대상 교육에서 '공공체육시설 활용도 제고' 과목을 개설하고 체육시설의 공간적·시간적 활용 가능성에 대한 교육을 강화하고 있다.

연간 약 80여 명의 지방체육행정공무원 및 체육시설 관리 실무자들이 교육을 이수하여 변화된 체육환경과 체육시설의 역할과 기능에 대한 요구, 체육시설 관리를 위한 실무를 이해함으로써 지방체육행정의 선진화와 시설관리의 효율성을 제고하는데 큰 역할을 하고 있다.

(3) 전문단체 위탁관리 확대를 위한 홍보 및 지침 배포

이용자 편의 위주의 시설관리운영으로 공공체육시설의 유휴화 방지와 공공체육시설의 주민 화합 및 복지센터화를 도모하기 위해 현행 지방자치단체 관리제도의 합리화 및 대안적 제도도입을 검토하고, 시설관리전문단체의 민간위탁관리를 확대하는 시책을 추진하고 있다.

테니스장, 수영장, 국궁장, 승마장, 골프(연습)장, 빙상장 등은 전반적으로 위탁율이 높고 위탁여건이 성숙된 시설로 보이나, 육상경기장, 하키장, 사이클경기장, 체육관, 요트장 등은 위탁율이 낮은 것으로 파악되고 있다. 즉 간이운동장을 제외한 공공체육시설은 시설의 특성별로 관리운영 환경이 다르며, 이미 위탁여건이 성숙된 종목의 체육시설은 위탁단체를 통한 관리운영이 활성화되어 있다.

공공부문에 경쟁력있는 민간경영기법을 도입하는 것은 바람직한 정책으로 고려되고 있으나 민간위탁이나 민영화는 공공시설 상업화 등의 문제를 초래하여 건립취지나 정책 목적과는 괴리된 결과를 수반하는 우려도 있다. 가장 바람직한 공공체육시설의 효율적 운영은 그것의 운영방법이 정부 직영이든 민간위탁·민영화이든 저비용으로 질 높은 서비스를 국민들에게 보다 좋게 제공해 주는 정책으로 전환하는 것이라 할 것이다. 정부는 이러한 문제인식 하에 체육활동공간의 효율적 활용을 위한 정책을 추진하고 있다.

각 광역시·도와 시·군·구 소유의 각종 공공체육시설을 대상시설로 하고 있으며, 관리운영의 합리화, 활용도 제고를 위한 시책개발과 운영, 시설보완 및 이용절차 간편화를 사업내용으로 하고 있다. 관리운영의 합리화는 수영장, 테니스장, 국궁장 등 민간위탁 여건이 성숙된 체육시설의 경우 민간위탁관리를 적극 추진하는 것이다.

주민 활용도 제고를 위한 시책의 개발과 운영은 세가지 방향에서 추진되고 있다. 첫째, 지역체육시설의 특성에 맞는 각종 생활체육프로그램을 개발하고 운영하며, 둘째, 유휴공간 내 간이체육시설 설치 및 경기장을 각종 문화, 집회, 행사 등 지역주민의 이용에 적극 활용하며, 셋째, 체육시설의 다용도화를 모색하는 것이다.

체육활동 참여증대를 위한 시설보완 및 이용절차 간편화는 두 가지 방향에서 추진되고 있다. 다수 주민이 이용하는 체육시설에 야간조명시설을 설치하여 활용도를 제고하고, 육상경기장, 축구장, 야구장, 체육관 등의 경기장시설에 대한 이용절차를 간소화함으로써 주민의 접근성을 높이기 위한 시책이 추진되고 있으며, 위탁을 위한 시설 개·보수 비용을 리모델링 사업으로 지원하고 있다.

1.3 체육시설 조성정책

01 체육시설 조성정책의 전개과정

우리나라는 19세기 후반 국내로 입국한 외국의 외교관들이나 계몽주의적인 서구교육관을 기초로 세운 민간학교를 중심으로 축구, 사이클, 정구, 체조, 육상 등의 스포츠가 대중에게 소개되었고, 이로 인해 스포츠가 점차 대중에게 관심을 받기 시작하면서 체육시설이 점차 확대 되었다. 그 결과 각 급 학교의 운동장이 대표적인 체육시설로 다양하게 이용되었다. 그러나 당시의 체육시설은 현재와 같이 잘 정비되지 않아 자연 상태에 가까운 환경에서 벗어나지 못했다.

우리나라 최초의 체육시설에 대한 투자로 알려진 일은 1897년 2월 영어 학교에 근무했던 영국인 교사 허치슨(Hutchison)이 탁지부(현 기획재정부)로부터 지원받은 학생들의 식비 예산 1,000

원 중 일부를 운동장 확장과 정비, 운동기구 구입에 사용한 것을 적극적 체육시설 조성의 시작으로 보고 있다. 또한 1916년 5월 YMCA가 회관 옆에 우리나라 최초의 실내체육관을 세우면서 그간 야외에서만 한정적으로 이루어지던 체육활동이 실내 스포츠 활동으로 확장되었고, 1923년 7월 전조선 육상경기대회 준비를 위하여 휘문의숙의 설립자인 민영휘(閔泳徽)가 계동궁의 절반을 매입하고 넓이와 길이를 측정하여 100m의 직선주로와 333m의 트랙을 설치함으로써 우리나라 최초의 정규 육상경기시설이 설치되었다.

이처럼 체육시설에 대한 대중들의 관심이 높아지고 민간에 의해서도 점차 체육시설이 설치되던 즈음인 1926년에 경성부(일제강점기의 서울시청)가 오늘날의 체육시설과 같은 근대적인 형태를 갖춘 최초의 체육시설인 경성운동장(옛 동대문운동장)을 건립하였다. 체육시설이 서울을 중심으로 한 수도권에 집중적으로 설치되자 1957년부터 전국체육대회를 통해 서울과 지방의 균등한 체육발전을 도모한다는 취지 아래 지방 순회개최를 실시하기로 결정하면서 본격적으로 전국 각지에 각종 근대적인 경기장 시설이 건립되었다. 이 시기에 효창운동장(1959년)과 장충체육관(1960년)등이 건립되었다.

우리나라 체육시설 조성 정책은 도입초기부터 1950년대까지는 민간부분이 중심적인 역할을 하였으며, 이후 1960년대부터는「국민체육진흥법」이 제정되어 국내 체육시설의 상당 부분이 정부 정책으로 주도되었다.「국민체육진흥법」은 1962년 9월 법률 제1146호로 제정, 발효되었으며 '국민체육을 진흥하여 국민의 체력을 증진하고 건전한 정신을 함양하여 명랑한 국민생활을 영위하게 함'을 목적으로 하였다. 민간으로부터 도입된 체육은 학교와 교육의 영역으로 그 범위가 한정되어 있었기 때문에 기존의 한정적인 범위에서 전 국민의 생활영역으로 확대·발전시키고자 하였고, 이는 체육진흥을 국가와 지방의 중요한 정책요소로 명문화한 계기가 되었다. 1966년에는 국위선양을 할 국가대표선수의 경기력 향상을 위해 태릉선수촌을 건립하였고, 1970년대 이후 현재까지 전국 주요도시마다 운동장과 체육관 등의 대형 체육시설 건립이 활발하게 추진되었다.

1981년에 1988년 서울 하계올림픽경기대회 개최가 확정되면서 이듬해인 1982년 체육부(현 문화체육관광부)가 신설되었고, 착실한 준비를 통해 1986년 서울 아시아경기대회와 1988년 서울 하계올림픽경기대회를 차질 없이 성공적으로 치러낼 수 있었다. 정부는 짧은 기간에 대형 종합경기대회를 두 차례 준비하는 동안 체육시설이 획기적으로 확충될 것으로 예상했고, 그 영향이 대회가 열리는 도시인 서울에 편중될 것을 우려하였다. 이를 방지하기 위해 지방자치단체의 체육시설 건립을 촉진시킬 수 있도록 1986년「보조금의 예산 및 관리에 관한 법률」을 개정하여 지방 체육시설사업을 국고보조대상사업에 포함시켰다. 1988년 서울 하계올림픽경기대회를 성공적으로 치러낸 이듬해인 1989년 3월 31일 정부는 체육시설의 설치·이용을 권하고 체육시설업의 건전한 발전을 통해 국민의 건강증진과 여가선용에 이바지할 목적으로 체시법을 제정·공포하였으며 체육시설의 효과적인 관리를 위해 그 당시 교통부(현 국토교통부)가 골프장과 스키장, 보사부(현 보건복지부)가 수영장, 문교부(현 교육부)가 체육도장을 관리하던 분산된 체육시설의 관리업무를 체육부(현 문화체육관광부)로 일원화하여 효율적인 관리가 가능하도록 하였다. 또한 체육지도자 배치와 피해보상제를 마련하는 등 국민들이 보다 쾌적한 환경에서 손쉽게 체육활동을 즐길 수 있도록 하였다.

정부는 1988년 서울 하계올림픽경기대회를 개최한 이후 기존 엘리트체육 육성정책에서 전환하여 생활체육활성화 정책을 추진하면서 체육시설에 대한 환경과 공간 확보에 많은 노력을 기울였다. 이러한 노력으로 인해 전국 각지에 동네체육시설이 설치되어 생활체육 보급률을 높일 수 있었고, 전국 15개 시·도에 올림픽기념 국민생활관이 건립되는 등 생활체육 활성화를 위해 기본적으로 갖추어져야 할 지역사회 체육시설이 획기적으로 증가하게 되었다. 1990년 수립된 '국민생활체육진흥종합계획(호돌이 계획)'과 1993년부터 본격적으로 시행된 '국민체육진흥 5개년계획'은 체육시설의 확충과 개선의 정책적 토대가 되었다. 2006년에는 '공공체육시설 균형배치 중장기 계획'을 수립하여 체육시설의 확충에 더욱 박차를 가했다. 국민 1인당 체육시설면적이 2010년에 3.12m^2, 2011년에 3.29m^2, 2012년에는 3.31m^2로 증가되었다.

02 국민생활체육진흥종합계획(호돌이 계획)

정부는 1986년 서울 아시아경기대회와 1988년 서울 하계올림픽경기대회의 성공으로 인해 고조된 체육에 대한 국민적 관심을 생활체육으로 이어가고자 하였다. 이에 정부는 지방자치단체, 민간단체와 함께 1990년 3월 국민생활체육진흥종합계획(호돌이 계획)을 수립하였고 1990년부터 1992년까지 3년간 추진하였다. 국민생활체육진흥종합계획(호돌이 계획)은 국민생활체육진흥을 통해 복지사회를 실현하고 국민의 축적된 에너지를 합리적으로 활용하여 국가와 사회 발전을 가속화하고, 여가생활의 건전화를 통해 바람직한 청소년을 육성하는데 목표를 두었다. 국민생활체육진흥종합계획(호돌이 계획)의 기본적인 진행방향은 평생체육의 실현과 국민의 체력·정신력 강화를 통해 국력을 키우고, 건전한 여가생활의 기회를 확대시키는 것으로 설정하였다.

국민생활체육진흥종합계획(호돌이 계획)에서 체육시설에 대한 구체적인 부분을 살펴보면 신규 생활체육시설의 확충과 기존시설의 활용도 향상을 통해 생활체육의 참여여건을 단계적으로 확충·조성하고자 하였다. 먼저 신규 확충 대상은 운동장, 체육관 등 기본체육시설과 올림픽기념 국민생활관, 마을단위 동네체육시설, 동계체육시설, 체육인 올림픽동산, 직장체육시설 등으로 하였고, 민간투자 촉진, 체육시설 설치지역의 확대 등을 통해 국민 누구나 저렴하고 손쉽게 이용할 수 있는 생활체육시설을 단계적으로 확충하는 방안을 제시하였다. 또한 기존시설의 활용도 향상을 위해 공공체육시설의 생활체육 시설화, 올림픽시설 활용, 직장체육시설 개방, 학교체육시설의 주민 생활체육 시설화 등의 실천 방안을 수립하였다.

03 국민체육진흥 5개년계획

1990년부터 1992년까지 성공적으로 추진된 국민생활체육진흥종합계획을 통해 체육에 대한 관심과 참여 열기가 뜨거워졌으며, 참여뿐 아니라 영역 또한 넓어졌다. 정부는 체육이 사회·경제학 분야에서 개인과 사회의 건전성을 높이고 활력을 더해주는 점에 주목했고, 이를 활성화하기 위한 체육 분야에 대한 정책제시의 필요성을 느낀 정부는 국민체육진흥 5개년계획을 수립하였다. 이렇게 수립된 국민체육진흥 5개년계획은 제1차 국민체육진흥 5개년계획(1993~1997년), 제2차 국민체육진흥 5개년계획(1998~2002년), 제3차 국민체육진흥 5개년계획(2003~2007년)으로 총3차례에 걸쳐 1993년부터 2007년까지 15년간 단계적으로 추진되었다.

(1) 제1차 국민체육진흥 5개년개획

제1차 국민체육진흥 5개년계획(1993~1997년)은 모든 국민의 체육활동을 안정적으로 지원하기 위해 지역적으로 균형 있는 체육시설의 공급을 목표로 지방체육시설의 확충과 공간 확보에 많은 노력을 기울였다. 특히 부족한 동계 체육시설에 대한 투자와 공급을 확대하고자 하였다. 가장 먼저 지역의 기본체육시설로 운동장과 체육관, 수영장을 설치하였고, 국민의 생활반경에 맞춘 생활권 체육시설인 동네체육시설, 종합체육회관, 구민문화체육회관, 농어민문화체육센터, 자연 친화적인 체육공원 등을 집중적으로 설치하였다. 그럼에도 불구하고 시설이 부족할 경우에는 국공립학교 운동장, 관공서의 체육관을 개방하고 공공기관 테니스장 혹은 배드민턴장을 설치·개방하여 부족한 체육시설을 최대한 확보하려 노력하였다. 더불어 1997년 동계유니버시아드 대회 유치를 위해 동계체육시설을 정비하였고 실내빙상장, 실외빙상장, 스키점프대, 크로스컨트리 코스 등의 설치를 지원하였다.

(2) 제2차 국민체육진흥 5개년개획

제2차 국민체육진흥 5개년계획(1998~2002년)은 꾸준하게 증가하는 체육활동에 대한 국민의 수요에 맞추기 위해서는 지역 중심의 생활체육시설을 조성해야 한다는 점을 인식하고, 특별시·광역시·도와 같은 광역단위가 아닌 시·군·구와 같은 지역의 부족한 기본체육시설과 근린체육공간 조성에 초점을 두고 추진되었다. 체육시설이 단순히 체육활동을 위한 공간이 아닌 지역공동체의 구심점 역할을 할 수 있도록 다양한 활용성과 함께 복합적인 기능을 갖추는데 중점을 두었고, 운동장, 체육관, 실내빙상장, 지방스포츠센터(국민체육센터), 농어민문화체육센터, 생활체육공원, 마을체육시설 등의 체육시설을 지원하였다. 이와 함께 체육시설의 확충 뿐 아니라 효율적인 관리운영과 체육활동기회 확대, 시설이용편의성 향상을 위한 민간위탁 등 관리운영의 다양성 확대 정책도 병행하여 생활체육을 더욱 활성화할 수 있도록 조성하였다. 전문체육단체의 육성과 자생력 강화를 통해서 엘리트체육과 생활체육의 균형 잡힌 발전으로 생활체육의 안정적인 발전 기반을 닦고 체육시설과 관련된 스포츠산업의 지원을 확대해 지역과 사회발전에 대한 체육의 기능을 향상시키겠다는 정책방향을 제시하였다.

(3) 제3차 국민체육진흥 5개년계획

제3차 국민체육진흥 5개년계획(2003~2007년)은 참여, 분권, 자율이라는 참여정부의 정책방향을 토대로 '참여정부 국민체육진흥 5개년계획'으로 2003년 수립되었다. '참여정부 국민체육진흥 5개년계획'은 체육활동에 대한 수요에 비해 체육시설 공급이 부족하다는 구체적인 지표를 토대로 수립되었다. 따라서 국민의 체육활동 수요에 적절히 부응하기 위해 주민의 생활권 안에서 언제나 손쉽게 이용할 수 있는 체육시설을 확충하고, 체육시설을 정부의 선택으로 설치하지 않고 설치지역의 다양한 특성에 맞는 다목적 체육활동 공간을 조성하는 것을 추진방향으로 설정하였다. 구체적으로는 지역단위 주민친화형 생활체육공간의 지속적인 확충을 위해 국민체육센터, 농어민 문화체육센터, 다목적 생활체육공원, 잔디·우레탄 체육시설, 게이트볼 경기장, 마을단위 생활체육시설, 학교운동장 생활체육시설 설치 지원 등의 사업을 핵심적으로 추진하였다. 또한 기존의 공동으로 이용할 수 있는 체육시설과 함께 개인 건강기능을 위한 각종 체육시설을 확충하였다. 전문체육시설 부분에서는 기본체육시설의 지속적 확충과 더불어 체육환경 변화에 능동적으로 대처하기 위해 대규모 예산이 투입되었던 기존 시설의 활용도 향상을 목적으로 시·군 기본체육시설 리모델링 사업 지원, 관리·운영실적 우수 공공체육시설 인센티브 부여, 종목별 전문체육시설과 전국체전시설 등의 확보 등을 주요 추진과제로 설정·추진하였다. 더불어 지식정보화사회의 도래, 고령화 사회로의 진입, 주5일 근무제 시행, 지방분권의 확대 등의 정책 환경의 급속한 변화와 지역별 환경의 차이로 인한 지역 주민의 특성을 감안하여 지방자치단체에서 지역의 특성을 반영한 체육시설을 자유롭게 조성할 수 있도록 하였다. 이를 통해 지방자치단체에서는 지역특성과 지역주민의 요구에 맞춰 체육시설을 건립할 수 있게 되었다. 이처럼 '참여정부 국민체육진흥 5개년계획'은 성·연령·계층·지역의 차별 없이 국민 누구나 체육활동에 쉽게 참여할 수 있는 체육환경을 조성하고자 하였다.

04 공공체육시설 균형배치 중장기계획

문화체육관광부는 2006년 10월에 증가하고 있는 건강유지와 체력증진에 대한 국민의 관심과 체육활동에 대한 참여욕구를 계획적이고 체계적으로 충족시키고, 모든 국민이 양질의 체육서비스를 받을 수 있게 하기 위한 '공공체육시설 균형배치 중장기계획'을 수립하여 발표하였다. '공공체육시설 균형배치 중장기계획'은 목표연도를 2025년으로 설정하고, 2015년까지의 구체적인 사업계획을 포함하고 있으며 건강 환경의 조성과 삶의 질 향상, 국가경쟁력 향상을 비전으로 설정하였다. 또 체육활동 참여율을 높여 건강한 시민사회를 형성하고, 체육시설 보급률 확대를 통해 쾌적하고 여유로운 체육활동 공간을 조성하며, 체육시설의 접근성을 높여 10분내 접근 가능한 환경을 조성하는 것을 목표로 하고 있다. 구체적으로 살펴보자면 2025년까지 정기적 참여율 60%, 체육시설 보급률 100%, 체육시설 평균 접근거리 700m를 목표로 설정하였고, 추진전략은 지역특성별 확충 전략의 차별화, 생활권 위계별 기본체육시설 설정, 유관시설과의 기능적·형태적 복합화, 재원의 다원화 및 다양성 확대, 주체 간 역할체계 정비 등으로 설정하였다.

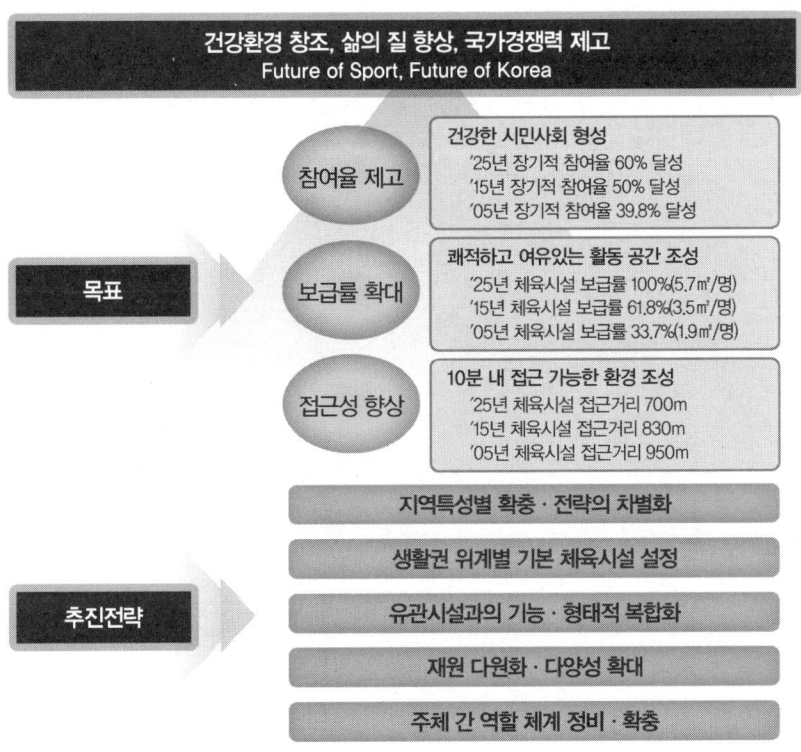

공공체육시설 확충 비전 체계도(체육백서, 2013)

공공체육시설 균형배치 중장기계획은 우리 국민이 쾌적한 체육서비스를 누리기 위해 필요한 적정 체육시설 면적을 1인당 5.7㎡로 규정하고, 체육시설 보급률 61.8%(3.5㎡/인), 참여율 50%, 접근거리 830m 등을 중기목표로 설정, 2015년까지의 구체적 사업계획을 제시하고 있다. 5.7㎡/인은 월 1회 이상 생활체육 참여자 비율이 75%인 경우를 가정하여 산정되었으며, 2015년까지 목표로 하고 있는 1인당 체육시설 면적 3.5㎡(보급율 61.8%)는 독일의 예를 참조하여 클럽 활동을 적절히 수용할 수 있는 규모로 산정되었다. 이와 함께 전국의 시·군·구를 인구와 면적, 공간구조, 산업구조, 인구구조, 재정상태 및 소득수준 등에 따라 10개의 유형으로 구분하여 지역특성별로 차별화된 확충 방향을 제시하였다. 생활권별로는 실내와 옥외시설을 구분하여 생활체육공원, 국민체육센터, 근린형복합체육시설, 운동장생활체육시설 등을 기본체육시설로 설정하여 학교나 청소년시설 등 유관시설과의 형태적·기능적 복합화 방안을 제시하고 있다. 특히, 공공체육시설 배치방식은 공급자 중심에서 수요자 중심으로 전환하고, 획일적 기준에서 벗어나 생활권역 및 인구 수, 그리고 재정자립도를 고려하여 지역별 특성화, 시설의 복합화, 재원의 다양화 지향 등을 통해 기존의 방식을 개선하였다.

Chapter 2 스포츠시설의 구성

🌐 1.1 스포츠시설의 기준

01 체육시설업의 시설기준

(1) 공통기준

1) 필수시설

구 분		내 용
필수시설	편의시설	– 수용인원에 적정한 주차장(등록체육 시설업에 한함)과 화장실 구비해야 하며 다른 시설물과 동일부지, 복합건물의 경우 공동 사용 가능 – 수용인원에 적정한 탈의실·샤워실 및 급수시설 구비, 다만 신고체육시설업(수영장업 제외)과 빙상장업 및 자동차경주장업에는 탈의실·샤워실을 대신하여 세면실 설치 가능
	안전시설	– 체육시설(무도학원 및 무도장업을 제외) 내의 조도는 산업표준화법에 의한 조도기준 적용 – 상병자 응급실 및 구급약품 구비해야 하며, 신고체육시설업(수영장업을 제외)과 골프장업에는 예외 – 적정한 환기시설 구비
	관리시설	– 등록체육시설업에는 매표소·사무실·휴게실 등 해당 체육시설의 유지·관리에 필요한 시설

2) 임의시설

구 분		내 용
임의시설	편의시설	– 관람석 설치가능 – 체육용품의 판매·수선 또는 대여점 설치 가능 – 식당·목욕시설·매점 등 편의시설을 설치가능(무도학원업 및 무도장업 제외)
	운동시설	– 등록체육시설업에는 해당 체육시설을 계절 또는 시간에 따라 종목을 달리할 경우 각각 해당 체육시설업의 시설 기준에 적합

02 체육시설업의 종류별 기준

(1) 체육시설업의 종류별 필수기준 원칙

① 법적 체계 : 체시법 제11조에 의하여 체육시설업자는 체육시설업의 종류별로 시설기준에 적합한 시설을 설치하고 이를 유지 관리하게 하고 있다.

② 필수시설 기준이 정해진 종목 : 골프장업, 스키장업, 요트장업, 조정장업 및 카누장업, 빙상장업, 자동차경주장업, 승마장업, 종합체육시설, 수영장업, 체육도장업, 골프연습장업, 체력단련장업, 당구장업, 썰매장업, 무도학원업 및 무도장업 등 15(17)개 종목

  * 15(17)개 종목은 조정장업 및 카누장, 무도학원업 및 무도장업 등의 구분

1) 골프장업 필수시설

구 분	내 용(시설기준)
운동시설	– 회원제 골프장업은 3홀 이상, 정규 대중골프장업은 18홀 이상, 일반 대중골프장업은 9홀 이상 18홀 미만, 간이골프장업은 3홀 이상 9홀 미만의 골프코스를 갖추어야 한다. – 각 골프코스는 국내·외적으로 통용되는 길이·폭 및 파수에 적합하여야 하되, 각 골프 코스의 길이를 향한 총 길이는 18홀인 골프장은 6,000m, 9홀인 골프장은 3,000m, 6홀 인 골프장은 2,000m를 기준으로 하여, 지형에 따라 총 길이 25% 범위 내에서 증감 가능. 각 골프코스의 사이 중 이용자의 안전사고 위험이 있는 곳은 20m 이상의 간격을 두어야 한다지만 지형상 일부분이 20m 이상의 간격을 두기가 극히 곤란한 경우에는 안전망 을 설치할 수 있다. – 각 골프코스에는 티그라운드·페어웨이·그린·러프·장애물·홀컵 등 경기에 필요한 시설 – 골프용구 운반 기구를 갖추고 그 운행이 가능하도록 해야 한다.
관리시설	골프코스 수변·러프지역·절토지 및 성토지의 법면 등은 조경을 하여야 한다.

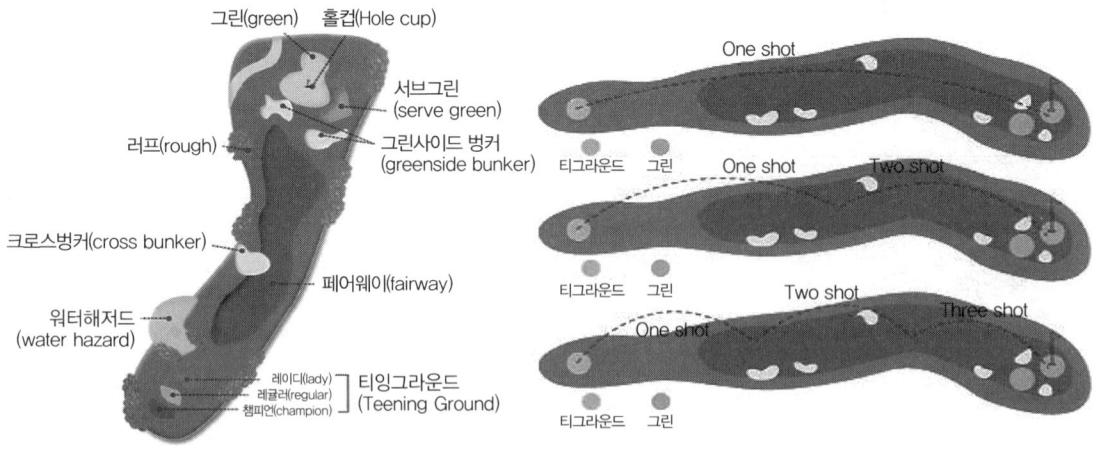

- 러프 : 페어웨이 바깥부분
- 절토지 : 평지나 평면을 만들기 위하여 흙을 깎아내는 일
- 성토지 : 택지조성에 있어서 종전의 지반 위에 다시 흙을 돋구어 쌓는 것
- 법면 : 둑 같은 경사면
- 그린 : 퍼팅을 하게 되는 홀 주변의 지역으로 잔디를 짧게 다듬어 놓은 지역
- 홀 : 골프에서, 그린 위에 설치한 구멍(홀의 직경 : 108mm, 홀의 깊이 : 100mm)
- 가드벙커 : 그린 주변에 배치하는 움푹 패인 모래 웅덩이
- 페어웨이 : 티잉 그라운드에서 잔디까지 이어지는 잔디가 다듬어진 지역
- 크로스벙커 : 페어웨이 옆으로 길게 늘어진 벙커
- 워트 해저드 : 코스 내에 있는 연못, 냇물, 습지 등으로 의도적인 장애물
- 러프 : 잔디를 다듬어 놓지 않은 수풀 지역
- 티잉 그라운드 : 해당 홀의 첫 번째 샷을 하는 지역(검정, 파랑 : 대회 시합용, 흰색 : 일반 남성용, 붉은색 : 여성, 주니어용)

클럽하우스

페어웨이

티잉 그라운드

그린

TIP 8

우리나라 년도별 골프장 이용현황

국내 골프장 수는 지난 2001년의 154개소에서 2013년에는 465개소로 202% 늘어났으며, 골프장 이용객수는 같은 기간에 1,290만 명에서 3,105만 명으로 141% 증가하였다. 미국은 14천명, 일본은 52천 명당 18홀을 갖고 있는 반면, 한국은 260천 명당 18홀을 갖고 있어 매우 부족한 실정이다. 골프장의 홀당 이용객수를 보면, 회원제 골프장이 3,354명인데 반해 대중 골프장은 3,959명으로 회원제 골프장보다 대중 골프장 홀당 이용객수가 더 많았다. 그러나 2010년의 경우 2009년에 비해 회원제 골프장 이용인원은 2.2% 감소하였으나 대중 골프장 이용인원은 2.0% 증가한 것으로 나타났다. 한편 2011년의 경우 2010년에 비해 회원제 골프장 이용인원은 1.2% 증가하였고, 대중 골프장 이용인원은 10.5% 증가한 것으로 나타났다. 또한 2012년의 경우 2011년에 비해 회원제 골프장 이용인원은 1.7% 증가하였고, 대중 골프장 이용인원은 13.9% 증가한 것으로 나타났다.

연도별 전국 골프장 이용객 현황

구 분	합 계		회 원 제		대 중	
	개소수	이용인원	개소수	이용인원	개소수	이용인원
2001	154	12,902,526	110	10,046,055	44	2,856,471
2002	161	14,117,369	113	10,745,795	48	3,371,574
2003	175	15,115,577	122	11,454,576	53	3,661,001
2004	194	16,179,740	136	12,205,437	58	3,974,303
2005	224	17,766,976	147	12,741,012	77	5,025,964
2006	250	19,653,359	157	13,507,219	93	6,146,140
2007	277	22,343,079	175	14,923,213	102	7,419,866
2008	311	23,982,666	183	15,654,098	128	8,328,568
2009	339	25,908,986	193	16,940,101	146	8,968,885
2010	386	25,725,404	213	16,572,739	169	9,152,665
2011	416	26,904,953	225	16,784,857	191	10,120,096
2012	437	29,305,167	227	17,777,672	210	11,527,495
2013	465	31,057,645	228	17,547,634	232	13,510,011

(출처 : 골프경영자협회)

나. 골프연습장업 필수시설

스탠포드대학교(어린이골프스쿨)

스탠포드대학교(골프드라이빙레인지)

스탠포드대학교(골프장)

스탠포드대학교(골프장)

구분		내용
필수시설	운동시설	– 실내 또는 실외 연습에 필요한 타석을 갖추어야 한다. 다만, 타구의 원리를 응용한 연습 또는 교습이 아닌 별도의 오락·게임 등을 할 수 있는 타석을 설치하여서는 아니된다. – 타석 간의 간격이 2.5m 이상이어야 하며, 타석의 주변에는 이용자가 연습을 위하여 휘두르는 골프채에 벽면·천장과 그 밖에 다른 설비 등이 부딪치지 아니하도록 충분한 공간이 있어야 한다.
	안전시설	– 연습 중 타구에 의하여 안전사고가 발생하지 않도록 그물·보호망 등을 설치하여야 한다. 다만, 실외 골프연습장으로서 위치 및 지형상 안전사고의 위험이 없는 경우에는 그러하지 아니하다.
임의시설	관리시설	– 연습이나 교습에 필요한 기기를 설치할 수 있다. – 홀 미만의 퍼팅연습용 그린을 설치할 수 있다. 다만, 퍼팅의 원리를 응용하여 골프연습이 아닌 별도의 오락·게임 등을 할 수 있는 그린을 설치하여서는 아니 된다. – 실외 골프연습장에는 3홀 미만의 골프 코스나 18홀 이하의 피칭연습용 코스(각 피칭연습용 코스의 폭과 길이는 100m 이하이어야 한다)를 설치할 수 있다.

다. 스키장업 필수시설

구분	내용
운동시설	- 슬로프는 길이 300m 이상, 폭 30m 이상이어야 한다(지형적 여건으로 부득이한 경우는 제외한다). - 평균 경사도가 7도 이하인 초보자용 슬로프를 1면 이상 설치하여야 한다. - 슬로프 이용에 필요한 리프트를 설치하여야 한다.
안전시설	- 슬로프 내 이용자가 안전사고를 당할 위험이 있는 곳에는 안전시설(안전망·안전매트 등)을 설치하여야 한다. - 구급차와 긴급구조에 사용할 수 있는 설상차(雪上車)를 각 1대 이상 갖추어야 한다. - 정전 시 이용자의 안전관리에 필요한 전력공급장치를 갖추어야 한다.
관리시설	- 절토지 및 성토지의 경사면에는 조경을 하여야 한다.

두바이 실내스키장

라. 요트장업 필수시설

구분	내용
운동시설	- 5척 이상의 요트를 갖추어야 한다. - 요트를 안전하게 보관할 수 있는 계류장(繫留場) 또는 요트보관소를 갖추어야 한다.
안전시설	- 긴급해난구조용 선박 1척 이상 및 요트장을 조망할 수 있는 감시탑을 갖추어야 한다. - 요트 내에는 승선인원 수에 적정한 구명대를 갖추어야 한다.

TIP 9

요트의 분류

- 요트
  - 동력요트(Motor yacht)
    - 레저(Leisure) 및 놀이(Pleasure)용
    - 선실, 주거시설
    - 엔진 추진
  - 세일링 요트(Sailing yacht)
    - 돛과 바람에 의해 움직이는 요트
    - 대형세일링요트(Cruiser)
      - 외양세일링용(레저 및 스포츠)
      - 선실, 주거시설
      - 세일링과 엔진추진 양용
    - 소형세일링요트(Dinghy)
      - 연안 스포츠용
      - 소형, 경량, 간단한 구조, 무동력
      - 국제올림픽, 아시안 게임, 국제대회의 경기종목

요트선착장(부산) 미국(샌디에이고)

요트선착장
(경기도 요트학교-아라마리나)

마. 당구장업 필수시설

구분	내용
운동시설	- 당구대 1대당 16㎡ 이상의 면적을 확보하여야 한다. - 3대 이상의 당구대를 설치하여야 한다.

바. 조정장업 및 카누장업 필수시설

구분	내용
운동시설	- 10척 이상의 조정(카누)을 갖추어야 한다. - 수면은 폭 50m 이상 길이 200m 이상이어야 하고, 수심은 3m 이상이어야 하며, 유속은 시간당 5km 이하여야 한다.
안전시설	- 조정장(카누장)의 수용능력에 적정한 구명대 및 1척 이상의 구조용 선박(모터보트)과 조정장(카누장) 전체를 조망할 수 있는 감시탑을 갖추어야 한다.

사. 빙상장업 필수시설

구분	내용
운동시설	- 빙판면적은 900㎡ 이상이어야 한다.
안전시설	- 빙판 외곽에 높이 1m 이상의 울타리를 견고하게 설치하여야 한다. - 유해 냉가매체를 사용하지 않는 제빙시설을 설치하여야 한다.

강릉 빙상경기장

이순신 빙상장(아산)

아. 종합체육시설 필수시설

구 분	내 용
필수시설	- 해당 체육시설업의 필수시설기준에 따른다.
임의시설	- 해당 체육시설업의 임의시설기준에 따른다. - 수영조 바닥면적과 체력단련장 및 에어로빅장의 운동전용면적을 합한 면적의 15% 이하의 규모로 체온관리실[온수조·냉수조·발한실(發汗室 : 땀 내는 방)]을 설치할 수 있다. 다만, 체온관리실은 종합체육시설업의 시설이용자만 이용하게 하여야 한다.

자. 승마장업 필수시설

구 분	내 용
운동시설	- 실외 마장은 3천㎡ 이상의 면적에 높이 0.8m 이상의 목책(木柵)을 설치하여야 하고, 실내 마장은 1,500㎡ 이상의 면적이어야 한다. - 10마리 이상의 승마용 말을 배치하고, 말의 관리에 필요한 마사(馬舍)를 설치하여야 한다.

스탠포드대학교(경마장)

차. 자동차경주장(2륜자동차경주장)업 필수시설

구 분	내 용
운동시설	- 트랙은 길이 400m 이상, 폭 5m 이상이어야 한다. - 트랙의 바닥면은 포장한 곳과 포장하지 않은 곳이 있어야 한다.
안전시설	- 트랙의 양편에는 폭 3m 이상의 안전지대를 설치하여야 한다. - 경주장 전체를 조망할 수 있는 통제소를 설치하여야 한다.
관리시설	- 2륜 자동차를 수리할 수 있는 시설을 갖추어야 한다.

카. 자동차경주장(4륜자동차경주장)업 필수시설

구분	내용
운동시설	- 트랙은 길이 2km 이상으로서 출발지점과 도착지점이 연결되는 순환형태여야 하고, 트랙의 폭은 11m 이상 15m 이하여야 하며, 출발지점에서 첫 번째 곡선 부분 시작지점까지는 250m 이상의 직선구간이어야 한다. - 트랙에는 전 구간에 걸쳐 차량의 제동거리를 고려하여 적절한 시계(경주 중인 선수가 진행방향으로 장애물 없이 트랙이 보이는 거리)가 확보되어야 한다. - 트트랙의 바닥면은 포장 또는 비포장이어야 한다. - 트랙의 종단 기울기(차량진행방향으로의 경사를 말한다)는 오르막 20% 이하, 내리막 10% 이하여야 한다. - 트랙의 횡단 기울기(차량진행방향 좌우의 경사를 말한다)는 직선구간은 1.5% 이상 3% 이하, 곡선구간은 10% 이하여야 한다. - 트랙의 양편 가장자리는 폭 15cm의 흰색선으로 표시하여야 한다
안전시설	- 출발지점을 제외한 트랙의 직선 부분은 트랙의 좌우 흰색선 바깥쪽으로 3m 이상 5m 이하의 안전지대를 두어야 하며, 트랙의 곡선 부분은 다음의 공식에 따른 폭의 안전지대를 두어야 한다. 다만, 안전지대의 바닥에 깊이 25cm 이상으로 자갈을 까는 경우 안전지대의 폭은 트랙의 직선 부분은 2m 이상, 곡선 부분은 위의 공식에 따라 산출된 폭의 2분의 1 이상으로 할 수 있다. - 안전지대의 폭(m) = (속도)2/300 (속도는 시간당 km) - 트랙 양편의 안전지대 바깥쪽 경계선에는 경주 중인 차량이 트랙을 이탈하는 경우 안전지대 바깥쪽으로 벗어나지 아니하고 정지할 수 있는 정도의 수직 보호벽(높이 69cm 이상이어야 한다)을 가드레일(2단 이상)이나 콘크리트벽으로 설치하여야 한다. - 관람객과 다른 시설물 등을 경주 중인 차량의 사고로부터 보호하고 경주장 외부로부터 무단 접근을 방지하기 위하여 수직 보호벽 바깥쪽에 3m 내외의 간격을 두고 높이 1.8m 이상의 견고한 철망·울타리 등을 설치하여야 한다. - 경주의 안전한 진행에 필요한 종합통제소·검차장·표지판 및 신호기 등을 갖추어야 한다. - 감시탑은 트랙의 전체를 조망할 수 있고 경주 중인 차량이 잘 보이는 곳으로서 트랙의 여러 곳에 설치하되, 감시탑 간의 간격은 직선거리 500m 이하여야 하고, 감시탑 간에는 육안으로 연락할 수 있어야 한다. - 견인차, 구급차, 소화기 탑재차 및 트랙의 이상 유무를 확인할 수 있는 통제차를 각 1대 이상 배치하여야 한다. - 긴급사고 발생 시 견인차, 구급차, 소화기 탑재차 등이 트랙에 쉽게 접근할 수 있도록 비상도로를 설치하여야 한다.

타. 썰매장업 필수시설

구분	내용
운동시설	- 폭 15m 이상, 길이 120m 이상의 슬로프를 1면 이상 설치하여야 하되, 지형에 따라 그 폭과 길이의 25% 범위에서 줄일 수 있다. - 슬로프 규모에 적절한 썰매와 제설기 또는 눈살포기(자연설을 이용할 수 있는 지역만 해당한다) 등을 갖추어야 한다.
안전시설	- 빙판 외곽에 높이 1m 이상의 울타리를 견고하게 설치하여야 한다. - 유해냉각매체를 사용하지 않는 제빙시설을 설치하여야 한다. - 슬로프의 가장자리에는 안전망과 안전매트를 설치하여야 한다.

두바이(실내 눈썰매장)

웅진 플레이시티(부천)

파. 수영장업 필수시설

구분	내용
운동시설	- 수영조의 바닥면적은 200㎡(시·군은 100%) 이상이어야 한다. 다만, 호텔 등 일정 범위의 이용자에게만 제공되는 수영장은 100㎡ 이상으로 할 수 있다. - 물의 깊이는 0.9m 이상 2.7m 이하로 하고, 수영조의 벽면에 일정한 거리 및 수심 표시를 하여야 한다. 다만, 어린이용·경기용 등의 수영조에 대하여는 이 기준에 따르지 않을 수 있다. - 수영조와 수영조 주변 통로 등의 바닥면은 미끄러지지 않는 자재를 사용하여야 한다. - 도약대를 설치한 경우에는 도약대 돌출부의 하단 부분으로부터 3m 이내의 수영조의 수심은 2.5m 이상으로 하여야 한다. - 도약대는 사용 시 미끄러지지 않도록 하여야 한다. - 도약대로부터 천장까지의 간격이 스프링보드 도약대와 높이 7.5m 이상의 플랫폼 도약대인 경우에는 5m 이상, 높이 7.5m 이하의 플랫폼 도약대인 경우에는 3.4m 이상이어야 한다. - 물의 정화설비는 순환여과방식으로 하여야 한다. - 물이 들어오는 관과 나가는 관의 배관설비는 물이 계속하여 순환되도록 하여야 한다. - 수영조 주변 통로의 폭은 1.2m 이상(핸드레일을 설치하는 경우에는 1.2m 미만으로 할 수 있다)으로 하고, 수영조로부터 외부로 경사지도록 하거나 그 밖의 방법을 마련하여 오수 등이 수영조로 새어 들 수 없도록 하여야 한다.
안전시설	- 이용자의 안전을 위하여 수영조 전체를 조망할 수 있는 감시탑을 설치하여야 한다. 다만, 호텔 등 일정 범위의 이용자에게만 제공되는 수영장은 감시탑을 설치하지 않아도 된다.
임의시설	- 편의 시설 : 물미끄럼틀, 유아 및 어린이용 수영조를 설치할 수 있다.

실내수영장

스탠포드대학교(수영장)

> **TIP 10**
>
> ### 수영조, 목욕장의 수질기준
>
> - 수영조의 욕수
>
>   '체육시설의 설치·이용에 관한 법률 시행규칙'에 의거
>
>   - 유리잔류염소 0.4mg/L부터 1.0mg/L(잔류염소일 때에는 1.0mg/L 이상)까지 유지하도록 하여야 한다. 다만, 오존소독 등으로 사전처리를 하는 경우의 유리잔류염소 농도는 0.2mg/L 이상(잔류염소일 때에는 0.5mg/L 이상)을 유지하여야 한다.
>   - 수소이온농도는 5.8부터 8.6까지 되도록 하여야 한다.
>   - 탁도는 2.8NTU 이하로 하여야 한다.
>   - 과망간산칼륨의 소비량은 12mg/L 이하로 하여야 한다.
>   - 대장균군은 10밀리리터들이 시험대상 욕수 5개 중 양성이 2개 이하이어야 한다.
>
> - 공중목욕장 수질기준
>
>   '공중위생관리법 시행규칙'에 의거
>
>   - 원수
>   - 색도는 5도 이하로 하여야 한다.
>   - 탁도는 1NTU(Nephelometric Turbidity Unit) 이하로 하여야 한다.
>   - 수소이온농도는 5.8 이상 8.6 이하로 하여야 한다.
>   - 과망간산칼륨 소비량은 10mg/L 이하가 되어야 한다.
>   - 총대장균군은 100mL 중에서 검출되지 아니하여야 한다.
>
>   - 욕조수
>   - 탁도는 1.6NTU(Nephelometric Turbidity Unit) 이하로 하여야 한다. 이 경우 다른 법령에 의하여 목욕장에서 사용할 수 있도록 허가받은 제품을 첨가한 때에는 당해 제품에서 발생한 탁도는 계산하지 아니한다.
>   - 과망간산칼륨 소비량은 25mg/L 이하가 되어야 한다.
>   - 대장균군은 1mL 중에서 1개를 초과하여 검출되지 아니하여야 한다. 이 경우 평판마다 20개 이하의 균체의 군락이 형성되었을 때는 원액을 접종한 평판의 균체의 군락을 평균하며, 기재는 반드시 1mL 중 몇 개라고 표시한다.

하. 체육도장업 필수시설

구 분	내 용
운동시설	- 운동전용면적은 66㎡ 이상으로 하되, 3.3㎡당 수용인원이 1명 이하가 되도록 하여야 한다. - 바닥면은 운동 중 발생하는 충격의 흡수가 가능하게 하여야 한다. - 해당 종목의 운동에 필요한 기구와 설비를 갖추어야 한다.

거. 체력단련장업 필수시설

구 분	내 용
운동 시설	– 운동전용면적은 66㎡ 이상이어야 한다. – 바닥면은 운동 중 발생하는 충격을 흡수할 수 있어야 한다. – 기초체력 단련기구는 5종 이상을 갖추어야 한다. – 연습용구는 10개 이상을 갖추어야 한다. – 신장기 · 체중기 등 필요한 기구를 갖추어야 한다.

남서울대학교 성암문화체육관 체련장(출처 : 남서울대)

너. 무도학원 및 무도장업 필수시설

구 분	내 용

운동
시설
	– 무도학원업은 바닥면적이 66㎡ 이상이어야 하며, 무도장업은 특별시와 광역시의 경우에는 330㎡ 이상,
	  그 외의 지역의 경우에는 231㎡ 이상이어야 한다.
	– 소음 방지에 적합한 방음시설을 하여 소리가 밖으로 새어 나가지 않도록 하여야 한다.
	– 바닥은 목재마루로 하고 마루 밑에 받침을 두어 탄력성이 있게 하여야 한다.
	– 무도학원업과 무도장업으로 사용되고 있는 건축물의 용도가 「건축법 시행령」 별표 1의 용도별 건축물의
	  종류에 적합하여야 하고, 그 밖에 「건축법」 및 「국토의 계획 및 이용에 관한 법률」에 적합한 위치이어야 한다.
	– 운동시설은 사무실 등 다른 용도의 시설과 완전히 구획되어야 한다.
	– 업소 내의 조도는 무도학원업은 100럭스 이상, 무도장업은 30럭스 이상되어야 하며, 조명의 밝기를
	  조절하는 장치를 설치하여서는 안된다.

(2) 체육시설 시설물의 설치 및 부지면적의 제한사항(제9조 관련)

1) 시설물 설치의 제한사항

- 설치금지 시설물

구분	내 용
스키장업·요트장업을 제외한 체육시설업	- 업소 안에는 공중위생관리법 제2조 제1항 제2호의 규정에 의한 숙박업의 시설물을 설치할 수 없다.
골프장업	(골프장 안에서는 숙박업의 시설물 설치가 불가하지만 다음 요건에 적합하면 설치 가능) - 골프장사업계획지가 환경정책기본법에 의한 특별대책지역, 수도권정비 계획법에 의한 자연보전권역, 자연공원법에 의한 자연보전권역, 자연공원지정된 구역이 아닐 것 - 골프장사업계획지가 광역상수원보호구역으로부터 상류방향으로 40km 이내의 지역, 일반상수원 보호구역으로부터 상류방향으로 20km 이내의 지역, 취수장(공중 이용)으로부터 상류방향으로 30km, 그 하류방향으로 1km 이내의 지역이 아닐 것 - 숙박시설을 설치하고자 하는 예정부지가 환경영향평가협의 시 녹지를 보존하도록 협의된 지역이 아닐 것(사업계획승인 당시 숙박시설이 설치되지 아니한 골프장에 한한다.) - 골프장 규모가 18홀 이상일 것 - 골프장 방류수의 수질이 BOD 5mg/l를 초과하지 않을 것 - 숙박시설과 수영장을 함께 설치할 경우에는 수영조 바닥면적이 200m²(시·군의 경우에는 100m²)를 초과하지 않고, 숙박시설과 눈썰매장을 함께 설치할 경우에는 슬로프 면적이 1,800m²를 초과하지 않을 것 - 숙박시설 건물의 층수는 5층을 초과하지 않을 것

* BOD (Biochemical Oxygen Demand)
물이 어느 정도 오염되어 있는가를 나타내는 기준으로 수중의 유기물이 미생물에 의해 정화될 때 필요한 산소량으로 나타낸다. 단위는 PPM으로 나타내고 이 숫자가 클수록 물의 오염이 심하다. 예를 들어 1l의 수중에 1mg의 산소가 필요할 때가 1PPM이다.

2) 시설물의 규모제한

구분	내 용
골프장업	(클럽하우스의 연건축면적의 기준은 다음과 같으며, 이를 초과하여 설치할 수 없다.) - 9홀 미만 골프장 : 500m² 이하 - 9홀~18홀 미만의 골프장 : 600m² 이하 - 18홀 골프장 : 3,300m² 이하로 하되, 병설 대중골프장과 회원제골프장이 공동 사용의 경우 400m² 이내의 추가 가능 - 18홀을 초과하는 골프장 : 3,300m²에 18홀을 초과하는 9홀마다 600m²를 추가한 면적 이하로 하되, 병설 대중골프장과 회원제골프장이 클럽하우스를 공동으로 사용하는 경우에는 400m² 이내 추가 가능 - 2 이상의 골프장이 클럽하우스를 공동으로 사용하는 경우(병설 대중 골프장과 회원제골프장이 클럽하우스를 동등 사용하는 경우를 제외한다.)에는 (가) 내지 (라)의 규정에 다라 각각의 골프장이 설치할 수 있는 클럽하우스의 연면적을 합한 면적 이하

※ 비고 : '클럽하우스'라 함은 골프장부지 안의 건출물로서 화장실, 탈의실, 샤워실, 식당, 매점, 휴게실, 사무실, 복도, 계단 등 이용자의 편의제공 또는 골프장의 관리·운영의 용도에 사용되는 건축물(카트고, 수위실, 중장비고, 정비고, 창고, 가설건축물, 태양열이용설비, 상수 저장탱크, 소각장, 오수처리시설, 전기실, 기계실, 골프코스 사이의 휴게소, 실내 주차장, 수영장, 테니스장, 골프연습장, 연수시설 등을 위한 건축물 제외)

엘리시안 골프클럽(제주) 클럽하우스

클럽하우스 락커

클럽하우스 로비

클럽하우스 사우나

3) 부지면적의 제한사항

- 골프장업 : 골프장의 부지면적은 다음의 면적을 초과할 수 없다.

구분	내용
6홀 미만의 골프장	6만m^2의 면적에 3홀을 초과하는 1홀마다 1만 3천m^2면적을 추가한 면적
6홀 이상 9홀 미만 골프장	34만m^2의 면적에 9홀을 초과하는 1홀마다 1만 5천m^2의 면적을 추과한 면적
9홀 이상 18홀 미만 골프장	50만m^2의 면적에 9홀을 초과하는 1홀마다 2만m^2의 면적을 추과한 면적
18홀 이상 골프장	108만m^2의 면적에 18홀을 초과하는 9홀마다 46만 8천m^2의 면적을 추가한 면적

- 스키장업 : 스키장의 부지면적은 다음의 선식에 의하여 산출된 면적을 초과할 수 없다.
  스키장의 부지면적 = 전체 슬로프길이(m) × 50m × 4
- 자동차경주장업 : 자동차경주장의 부지면적은 트랙면적과 안전지대면적을 합한 면적의 6배 면적 초과할 수 없다.
- 골프연습장업 : 골프연습장의 부지면적은 타석면적과 보호망을 설치한 토지 면적을 합한 면적의 2배를 초과할 수 없다. 다만 골프코스를 설치하는 경우에는 이에 해당하는 면적을 각각 추가할 수 있다(실외골프연습장에 한한다).
- 썰매장업 : 썰매장의 부지면적은 슬로프의 면적의 3배의 면적을 초과할 수 없다.

(3) 체육지도자 배치 · 활용

생활체육 참여자에 대한 과학적 운동처방과 지도, 그리고 안전을 위하여 생활체육지도자를 배치하게 되는데 크게 관계법령에 의거한 민간부문의 의무배치와 국민체육진흥공단 지원을 통한 공공부문의 배치가 이루어지고 있다.

1) 민간부문의 배치 · 활용

민간부문에서는 등록 및 신고 체육시설업을 대상으로 체육시설의 설치이용에 관한 법률 제23조, 체육시설의 설치이용에 관한 법률시행규칙 제22조의 체육지도자 배치규정에 근거하여 체육지도자를 배치하고 있다. 법률에서 규정하는 체육지도자 배치기준은 〈표 1-14〉와 같다.

표 1-14. 체육지도자 배치기준

체육시설업의 종류	규모	배치인원
골프장업	골프코스 18홀 이상 36홀 이하 골프코스 36홀 초과	1인 이상 2인 이상
스키장업	슬로프 10면 이하 슬로프 10면 초과	1인 이상 2인 이상
요트장업	요트 20척 이하 요트 20척 초과	1인 이상 2인 이상
조정장업	조정 20척 이하 조정 20척 초과	1인 이상 2인 이상
카누장업	카누 20척 이하 카누 20척 초과	1인 이상 2인 이상
빙상장업	빙판면적 1,500m^2 이상 3000m^2 이하 빙판면적 3,000m^2 초과	1인 이상 2인 이상
승마장업	말 20두 이하 말 20두 이상	1인 이상 2인 이상
수영장업	수영조 바닥면적이 400m^2 이하인 실내수영장 바닥면적이 400m^2를 초과하는 실내수영장	1인 이상 2인 이상
체육도장업	운동전용면적 300m^2 이하 운동전용면적 300m^2 초과	1인 이상 2인 이상
골프연습장업	20타석 이상 50타석 이하 50타석 초과	1인 이상 2인 이상
체력단련장업	운동전용면적 300m^2 이하 운동전용면적 300m^2 초과	1인 이상 2인 이상

비고 1. 체육시설업자가 당해 종목의 체육지도자 자격을 가지고 직접 지도하는 때에는 그 체육시설업자에 해당하는 인원수의 체육지도자를 배치하지 아니할 수 있다.
  2. 종합체육시설업의 경우에는 이를 구성하고 있는 각각의 체육시설업의 해당기준에 따라 체육지도자를 배치하여야 한다.

2013년 12월말 현재 전국적으로 체육지도자 1급 834명, 2급 1,241명, 3급 25,079명이 배치되어 총 27,154명이 배치된 것으로 나타났다. 2012년과 비교하여 전체 배치인원은 1,682명(6.6%)이 증가하였는데, 급별로는 1급 체육지도자가 454명(119%)의 급속한 증가세를 보였으며, 2급 지도자는 106명(9.3%), 3급은 1,122명(4.6%)이 증가한 것으로 나타났다. 골프연습장 및 체력단련장에서 1급 체육지도자의 급속한 증가를 보여 1급 생활체육지도자의 사회적 수요와 역할이 더 큰 것으로 조사되었다. 이는 많은 생활체육참여자들이 전문적인 지도를 통해 생활체육 참여효과 및 만족도를 높이기 위한 목적에서 보다 전문적인 지도자를 요구하고 있기 때문인 것으로 판단된다. 향후 지도자 양성 및 배치를 위한 기초 자료로 활용할 필요가 있을 것이다.

(2) 업종별 체육지도자 배치 현황

1) 업종별 체육지도자 배치

(단위 : 명)

구분		2012년					2013년				
		업소수	지도자배치				업소수	지도자배치			
			계	1급	2급	3급		계	1급	2급	3급
합계		56,422	25,472	380	1,135	23,957	56,104	27,154	834	1,241	25,079
등록체육시설	소계	461	426	6	37	383	487	460	6	38	416
	골프장	440	390	6	23	361	465	427	5	25	397
	스키장	19	36	–	14	22	19	33	1	13	19
	자동차경주장	2	–	–	–	–	3	–	–	–	–
신고체육시설	소계	55,961	25,046	374	1,098	23,574	55,617	26,694	828	1,203	24,663
	요트장	21	39	3	22	14	19	45	2	33	10
	조정장	–	–	–	–	–	–	–	–	–	–
	카누장	1	1	–	–	1	1	1	–	–	1
	빙상장	38	48	–	15	33	40	64	–	16	48
	승마장	138	157	3	27	127	166	200	5	33	162
	종합체육시설	236	1,345	9	106	1,230	253	1,405	8	105	1,292
	수영장	579	1,076	21	58	997	591	1,130	14	64	1,052
	체육도장	13,660	13,253	176	608	12,469	13,919	13,555	163	570	12,822
	골프연습장	9,575	2,044	82	110	1,852	9,746	2,558	471	185	1,902
	체력단련장	6,608	7,050	80	151	6,819	6,997	7,736	165	197	7,374
	당구장	23,855	1	–	1	–	22,651	–	–	–	–
	썰매장	129	1	–	–	1	142	–	–	–	–
	무도장	70	–	–	–	–	81	–	–	–	–
	무도학원	1,051	31	–	–	31	1,011	–	–	–	–

※ 비고 1. 체육시설중 체육지도자가 배치되지 않은 종목은 기재하지 아니함
        2. 대상수는 : 업체수 + 규모에 따른 추가 배치 인원수임
※ 2014 전국 등록 · 신고체육시설업 현황(2013년 12월말 기준)

TIP 11

잔디의 종류
잔디의 종류에는 난지형 잔디와 한지형 잔디가 있다.

- **난지형 잔디**

  난지형 잔디 : 난지형 잔디는 한국잔디류와 버뮤다그라스로 나뉘며, 한국잔디류는 관엽 · 중엽 · 세엽으로 나눌수 있다. 또한 우리가 보는 보통의 잔디처럼 겨울이 되면 누렇게 변하는 종류의 잔디를 말한다.

  – 금잔디(중지)(Zoysia matrella)
  - 내한성이 약하여 서울과 같은 기후에서는 잘 자라지 못하고 대전 이남의 지방에 자생을 하는 매우 고운 잔디이다.
  - 추위에 약하나 습기에 강하고 들잔디보다 그늘에서 견디는 힘이 좋다.
  - 세엽에 속하며, 뿌리줄기가 옆으로 뻗고, 잎은 길이 2~5cm로서 안으로 말리며 잎집의 가장자리에 털이 있으며, 꽃줄기는 높이 7~20cm이고 꽃이삭은 길이 1~3cm, 지름 2~4mm로 연한 황색이며 작은 이삭은 곧게 선다.
  - 관상용으로 재배한다.

  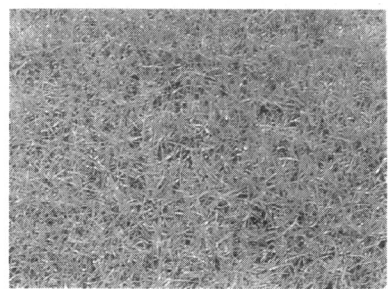

  – 들잔디(야지) (Zoysia japonica)
  - 광엽에 속하며, 잎이 다소 거칠고 강하지만 토양 적응력이 좋고, 답압(발로 밟거나 누르는 것)에 강하며 기후 적응성도 뛰어나다.
  - 잎의 나비는 4~7mm이고, 높이는 10~20cm로 자란다.
  - 주로 경사지 토양침식 방지용으로 이용될 뿐만 아니라 번식력과 짧은 예초에 강해 골프장 및 경기장에서도 이용된다.
  - 우리가 흔히 사용하는 잔디는 대부분 들잔디이고 재래종이다.
  - 여름 더위에도 잘 견디고 양분이 별로 없는 토양이나 산성토양에서도 잘 견디는 편이다.
  - 햇볕을 너무 좋아한다는 것이 단점이기도 하다.
  - 방향이나 주변여건에 따라 조금은 다르지만 하루에 최소 4시간 이상은 직접 햇볕을 받아야 한다.

– 버뮤다그라스(Bermuda Grass)

- 우산잔디라고도 부른다.
- 번식력이 강하며 우리나라에서는 동해안을 따라 강원 낙산사까지 자생한다.
- 수평생장이 활발하여 들잔디보다 빠르게 성장한다.
- 내서성, 내염성, 내건성은 강하나 내음성, 내한성이 낮아 난지를 중심으로 넓게 이용되고 있다.
- 한지형 잔디인 블루그라스와 벤트그라스가 더위에 약한 반면 난지형 잔디인 버뮤다는 여름철 최상의 잔디를 유지한다.
- 겨울에는 한지형 잔디인 라이그라스를 덧뿌려 연중 푸른 그린 상태를 유지할 수 있다.
- 양잔디 중에서 유일한 난지형 잔디로 음지에 견디는 힘이 강하나 일반 양잔디와 마찬가지로 고온에 약하고 병이 많다(들잔디는 씨로 번식시키기가 어려우나 버뮤다그라스는 씨앗으로도 발아율이 좋아 사용을 많이 한다).
- 경기장에서 사용을 많이 하는 편이다.
- 세심한 관리가 필요하고 재생력이 강하며, 병충해가 적다.

– 위핑 러브그라스(Weeping lovegrass)

- 남아프리카 원산이며, 목초로 재배한다.
- 높이는 약 1m이며, 죽기는 빽빽이 나고 잎은 가늘고 길게 자라는데 길이가 약 50cm, 나비가 약 2mm로서 한여름이면 높이 자라서 늘어진다.
- 발아가 빠르다.
- 저온에서도 비교적 강해 동사하지 않는다.
- 내성, 내건성이 강해 암반이 많은 절개지나 마사토에서도 성장이 활발하다.
- 급한 경사지에도 뿌리를 잘 벋어서 흙이 무너지는 것을 막아주므로 토양침식 방지, 계단식 경사면 보호, 수로변 보호, 산지의 사방공사용으로 많이 쓴다.

■ 한지형 잔디

한지형 잔디 : 겨울에도 푸르름을 유지하는 일반 양잔디 종류들이 여기에 속한다.

– 톨 페스큐(Tall Fescue)

이름처럼 잎이 긴 편이며, 질감이 거칠어 보여서 고급조경용으로 사용하지는 않으며 공장이나 공항 등의 시설용으로 사용하는 편이다. 토양을 가리지 않는 편이라 다른 양잔디보다는 관리 필요성이 작은 편이다.

- 유럽 원산으로 가뭄과 건조한 기후에 강하다.
- 뿌리가 길게 내려 법면보호, 목초지, 운동장 등에 적합하며 기후에 적응이 좋고 토양 범위가 넓다.
- 포복경이 없는 주형(Bunch Type)이어서 피복률이 비교적 낮으나, 생장속도가 빨라 법면 보호에 절대적인 역할을 한다.
- 평균기온 4.4℃ 이상, 연강우량 350~1,500mm에서 잘 자라며 유기질이 많이 들어 있고 물기가 알맞게 들어 있는 토양이 적합하고, 세계 냉대 · 온대지방에 널리 분포한다.
- 풋베기 · 건초 · 방목용 등으로 이용할 수 있으나 잎이 거칠기 때문에 가축이 그리 좋아하지 않는다.

– 크리핑 레드 훼스큐(Creeping Red Fescue)

- 잔디길이가 길다.
- 뿌리가 길게 내린다.
- 어떠한 조건에서도 적응력이 강하다.
- 잎이 가늘고 수평으로 성장하며 섬세한 잔디밭 조성에 적합하다.
- 뿌리가 깊고 내서성, 내음성이 강하다.
- 단파용으로는 잘 쓰이지 않으며 주로 톨 훼스큐, 페레니얼 라이그라스 등과 혼합하여 사용한다.
- 비료 요구도가 낮아 주로 경사지, 도로변, 둑 등 척박지의 녹화용으로 쓰인다.
- 섬세한 엽조직과 높은 밀도와 균일성을 가지며 건조하고 음지인 곳에서 생육이 좋다.
- 연녹색이며 발아와 성장이 빠르다.

– 페레니얼 라이그라스(Perennial Ryegrass)

- 뿌리가 깊게 내린다.
- 발아가 빠르다.
- 초기 생육이 빠르고 밀도가 높다.
- 한냉지에서도 잘 자란다.
- 여름철 고온다습한 기후에 약하여 켄터키 블루그라스와의 경합에서 도태된다.
- 주로 한국잔디의 오버씨딩에 이용되며 집약적인 관리를 하여야 고온다습한 여름철을 견뎌낼 수 있다.

– 켄터키 블루그라스(Kentucky Bluegrass)

- 우리말로 왕포아풀이라고도 부르며 한국 · 중국 · 시베리아 · 중앙아시아 · 히말라야 · 캅카스 · 북아프리카 및 유럽 등지에 분포한다.
- 잎은 가늘고 연하여 한지형 잔디 중 가장 널리 이용되는 품종이다.
- 초기 발아와 생육이 늦어 잔디밭 조성은 늦으나 조성된 잔디밭은 회복력이 빠르다.
- 지하경으로 인한 분얼력이 강하고 밀도가 높아 뗏장으로도 이용된다.
- 서늘한 기후에서는 생육이 왕성하여 최상의 잔디밭을 형성할 수 있어 골프장의 Tea에 라이그라스와 혼파하여 주로 시공하고 있다.
- 잔디의 색도 진하며 잎도 작아서 질감이 좋아 보인다. 들잔디에 비해 음지에서 견디는 힘이 큰 편이다. 단, 여름에 기온이 높을 때 병이 많이 생기며 죽는 경우가 많다. 여름에 수시로(거의 매일) 물을 뿌려주어야 한다. 롤로 판매를 하며 일반 가정이나 골프장의 페어웨이, 티, 경기장 등에 다양하게 사용되고 있다.

– 크리핑 벤트그라스(Creeping Bentgrass)

- 신선한 기후를 좋아하는 한지형 잔디의 대표 초종이다. 한국에서는 5~9월 중에 푸르다.
- 직립생장을 하며 입폭이 좁고 생육이 빠른 사계절 푸른 잔디이다.
- 내음성, 내한성이 강하고 초엽이 유연하여 예초시 우수한 밀도와 균일성을 유지한다.
- 잔디의 빠른 회복이 요구되는 골프장의 그린, 티 등에 이용된다. 잎이 치밀하게 나오기 때문에 골프장 그린용으로 사용을 하나 역시 건조함에 약해서 수시로 관수를 해 주어야 한다.

기타 : 라이그라스(목초용), 츄잉페스큐 등이 있으나 많이 사용하지는 않는 종류이다.

01 | 잔디의 종류

분류			초종	한국기후 적응성	사용 예
한지형 잔디	블루그래스 (Bluegrass)		켄터키 블루그래스(Kentucky bluegrass)	O	월드컵경기장
			러프 블루그래스(Rough bluegrass)	-	
			애뉴얼 블루그래스(Annual bluegrass)	-	
			캐나다 블루그래스(Canada bluegrass)	-	
	벤트그래스 (Bentgrass)		크리핑 벤트그래스(Creeping bentgrass)	△	골프장그린
			콜로니얼 벤트그래스(Colonial bentgrass)	-	
			벨벳 벤트그래스(Belvet bentgrass)	-	
			레드톱(Red top)	-	
	라이그래스 (Ryegrass)		페레니얼 라이그래스(Perennial ryegrass)	△	
			이탈리안 라이그래스(Italian ryegrass)	-	
	페스큐 (Fescue)	광엽	톨페스큐(Tall fescue)	O	도로 사면 녹화지
			터프타입 톨페스큐(Turf type tall fescue)	O	
		세엽	크리핑레드페스큐(Creeping red fescue)	-	
			츄잉페스큐(Chewing fescue)	-	
			하드페스큐(Hard fescue)	-	
			쉽페스큐(Sheep fescue)	-	
난지형 잔디	한국잔디류 (Zoysiagrass)	광엽	4.0mm 이상 : 들잔디(야지)	O	
		중엽	1.5~3.9mm : 중지	O	
		세엽	1.4mm 이하 : 금잔디(고려지), 비로드잔디	△	
	버뮤다그래스 (Bermudagrass)		버뮤다그래스(Common Bermudagrass)	-	
			개량버뮤다그래스(Bermudagrass Hybrid)	△	

(O : 양호　△ : 보통　- : 불량)

02 | 잔디의 종류별 환경적응성

분류		초종	환경적응성						
			내한성	내서성	내음성	내답압성	내건성	내습성	내염성
한지형 잔디	블루그래스 (Bluegrass)	켄터키 블루그래스 (Kentucky bluegrass)	강함	보통	보통	보통	보통	약함	보통
	벤트그래스 (Bentgrass)	크리핑 벤트그래스 (Creeping bentgrass)	매우 강함	보통	강함	약함	매우 약함	보통	강함
	라이그래스 (Ryegrass)	페레니얼 라이그래스 (Perennial ryegrass)	보통	매우 약함	보통	강함	약함	매우 약함	보통
	페스큐 (Fescue) 광엽	톨페스큐(Tall fescue)	강함	보통	강함	보통	강함	강함	보통
	페스큐 (Fescue) 세엽	터프타입 톨페스큐 (Turf type tall fescue)	강함	보통	강함	보통	강함	강함	보통
		츄잉페스큐 (Chewing fescue)	강함	약함	매우 강함	약함	강함	강함	약함
난지형 잔디	한국잔디류 (Zoysiagrass) 광엽	4.0mm 이상 : 들잔디(야지)	보통	매우 강함	약함	매우 강함	매우 강함	강함	매우 강함
	한국잔디류 (Zoysiagrass) 중엽	1.5~3.9mm : 중지	약함	매우 강함	보통	매우 강함	매우 강함	강함	강함
	한국잔디류 (Zoysiagrass) 세엽	1.4mm 이하 : 금잔디(고려지)	약함	강함	약함	매우 강함	강함	강함	강함
	버뮤다그래스(Bermudagrass)	버뮤다그래스 (Common Bermudagrass)	매우 약함	매우 강함	매우 약함	강함	매우 강함	매우 강함	매우 강함

03 | 잔디의 종류별 연중색상변화

우리나라 중부지방 기준

분류		초종	1월	2월	3월	4월	5월	6월	7월	8월	9월	10월	11월	12월
한지형 잔디	블루그래스 (Bluegrass)	켄터키 블루그래스 (Kentucky bluegrass)												
	벤트그래스 (Bentgrass)	크리핑 벤트그래스 (Creeping bentgrass)												
	라이그래스 (Ryegrass)	페레니얼 라이그래스 (Perennial ryegrass)												
	페스큐 (Fescue) 광엽	톨페스큐 (Tall fescue)												
	페스큐 (Fescue) 세엽	터프타입 톨페스큐 (Turf type tall fescue)												
		츄잉페스큐 (Chewing fescue)												
난지형 잔디	한국잔디류 (Zoysiagrass) 광엽	4.0mm 이상 : 들잔디(야지)												
	한국잔디류 (Zoysiagrass) 중엽	1.5~3.9mm : 중지												
	한국잔디류 (Zoysiagrass) 세엽	1.4mm 이하 : 금잔디(고려지)												
	버뮤다그래스 (Bermudagrass)	버뮤다그래스 (Common Bermudagrass)												

■ 골프장 지역에 따른 잔디구분

지역	난지형 잔디(Warm-Season Grasses)	한지형 잔디(Cool-Season Grasses)
Green	버뮤다그라스(Bermudagrass) 비로드잔디(Zoysia tenuifolia) 금잔디(Zoysia matrella)	크리핑 벤트그라스(Creeping Bentgrass) 애뉴얼 블루그라스(Annual Bluegrass)
Tee	버뮤다그라스(Bermudagrass) 들잔디(중지·야지)(Zoysia japonica) 고려잔디(Zoysia matrella)	크리핑 벤트그라스(Creeping Bentgrass) 애뉴얼 블루그라스(Annual Bluegrass) 켄터키 블루그라스(Kentucky Bluegrass) 톨 훼스큐(Tall Fescue) 퍼레니얼 라이그라스(Perennial Ryegrass,)
FW	버뮤다그라스(Bermudagrass) 들잔디(중지·야지)(Zoysia japonica) 고려잔디(Zoysia matrella) 세인트오거스틴그라스(St.Augustinegrass)	크리핑 벤트그라스(Creeping Bentgrass) 애뉴얼 블루그라스(Annual Bluegrass) 켄터키 블루그라스(Kentucky Bluegrass) 톨 훼스큐(Tall Fescue) 퍼레니얼 라이그라스(Perennial Ryegrass) 코로니얼 벤트그라스(Colonial Bentgrass) 츄잉 훼스큐(Chewing Fescue) 레드 훼스큐(Red Fescue)
Rough	버뮤다그라스(Bermudagrass) 들잔디(중지·야지)(Zoysia japonica) 세인트오거스틴그라스(St.Augustinegrass) 버팔로그라스(Buffalogras) 센티패디그라스(Centipedegrass) 카펫트그라스(Carpetgrass) 바히아그라스(Bahiagrass) 윗그라스(Wheatgrass) 러브그라스(Lovegrass) 블루그라마(Blue grama)	크리핑 벤트그라스(Creeping Bentgrass) 켄터키 블루그라스(Kentucky Bluegrass) 퍼레니얼 라이그라스(Perennial Ryegrass) 츄잉 훼스큐(Chewing Fescue) 레드 훼스큐(Red Fescue) 쉽 훼스큐(Sheep Fescue) 하드 훼스큐(Hard Fescue) 메도우 훼스큐(Meadow Fescue) 톨 훼스큐(Tall Fescue)

잔디, 어떻게 다르고 어디에 주로 쓰이나

	품종	특징
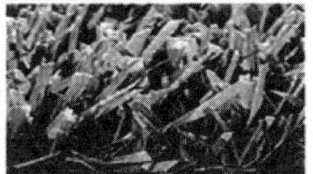	한국잔디 난지(暖地)형 	잎이 상대적으로 뻣뻣하고, 겨울에는 색이 바램. 국내 골프장에서 흔히 볼 수 있음.
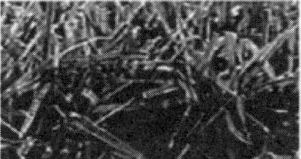	켄터키 블루그래스 한지(寒地)형  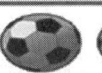 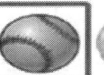	잎이 부드럽고 빨리 자라 골프장, 축구장, 야구장 등에 널리 쓰임.
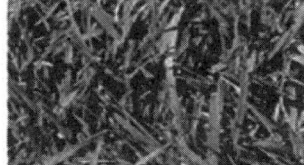	 벤트그래스 한지(寒地)형 	가장 낮게 자라고 부드러워 골프장 그린에 주로 사용. 관리가 까다로움.
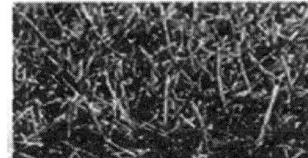	라이그래스 한지(寒地)형 	내마모성이 뛰어나 기후가 맞으면 경기장용으로 적합함. 테니스 코트에 사용.

수륙양용 골프카트

1.2 스포츠시설의 규모

01 스포츠시설의 규모

(1) 의미

스포츠시설의 규모가 수요에 비해 크면 초기 투자와 향후 유지 관리에 비용이 과다 발생하고, 적으면 수익을 얻을 수 있는 기회를 상실하기 때문에 적정 규모의 산정이 필요

(2) 규모 산정 방법

대표적으로 Decision Tree와 대기행렬이론을 사용

02 Decision Tree기법

(1) 개념

의사결정을 위한 정보자료의 제공을 목적으로 의사결정과정을 그림으로 표현하는 방법

(2) 구성

node와 branch로 구성되며, node는 decision node와 change node로 구분

03 대기행렬이론

(1) 대기행렬이론의 개념

고객이 기다리는 시간 낭비를 줄이기 위해 과학적 방법을 적용하여 분석하는 이론

(2) 대기행렬이론의 목표

대기에 따른 기회비용과 시설 확충에 소요되는 비용의 합계를 최소화

1.3 스포츠시설의 규격

01 등록체육시설

등록체육시설은 체육시설의 설치·이용에 관한 법률 제3장 체육시설업 제10조(체육시설업 구분·종류)에 보면 자세히 나와있듯이 등록체육시설업에는 골프장업, 스키장업, 자동차 경주장업으로 3개의 시설로 구분되어 있다.

- 등록체육시설업의 사업계획의 승인을 얻고자 할 경우 문화체육관광부령이 정한 서류를 첨부하여 관할 시장, 군수, 구청장에게 제출
- 2개 이상의 행정구역에 걸쳐 있는 경우 각각 제출
- 등록체육시설업을 하고자 하는 경우 시설 설치 전에 사업계획서를 작성하여 특별시장, 광역시장, 도지사의 승인을 획득해야한다.
- 2개 이상의 시도에 걸치는 경우 부지면적 기준 넓은 부분에 신청
- 시도지사가 사업계획을 승인하면 관할 시장, 군수, 구청장에게 통보

02 신고체육시설

신고체육시설업 또한 등록체육시설업과 마찬가지로 제3장 제10조에 요트장업, 조정장업, 카누장업, 빙상장업, 승마장업, 종합체육시설업, 수영장업, 체육도장업, 골프연습장업, 체력단련장업, 당구장업, 썰매장업, 무도학원업, 무도장업으로 14개의 시설로 구분되어져 있다.

※ 제1항 각 호에 따른 체육시설업은 그 종류별 범위와 회원모집, 시설규모, 운영형태 등에 따라 그 세부 종류를 대통령령으로 정할 수 있다.

03 기타 체육시설

기타 체육시설은 등록체육시설이나 신고체육시설이 아닌 자유업종으로 게이트볼장, 롤러스케이트장, 볼링장, 야구장, 축구장 등 협회·연맹·연합회에서 규정하는 스포츠시설이다.

(1) 체육시설업 사업계획 승인 신청서

■ 체육시설의 설치 · 이용에 관한 법률 시행규칙 [별지 제2호서식] 〈개정 2011. 12. 13〉

사업계획 승인신청서

(앞쪽)

접수번호		접수일자		처리기간	45일
신청인	① 성명(대표자)		주민등록번호		
	주소			전화번호	
사업계획	② 업종		상호		
	③ 시설설치 장소				
	부지 면적 ㎡		건축물 동수 : 동, 연건축 면적 : ㎡		
	④ 주요시설 규모 · 규격				
	⑤ 회원모집계획 총인원 수 명				
	시설설치기간 착공예정일 : 년 월 일　　준공예정일 : 년 월 일				

「체육시설의 설치 · 이용에 관한 법률」 제12조와 같은 법 시행령 제10조 제1항에 따라 위와 같이 사업계획의 승인을 신청합니다.

년 월 일

신청인 (서명 또는 인)

시 · 도지사 귀하

		수수료
신청인 첨부서류	1. 총용지 면적 및 토지이용계획서 2. 토지명세서 3. 부동산의 임대차계약서 등 사용권을 증명할 수 있는 서류(타인 소유의 부동산인 경우에만 해당합니다) 4. 건축물의 층별 면적 및 시설내용 5. 공사계획 및 소요 자금의 조달방법 6. 주요 설비 · 기기 · 기구 등의 설치계획 7. 운영계획서(체육지도자 배치 및 보험 가입 등) 8. 「체육시설의 설치 · 이용에 관한 법률」 제28조제1항에 따라 다른 법률에 따른 허가 · 해제 등을 받은 것으로 보는 내용이 포함되는 경우에는 같은 법 제28조제2항에 따라 그 협의에 필요한 서류	특별시 · 광역시 · 도 · 특별 자치도 조례로 정하는 금액
담당 공무원 확인사항	1. 법인 등기사항증명서(법인의 경우만 해당합니다) 2. 건물 등기사항증명서 3. 토지 등기사항증명서	

210mm×297mm[일반용지 60g/㎡(재활용품)]

(뒤쪽)

관련법규

○ 사업계획 승인의 제한 : 「체육시설의 설치·이용에 관한 법률」 제13조, 같은 법 시행령 제12조

작성요령

①란에는 사업계획 승인을 받으려는 자(법인의 경우 대표자)의 성명을 적으십시오.

②란에는 「체육시설의 설치·이용에 관한 법률」 제10조 제1항 제1호와 같은 법 시행령 제6조 또는 제7조에 따른 체육시설업의 종류 중 해당하는 체육시설업의 명칭을 적으십시오.

③란에는 체육시설을 설치하려는 장소의 지번(지번이 여러 개인 경우에는 주된 지번과 필지 수)까지 적으십시오.

④란에는 별표 4의 체육시설업의 시설 기준에 따른 운동시설·안전시설·편의시설·관리시설의 설치계획을 다음에 따라 적으십시오.

운동시설
○ 골프장업 : 홀 수, 홀별 길이·파 수 및 면적
○ 스키장업 : 슬로프 수, 슬로프별 길이·평균 경사도·면적, 리프트별 길이 및 수용인원
○ 자동차경주장업 : 트랙의 길이

안전시설·편의시설 및 관리시설
○ 안전·편의 및 관리시설의 종류별로 그 형태·용도·규모

⑤란에는 회원을 모집하는 체육시설업인 경우에만 모집하려는 회원의 총인원을 적으십시오.

유의사항

○ 거짓이나 그 밖의 부정한 방법으로 사업계획의 승인을 받은 경우에는 사업계획 승인취소처분을 받을 수 있습니다(「체육시설의 설치·이용에 관한 법률」 제31조 제1호).
○ 사업계획 승인을 받지 아니하고 체육시설을 설치한 자는 3년 이하의 징역 또는 1천만 원 이하의 벌금에 처하게 됩니다(「체육시설의 설치·이용에 관한 법률」 제38조 제1항 제1호).

처리절차

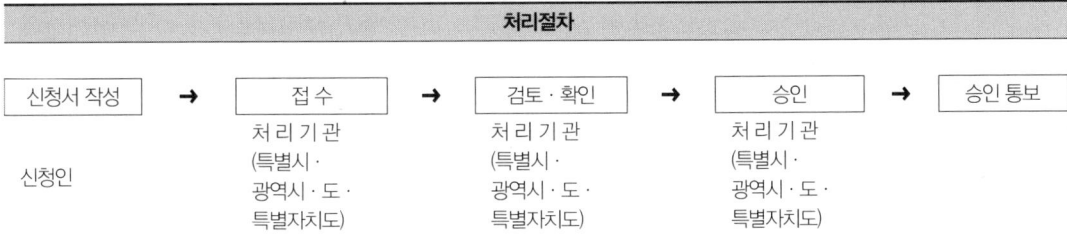

(2) 체육시설업 신고(변경신고)서

[별지 제13호서식] (앞쪽)

<table>
<tr><td colspan="6" align="center">체육시설업 신고(변경신고)서</td></tr>
<tr><td rowspan="2">신고인</td><td>① 성명(대표자)</td><td></td><td colspan="2">② 주민등록번호</td><td></td></tr>
<tr><td>③ 주소</td><td colspan="4">(전화)</td></tr>
<tr><td rowspan="5">영업소</td><td>④ 상호</td><td></td><td colspan="2">⑤ 전화번호</td><td></td></tr>
<tr><td>⑥ 소재지</td><td colspan="4"></td></tr>
<tr><td>⑦ 종류</td><td colspan="4"></td></tr>
<tr><td>⑧ 규모</td><td colspan="4"></td></tr>
<tr><td rowspan="2">⑨ 체육지도자</td><td>성명</td><td></td><td>자격종류 및 자격번호</td><td></td></tr>
<tr><td colspan="5"></td></tr>
</table>

⑨ 체육지도자 / 성명 / 주소 / 자격종류 및 자격번호

⑩ 회원모집계획 총인원   명

⑪ 변경신고사항
- 신고번호: 제   호
- 신고일자: 년 월 일
- 변경 전 / 변경 후

「체육시설의 설치·이용에 관한 법률」 제20조에 따라 위와 같이 신고합니다.

   년   월   일

신고인   (서명 또는 인)

구비서류

신고인(대표자) 제출서류:
1. 부동산이 타인 소유인 경우에는 부동산의 임대차계약서 등 사용권을 증명할 수 있는 서류 1부
2. 시설 및 설비개요서 1부
3. 변경내용을 증명할 수 있는 서류(변경신고만 해당합니다) 1부
4. 임시사용 중인 건축물인 경우에는 임시사용 승인서 사본 1부

담당 공무원 확인 사항
(담당 공무원의 확인에 동의하지 아니하는 경우 신고인이 제출하여야 하는 서류)
법인등기부등본(법인인 경우에만 해당합니다)

본인은 이 건 업무처리와 관련하여 「전자정부법」 제21조제1항에 따른 행정정보의 공동이용을 통하여 담당 공무원이 위의 담당 공무원 확인 사항을 확인하는 것에 동의합니다.

신청인(대표자)   (서명 또는 인)

공부(公簿)확인	구비서류	확인일자	확인 결과	확인자	비고
	건축물관리대장 토지대장				

210mm×297mm
[신문용지 54g/㎡(재활용품)]

(뒤쪽)

체육시설업 신고안내

수수료	시,군,구 조례로 정하는 금액	처리기간	신고 : 3일 변경신고 : 2일
근거법규	○ 「체육시설의 설치「이용에 관한 법률」(이하 "법"이라 한다) 제10조 제1항 제2호 〈신고 체육시설업의 종류〉 1. 요트장업 5. 승마장업 9. 골프연습장업 13. 무도학원업 2. 조정장업 6. 종합체육시설업 10. 체력단련장업 14. 무도장업 3. 카누장업 7. 수영장업 11. 당구장업 4. 빙상장업 8. 체육도장업 12. 썰매장업		
유의사항	○ 신고를 하지 아니하고 체육시설업을 하는 자는 1년 이하의 징역 또는 300만 원 이하의 벌금에 처하게 됩니다. (법 제38조 제2항 제1호) ○ 거짓이나 그 밖의 부정한 방법으로 체육시설의 신고를 한 경우에는 영업 폐쇄명령 또는 6개월 이내의 영업정지 등의 행정처분을 받을 수 있습니다.(법 제32조 제2항 제2호) ○ 변경신고를 하지 아니하고 체육시설업을 하는 경우에는 영업 폐쇄명령 또는 6개월 이내의 영업정지 등의 행정처분을 받을 수 있습니다.(법 제32조 제2항 제3호) ○ 변경신고의 경우에는 변경신고를 한 후 처리기관으로부터 신고증명서의 변경신고란에 변경신고한 내용을 기록하고 확인을 받으시기 바랍니다.		
작성방법	⑦란에는 체육시설의 종류(수영장, 체육도장 등)를 적습니다. ⑧란에는 각종 시설별로 규격 및 규모를 적습니다. ⑪란에는 변경신고의 경우에만 적습니다.		

국민체육진흥공단(KSPO)이란?

서울올림픽기념 국민체육진흥공단은 국민체육진흥, 체육과학연구, 청소년건전육성과 관련된 사업을 지원하고, 서울올림픽대회를 기념하는 사업을 수행하기 위하여 국민체육진흥기금 조성, 운용 및 관리하는 것을 목적으로 1989년 4월 20일 공익법인으로 설립되었다.

2015년도 제1차 국민체육진흥기금 스포츠산업 융자(잔여예산) 신청 공고 … ①

2015년도 1차 융자사업 종료에 따른 잔여예산에 대해 제2차 스포츠산업 융자사업을 다음과 같이 시행하고자 하오니 많은 이용을 바랍니다.
- 총융자규모 : 3,961백만 원(골프관련 업종 한도 1,478백만 원, 승마관련 업종 한도 2,172백만 원 포함)
- 융자대상업체
  ① 민간체육시설업체 : 『체육시설의 설치·이용에 관한 법률』에서 정한 모든 체육시설의 신규설치자 또는 동 시설을 운영하고 있으며 개·보수하려는 자
     (단, 회원제 체육시설, 무도장 및 무도학원장 제외)
  ② 체육용구생산업체 : 문화체육관광부장관이 지정하는 우수체육용구생산업체
  ③ 스포츠서비스업체 : 회사설립 후 1년경과 된 국내(외국계 업체 제외) 스포츠경기업체, 스포츠마케팅업체, 스포츠정보업체
- 융자이율 : 연4%(고정)
- 세부내용

대 상	분야	한도액	상환조건	자격요건 등

『체육시설의 설치·이용에 관한 법률』에서 정한 등록체육시설 및 요트장, 조정장, 카누장, 빙상장, 승마장, 종합체육시설, 벨로드롬, 아이스하키장을 신규설치하고자 하는자 (단, 회원제 체육시설은 제외)	시설설치 자금	30억 원	10년 (거치기간4년)	• 부지매입비 제외
				• 사업진행정도를 고려하여 선정
				• 신청일 현재 잔여 공사물량이 있거나 미지급 공사비가 있는 경우도 가능
				• 풋살경기장 기준
				  – 가로 : 38~42m × 세로 : 20~25m
				• 어린이수영장 기준
				  – 지자체로부터 수영장 신고필증 발급 받은 사업자
				• 유소년농구장 기준
				  – 최소 가로: 20m × 세로 : 11m 이상

『체육시설의 설치·이용에 관한 법률』에서 정한 운동종목 중 골프연습장, 볼링장, 수영장(어린이수영장), 테니스장, 체력단련장, 궁도장, 게이트볼장, 농구장(유소년농구장), 당구장, 라켓볼장, 럭비풋볼장, 롤러스케이트장, 배구장, 배드민턴장, 봅슬레이장, 사격장, 세팍타크로장, 수상스키장, 스쿼시장, 썰매장, 씨름장, 야구장, 양궁장, 역도장, 에어로빅장, 육상장, 체육도장, 체조장, 축구장(풋살장), 탁구장, 펜싱장, 하키장, 핸드볼장을 신규 설치하고자 하는 자 (단, 무도학원 및 무도장은 제외)		5억 원		

『체육시설의 설치·이용에 관한 법률』에서 정한 등록체육시설 및 요트장, 조정장, 카누장, 빙상장, 승마장, 종합체육시설, 벨로드롬, 아이스하키장을 개보수하고자 하는 자 (단, 회원제 체육시설은 제외)	개·보수 자금	5억 원	5년 (거치기간2년)	• 설비교체 포함
				• 시설 운영기간, 설비의 노후 정도 등을 고려하여 선정
				• 풋살경기장 기준
				  – 가로 : 38~42m × 세로 : 20~25m
				• 어린이수영장 기준
				  – 지자체로부터 수영장 신고필증 발급받을 예정인 사업자
				• 유소년농구장 기준
				  – 최소 가로: 20m × 세로 : 11m 이상

『체육시설의 설치·이용에 관한 법률』에서 정한 운동종목 중 골프연습장, 볼링장, 수영장, 테니스장, 체력단련장, 궁도장, 게이트볼장, 농구장(유소년농구장), 당구장, 라켓볼장, 럭비풋볼장, 롤러스케이트장, 배구장, 배드민턴장, 봅슬레이장, 사격장, 세팍타크로장, 수상스키장, 스쿼시장, 썰매장, 씨름장, 야구장, 양궁장, 역도장, 에어로빅장, 육상장, 체육도장, 체조장, 축구장, 탁구장, 펜싱장, 하키장, 핸드볼장을 개보수하고자 하는 자 (단, 무도학원 및 무도장은 제외)		3억 원		
체육용구 생산업체	설비자금	5억 원	10년 (거치기간4년)	• 문화체육관광부 지정 우수체육용구생산업체 • 신용보증서 또는 부동산 담보를 통한 융자 지원
	연구개발자금	3억 원	5년 (거치기간2년)	
	원자재구입자금	1억 원	3년 (거치기간1년)	
스포츠서비스업체	설비자금	10억 원	10년 (거치기간4년)	• 공고일 현재 스포츠경기업, 스포츠마케팅업, 스포츠정보업을 1년 이상 운영하는 자 (스포츠마케팅업의 경우 스포츠단체, 대회조직 및 대회자체에 대한 마케팅권리를 획득한 자)
	연구개발자금	3억 원	5년 (거치기간2년)	

※ 등록체육시설업 – 골프장, 스키장업, 자동차경주장업

2015년도 제1차 국민체육진흥기금 스포츠산업 융자(잔여예산) 신청 공고 …①

- **융자액 배분**
  - 심사기준에 따라 심의위원회 개최 후 배분
    ※ 서류심사 시 사업내용 및 중요도, 사업진행정도, 자기자본력, 담보가능여부 등을 고려하여 평가, 업체 선정 예정

- **융자신청서 교부**
  - 국민체육진흥공단 홈페이지
    - 홈페이지 주소 : www.kspo.or.kr (해당메뉴 : 사업안내 > 스포츠산업육성 > 스포츠산업융자 페이지)
    - 상기 페이지의 "융자절차·신청" 란에서 신청서류를 다운받아 작성하시면 됩니다.
  - 구비서류 확인, 신청방법 등 보다 자세한 사항은 상기의 국민체육진흥공단에서 확인하시길 바랍니다.

- **융자신청서 접수**
  - 접수기간 : 2015. 9. 9(수) ~ 2015. 9. 23(수) (※ 토, 일요일 제외)
  - 접수방법 : 방문접수 또는 우편접수
    ※ 우편 접수시 서류접수 여부 반드시 확인 (접수 마감일 도착분까지 접수 가능)
  - 제출서류 : 융자신청서(홈페이지 다운로드), 사업계획서, 융자추천서 및 융자분야별 해당첨부서류
  - 융자취급 금융기관 : 국민은행 외 14개 시중은행 (융자추천서 발급기관, 융자업체 선정 후 담보평가)

- **유의사항(필독)**
  - <u>서류미비시 선정이 불가합니다.</u>
  - 최적의 사업예산 집행을 위해 예산액을 초과하여 융자사업자를 선정(overbooking)하고, 융자금은 취급은행에서 차입을 신청한 순서대로 시행하므로, 융자대상 사업자로 선정되었어도 예산 소진시 집행이 불가능할 수 있습니다.
  - 융자사업자 선정 후 융자금 지급기준 : 은행의 기금 대여신청 공문 접수순(우편, 팩스 등)
    ※ 융자사업자로 선정되어도 융자취급 금융기관이 담보물 설정 부족 등의 사유로 대출을 시행하지 않을 수 있습니다.

- **상담 및 접수처 : 국민체육진흥공단 스포츠산업본부 스포츠산업실 산업육성팀**
  - 전 화 : (02) 410-1425   - Fax : (02) 410-1429
  - 주 소 : (우편번호 : 138-749) 서울 송파구 올림픽로 424(방이동 88번지) 올림픽회관 3층
           국민체육진흥공단 산업육성팀 박지윤 대리
  - 찾아오시는 길 : 지하철 8호선 몽촌토성역 1번 출구

Chapter 3 스포츠시설 고객관리

1.1 고객관리의 이해

01 고객관리의 정의

CRM(Customer Relationship Managemant)이란 고객에 대한 정확한 이해를 바탕으로 고객이 원하는 상품과 서비스를 지속적으로 제공함으로써 고객을 오랫동안 유지시키고 결과적으로 고객의 평생가치(LTV : Life Time Value)를 극대화시켜 수익성을 높일 수 있는 고객관리시스템이라 할 수 있다. 즉 고객과 관련한 기업이 자료를 분석 통합하여 고객특성에 기초한 마케팅 활동을 계획하고 지원하며 평가하는 과정을 말하는 것이다. 즉 다시 말하면 고객 한 사람 한 사람의 요구(Needs)를 분석 파악하여 고객 관리에 필요한 요소(기술, 인프라, 경영전략, 프로세스, 조직의 역량, 인적자원 등)를 통합하여 고객과의 커뮤니케이션을 최적화해 가는 과정을 의미한다.

02 고객관리의 특징

고객관리의 특징은 고객생애(Customer Lifetime)의 여러 단계에 걸쳐 고객관계를 구축하고 강화하여 수익성을 추구한다. 이러한 CRM은 다음과 같은 특징을 가지고 있다.

(1) 장기적인 이윤을 추구한다.

CRM은 고객과의 관계를 잘 구축하여 고객을 파악하고, 유지하는 활동으로 기업의 수익성을 높일 수 있는 장기적인 활동을 말한다.

(2) 고객 지향적이다.

CRM의 특징은 시장점유율보다는 고객점유율에 비중을 두어야 하며 고객획득 보다는 고객유지에 중점을 두어 우수한 고객을 통해 기업의 수익성을 높여야 한다. 고객을 유지하고 고객의 이탈을 방지하기 위하여 타 상품과의 교차판매(Cross-Sell)을 해야 하고 수익성이 높은 상품을 판매하기 위한 상향판매(Up-Sell)를 해야 한다. 제품의 판매보다는 고객관계에 중점을 두어 고객이

원하는 상품, 고객관계에서 고객의 요구(Needs)를 파악해야 하며 고객이 원하는 제품을 공급해야 한다.

(3) 고객에 대한 상세한 Data Base 구축을 필요로 한다.

CRM에서의 고객정보는 고객과의 관계를 이해하는 데 필요한 정보와 자료로 언제나 고객에게 접근할 수 있는 자료관계에 대한 기록이라 할 수 있다. 그러한 관계를 변화 유지하여 지속적으로 고객을 관찰하고 분석하여 고객편에 설 수 있어야 한다.

(4) 고객 개개인을 대상으로 하는 일대일 마케팅이다.

단편적으로 구매시점에 제품만 판매하겠다는 접근은 CRM이 아니다. CRM은 고객의 정보를 알고 고객이 제품을 구매 후 사용과정의 경험에서 얻은 만족을 통한 충성도가 생겨나도록 해야한다.

(5) 쌍방향 커뮤니케이션이다.

고객과의 직접적인 접촉을 통하여 기업과 고객이 서로 필요로 하는 욕구를 파악하여 능동적인 대처가 필요하다.

(6) 기업 내부 전체를 통한 통합 프로세스가 요구된다.

고객관리에 필요한 모든 부분(표준화된 업무프로세스, 조직의 역량이나 훈련, 기술적 하부구조, 영업 조건충족, 시스템기능, 영업전략, 다양한 정보)을 균형 있게 관리하여 고객관계 구축과 목표를 실현해 나가야 한다.

표 1-15. 대중마케팅 · 표적마케팅 · CRM의 비교

	대중마케팅	표적마케팅	CRM
시대	1960년대	1970~1980년대	1990년대 이후
매체형태	대중매체	대중매체의 효과측정	대중매체 + 디지털매체
목표고객	불특정 대다수	특정 고객집단	고객 개개인
소비자의 욕구	동질적 구매욕구	이질적 구매욕구	특화된 욕구
커뮤니케이션 방식	일방향 커뮤니케이션	쌍방향 커뮤니케이션	개인적 커뮤니케이션
생산방식	대량생산, 대량판매	소품종 대량생산	다품종 소량생산

생산관리
상품차별화
신규고객의 확보
→ 생애가치 개념의
컴퓨터 기술의 발달
CRM →
생산관리
상품차별화
신규고객의 확보

자료 : 의료기관 CRM (2013)

03 CRM의 목적과 활용

(1) CRM의 목적

CRM(Customer Relationship Managemant) 실행은 안정적이고 확실한 고객확보의 기초가 된다. 다양한 고객층과 행동양식 변화와 추이를 분석하고 이를 예측할 수 있는 자료가 되기 때문에 기업 마케팅 활동의 기초정보가 된다. 정보사회에서 고객의 정보를 어떻게 관리해 나가는 가에 따라 기업의 승패가 달려있고 이러한 고객정보관리가 곧 CRM이다.

새로운 신규고객의 유치에서 시작하여 그 고객을 평생(Customer Lifetime)동안 잘 관리해 나가면서, 장기적으로 고객의 수익성을 극대화하고자 하는 것이며 새로운 고객과의 관계를 시작으로 그 고객과의 관계를 잘 유지하고 강화시켜 평생고객으로 만드는 것이다.

CRM의 궁극적인 목적은 고객을 보다 편리하고 즐겁고 행복하게 함으로써 고객과의 유대관계를 강화하고 효과적인 고객관계 관리를 통해 보다 수익성을 높이며 고객의 이탈, 고객의 불만, 새로운 상품에 대한 마케팅 전개방법 등 다양한 고민을 해결하고 진정한 고객만족을 통해 기업의 장기적인 이익 실현을 도모하며 고객의 다양한 정보와 데이터를 한 군데로 모아 고객 중심으로 재편한 뒤 이를 활용하는 것이다.

(2) CRM의 전략적 활용

이러한 CRM은 고객을 제외하고서는 결코 성공할 수 없다. 단순히 고객 중심적(Customer-Centric)인 사고만으로는 부족하다. CRM의 전반적인 프로세스는 고객 주도적이어야 하며, 어떻게 활용하느냐에 따라 성공과 실패 여부를 가늠할 수 있다.

이러한 성공 여부를 두 가지 차원에서 본다면 하나는 고객과의 관계에 따른 것이고, 다른 하나는 업무영역에 관한 것이다.

1) 고객과의 관계에 따른 CRM의 전략적 활용

첫째, 고객의 충성도를 유지한다. 지속적인 고객만족 프로그램과 다양한 커뮤니케이션 활동 및 충성도 프로그램 등을 통해 고객의 관여와 충성를 높이고 장기적인 관계를 유지한다.

둘째, 잠재고객을 발굴한다. 기존 고객 데이터를 중심으로 수익과 바람직한 관계를 지속할 수 있는 고객을 파악한다.

셋째, 교차판매(Cross Selling)및 상향판매(Up Selling)를 통한 수익성을 증대시킨다. 고객 거래데이터 분석을 통해 고객구매 패턴을 발견하고 적절한 구매시점을 파악하여 고객에게 제안함으로써 수익성을 증대시키는 것이다.

넷째, 고객의 이탈을 방지하고 이탈한 고객을 재탈환한다. 다양한 고객 정보를 기반으로 고객의 평가 및 이탈 시점 예측을 통해 이탈이 예상되는 고객에게 이탈방지 마케팅을 시도하거나 이탈한 고객을 다시 돌아오게 함으로써 고객이탈로 인한 손실을 줄일 수 있다.(업장 방문횟수 Check, 텔레마케팅 활용 등)

2) 업무영역에 관한 CRM의 전략적 활용

마케팅, 영업, 고객서비스의 세 가지로 구분해 볼 수 있다.

가. 마케팅

고객의 가치분석 및 평가를 통해 고객세분화를 이루고, 표적마케팅(Target Marketing)및 일대일 마케팅(One to One Marketing)을 실천하는 것이다.

나. 영업

고객 접점에서 제품 및 서비스에 관한 다양한 정보를 제공할 수 있도록 하거나 과거 고객의 구매 패턴 및 정보분석에 기초하여 적절한 교차판매(Cross Selling) 및 상향판매(Up Selling)를 유도할 수 있다.

다. 고객서비스

고객의 구매정보를 비롯한 각종 고객접촉 정보를 통한 고객 불만처리 및 고객의 목소리(Voice Of Customer; VOC) 청취 또는 일대일 커뮤니케이션의 실천을 이룰 수 있다.

표 1-16. CRM의 주요기능

분야		주요기능
영업 분야	영업지원	주문관리, 견적관리, 계정관리, 제품선정, 예측, 담당자관리, 활동관리, 일정관리, 경쟁사 정보관리, 협력업체 관리, 계약관리
마케팅 분야	캠페인관리	캠페인의 정의, 목표고객 리스트 관리, DM, TM, 이메일, 응답관리 및 분석
	고객데이터 관리	인구통계분석, 시장세분화, 구매 이력관리, 고객가치 산출, 관계 이력관리
	상품관리	제품구조관리, 제품카테고리관리, 가격관리, 제품검색관리
	채널관리	채널별 고객관리, 채널성과관리, 보안관리, 신용 및 수수료 관리, 주문관리
서비스 분야	촉진관리	촉진기획, 예산관리, 효과관리, 할인내역관리, 촉진대상 제품관리
	서비스관리	서비스요청관리, 서비스 요청 배경 및 상태관리, Trouble Ticket관리, 서신관리, CIC(Customer Interaction Center)관리
기타	업무운영	직원관리, 배정 관리, 업무흐름관리, 메시지 방송, 게시판관리, 자료관리, 보고서작성

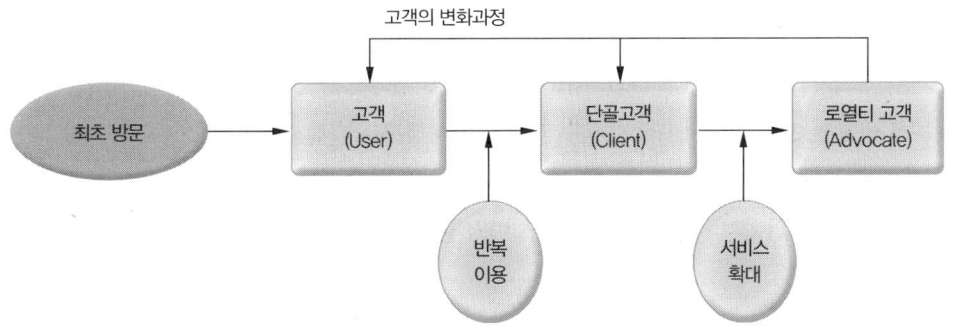

> **CRM이란 무엇인가?**
> CRM(Customer relationship management)은 고객과 관련된 내, 외부 자료(DB)를 마케팅활동에 이용하는 것으로 고객 데이터의 세분화를 실시하여 신규고객의 유치, 우수고객유지, 관계발전단계로 전개되며, 고객가치 증진, 잠재고객 활성화, 평생 고객화 등을 목적으로 한다.

 TIP 13

[화제] 스카이72의 고객관리(CRM)

스카이72골프클럽은 대한민국 최초의 임대 골프장으로 여느 골프장과 달리 막대한 규모의 직·간접 임대료(약 300억 원)를 내야 한다. 마케팅을 통해 최대한의 운영이익을 실현해야 생존이 가능한 구조다. 하지만 태생적인 어려움을 딛고 선전하고 있다. 그들만의 차별화된 마케팅과 고객서비스 때문이다.

우선 골프가 가진 폐쇄적이고 무거운 이미지를 버리는 데 주력했다. 골프의 재미를 높이면서 독특하고 획기적인 서비스로 고객에게 다가가겠다는 것이다. 대표적인 예가 '탄력요금제'와 '홀별정산제'다. 탄력요금제는 계절별·시간대별·날씨별·선호도별 등으로 그린피를 차별화한 정책이다. 고객에게 선택의 폭을 넓혀주고 효율성을 높이는 효과가 있다. 특히 국내 최초로 악천후 시 라운드 한 홀까지만 계산하는 '홀별 정산제'는 고객에게 큰 호응을 얻고 있다.

세심한 배려도 돋보인다. 여름철에 국내 최초로 반바지 라운드를 도입하는가 하면 코스 중간에 텐트를 설치해 차가운 음료와 얼음 물수건 등을 제공한다. 겨울에는 갓 구운 붕어빵과 따뜻한 어묵국물을 무료로 서비스하고 핫팩·바람막이 등도 준비한다. 어찌 보면 작은 배려지만 고객 입장에선 큰 감동을 느낄 수 있는 부분이다.

또한 스카이72골프클럽은 단일 골프장으로 업계 최초로 홍보마케팅팀, 세일즈마케팅 팀 등이 별도로 운영되며, 통계전문 인력을 두고 CRM(고객관계관리) 체계를 운영하고 있다. 예를 들어 비 예보로 예약 취소가 많거나 예약율이 낮을 경우 비가 올 때도 라운드를 즐기는 고객들의 데이터를 뽑아 '원하시면 바로 라운드를 할 수 있습니다'는 SMS를 보내는 식이다. 이때는 그린피를 할인하고, 라운드 시 필요한 물품을 세팅하고 라운드에 불편함이 없도록 배려하는 센스를 잃지 않는다.

(출처 : 이데일리 2014년 2월 28일)

1.2 스포츠 소비자의 유형

스포츠 소비자는 스포츠와 관련된 서비스나 제품을 구매하고 획득하는 개인이나 단체를 말한다. 따라서 스포츠 소비자는 스포츠경기를 관람하고 시청하는 관람소비자와 스포츠활동에 본인이 직접 참여하여 재미있게 즐기는 참여소비자로 나누어진다. 그리고 기타스포츠 관련 용품 회사나 스포츠지원 서비스의 소비자인 기타스포츠 소비자 등으로 구분할 수 있다.

01 관람스포츠 소비자

관람스포츠 소비자는 다양한 스포츠경기를 직접 방문하여 관람하는 소비자와 대중매체를 통해 관람하는 소비자를 말한다.

(1) 관람스포츠 소비자 유형

구 분		내 용
이용 빈도에 따른 소비자	다량구매 소비자	다량구매방법 이용(시즌권,회원권)
	중간구매 소비자	중간구매방법 이용(이벤트입장권, 반기회원권 등)
	소량구매 소비자	소량구매 고객이나 단일구매 소비자
매체 이용 소비자		TV 등 매체를 이용하는 소비자
비 고객	이탈 소비자	관람 경험이 있으나 최근 관람하지 않는 소비자
	미지각 소비자	스포츠 편익을 인식하지 못한 소비자
	무관심 소비자	스포츠용품 및 관람은 인식하지만 구매하지 않는 소비자

02 참여스포츠 소비자

참여스포츠 소비자는 본인이 직접 스포츠활동에 참여하기 위해 스포츠시설을 찾는 소비자들이다. 주5일 근무제와 웰빙 문화가 대두되면서 건강과 여가에 높은 관심을 갖는 소비자들이 참여스포츠에 참가하며 세계적으로도 보편성을 갖고 참여스포츠 범위가 지속적으로 확장되고 있는 추세이다 (예 : 배드민턴 동호회, 조기축구, 사회인 야구, 아이스하키 등). 또한 참여스포츠 인구의 증가와 다양화된 시장이 새롭게 형성되어 전통적 경기중심 종목에서 다양화 및 뉴스포츠로 확대되고 있다.

참여스포츠 소비자와 관람스포츠 소비자는 서로 밀접한 관련이 있을 법 하지만 서로 상반되는 경우도 있다. 관람과 참여를 둘 다 좋아하는 소비자가 있는 반면 참여만 좋아하는 소비자 관람만 좋아하는 소비자와 같이 다양한 부류의 소비자가 있는 경우도 주위에서 많이 볼 수 있다.

TIP 14

생활체육 참여종목

참여종목 년도별 비교

연도별	1순위	2순위	3순위	4순위	5순위	6순위
2003	육상/조깅/속보	등산	보디빌딩(헬스)	체조/줄넘기	수영	축구
2006	등산	축구	육상/조깅/속보	배드민턴	보디빌딩	체조/줄넘기
2008	걷기	보디빌딩(헬스)	등산	축구	배드민턴	수영
2010	걷기	등산	보디빌딩(헬스)	축구	자전거	수영
2012	걷기	등산	보디빌딩(헬스)	축구	자전거	수영
2013	걷기	등산	보디빌딩(헬스)	축구	수영	자전거

〈참여종목 년도별 비교표〉
출처 : 2013 체육백서

생활체육 참여종목을 살펴보면, '걷기'가 31.2%로 가장 높고, '등산' 22.3%, '보디빌딩(헬스)' 9.6%, '축구' 8.9%, '수영' 6.7%, '자전거' 6.5%,순으로 나타났다. 참여종목을 연도별로 비교해보면, 2006년까지는 '등산'이 1순위였으나 2008년 이후에는 집주변에서도 가능하고 비용도 거의 들지 않으며 운동효과도 검증된 '걷기'가 1순위로 부상하고 있다. 한편 '보디빌딩(헬스)'이 2000년 이후 몸짱 열풍으로 순위 내에 등장한 이후 2008년 2순위, 2010년, 2012년, 2013년에 3순위를 차지하며 대중적인 참여종목으로 자리매김 하고 있다. 스포츠종목으로는 '축구'가 4위권을 유지하고 있으며, '자전거'와 '수영'이 국민들에 의해 꾸준히 향유되고 있는 것으로 나타났다.

03 스포츠용품 구매자

스포츠용품 구매자는 스포츠활동을 하기 위해 필요한 용품을 구매하는 소비자를 말한다.

골프참여를 좋아하는 소비자는 골프클럽과 골프공 등을 구매하고 배드민턴을 좋아하는 참여소비자는 라켓과 셔틀콕을, 야구를 좋아하는 참여소비자는 글러브와 야구공 등을 구매한다. 참여스포츠 소비자는 실력이 향상되면서 좀 더 좋은 용품을 구매하려는 욕심이 생기고 거기에 맞는 실력도 갖추려고 노력을 한다.

PGA 머천다이즈 골프쇼

[마니아리포트(미국 올랜도)=박태성 기자] 1월 22일(현지시각) 미국 플로리다주 올랜도에 위치한 오렌지 컨벤션센터에서 '2015 골프산업전시회' 열렸다.

미국 PGA 주관으로 플로리다주의 올랜도에서 3일간 열리는 PGA 머천다이즈 골프쇼는 골프클럽, 골프의류, 골프장 관련 장비 및 골프와 연관된 모든 산업 분야를 망라한 골프 관련 시장의 메카라 할 수 있다. 행사 기간에는 골프 관련 비즈니스를 하는 전 세계 사람들이 모여 한해의 클럽 시장 경향을 판단하고 마케팅 전략을 세우며, 새로운 비즈니스 파트너를 만나는 장을 만들어 주고 있다.

1.3 스포츠시설의 고객관리

01 스포츠시설의 고객관리

다양한 소비자의 욕구를 파악하여 소비자로 하여금 불평 불만을 최소화시키고 질 높은 서비스를 창출하여 고객이 원하는 상품과 서비스를 지속적으로 제공하며 소비자들을 오래도록 유지시키고 고객의 평생가치를 극대화함으로써 스포츠시설업의 수익성을 높여야 할 것이다.

02 스포츠시설의 고객유지관리

(1) 고객 유지관리의 발전 방향

고객유치단계 ➡ 관계유지단계 ➡ 관계발전단계 ➡ 상호작용단계

(2) 기존고객 유지의 중요성

고객관리에 있어서 신규고객유치는 매우 힘들고 비용도 많이 들어가는 것이 사실이다. 반면에 기존고객 유지는 고객에 대한 이해의 증가와 상호작용단계에서 관계가 깊어지고 길어지는 것은 물론 함께 공존하므로 장기적인 면에서 수익성이 높아진다.

(3) 기존고객 유지의 장점

① 반복구매가 가능하며 고정 고객화시켜 장기고객으로 유도가 가능하다.
② 마케팅 비용이 절감된다.
③ 기존고객 유지로 일정한 매출액을 유지하고 증대시킬 수 있다.
④ 기존고객의 장기화로 할인된 가격을 적용시킬 수 있다.
⑤ 기존고객의 구전효과로 신규고객 유치가 가능하다.
⑥ 기타고객유지관리
  - 회원의 수준을 향상시키고 고급화시켜 고객간에 커뮤니티를 형성시킨다.
  - 지역별 모임 등 적당한 결속으로 충성도를 높인다.
  - 다양한 이벤트를 준비 및 개최하여 회원관의 흥미를 유발시키고 소속감을 높인다.
  - 운영프로그램을 활성화하고 개발하여 수업의 수준을 높인다.

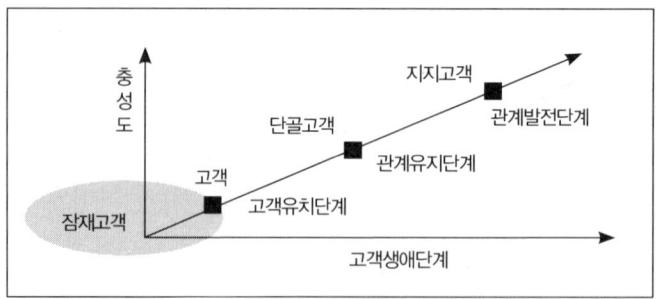

고객유지관리 발전 방향

1.4 고객유치관리

01 신규고객의 유치관리

스포츠시설업이 성장하기 위해서는 보다 많은 고객(관중)을 유치하여야 한다. 그러기 위해서는 기존회원의 지속적인 유지는 물론 신규고객을 유치하여야 한다. 신규고객 유치는 기존고객 유치보다 비용이 많이 들어가며 시간 또한 많이 소요된다. 그러므로 기존고객 유지를 기본으로 신규고객을 유치하는 전략이 사실상 필요하다.

삶의 질이 높아지고 국민소득이 올라가면서 스포츠에 대한 관심도는 매우 수직상승을 하고 있는 것이 현실이다.

이러한 현실을 고객들이 쉽게 접근할 수 있도록 많은 노력을 해야 하며, 스포츠는 곧 건강이자 보약이라는 절대적인 삶의 일부라 생각할 수 있도록 유지시켜야 할 것이다.

- 다양한 프로그램개발
- 지루하지 않는 이벤트
- 높은 수준의 서비스교육
- 고객들의 VOC를 통한 컴플레인 즉시 개선

02 기존고객의 유치관리

기존고객의 유치에는 많은 전략이 있지만 크게 서비스 혁신을 위한 고객유치와 스포츠관람 및 참여고객을 위한 유치관리로 구분할 수 있다.

(1) 서비스 혁신을 위한 고객유치

1) VOC를 수집하고 관리하는 활용시스템이 있다.
고객정보를 수집하는 방법 및 채널

2) VOC관리

가. VOC 유형별 분류

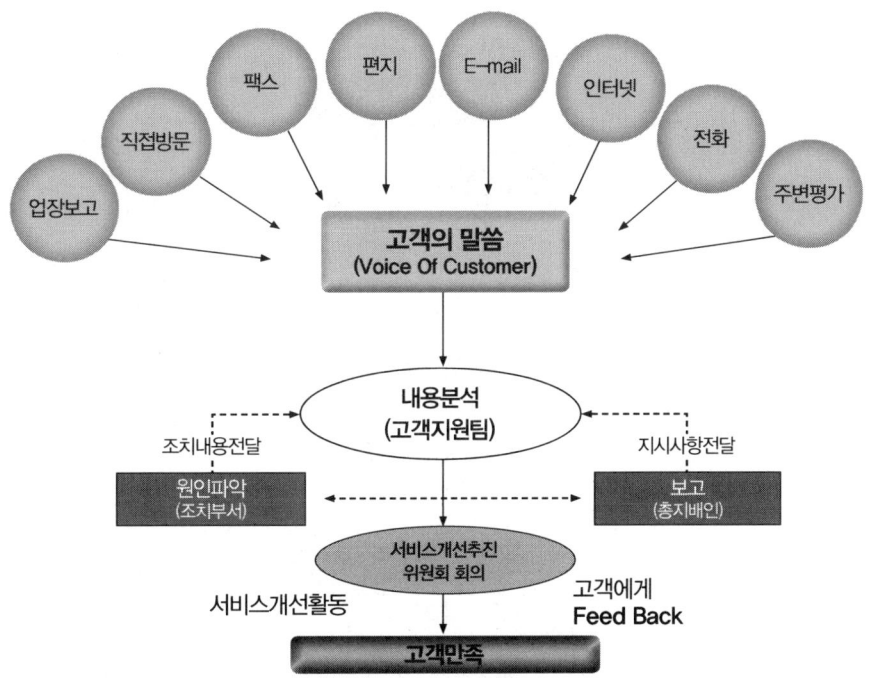

(가) 불만/제안의 경우
내용 스캐닝 ➡ 시행부서 분류 ➡ 해당부서 통보 ➡ 원인파악 ➡ 고객응대 ➡ 서비스개선회의 ➡ 서비스 개선활동 ➡ HIS입력 ➡ 재발방지 ➡ 고객만족

(나) 칭찬의 경우
내용수집 ➡ Best 사례 표창 ➡ 우수사례채택 시상

※ 칭찬으로 인한 시상은 더 많은 칭찬을 만들어내기 때문에 꼭 시상이 필요하다.

나. VOC대상별 분류

대분류	중분류	소분류
발생단계	시설	각 Area별(사우나, 헬스장 장비, 컴퓨터, 수영장 등)
발생장소	상품	강습(강습의 퀄리티), 숍, 매점, 레스토랑(음식의 맛, 음식의 다양성, 메뉴 구성)
발생대상	서비스	고객응대능력, 직원 태도, 다양한 프로그램, 청소, 청결, 정리정돈 등
발생원인	기타	환경친화운동, 외부소음, 곤충, 공사 등

다. VOC시스템 개념도

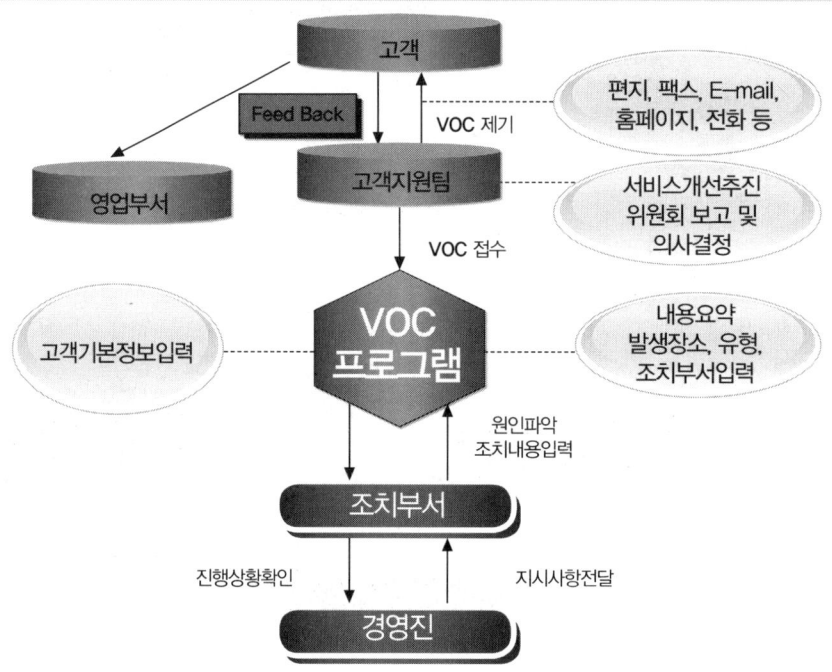

라. VOC시스템

① VOC시스템은 수집된 고객의 소리를 입력하고 필요에 따라 기간별로 그 내용을 조회할 수 있도록 구성되어 있다.

② VOC 운영자는 시스템에 입력된 내용을 활용해 유형별, 부서별로 내용을 분석한다.

③ 분석된 내용을 모든 직원에게 On-Line 보고서로 전파하여 같은 유형의 VOC가 재발되지 않도록 해야 한다.

* VOC란 무엇인가?

고객의 소리(Voice of Customer)로서 고객들로부터 최대한 그들이 원하는 욕구를 파악하고 이를 수용하여 경영활동에 지장없이 고객을 최대한 만족시키는 것이 그 목적이라 할 수 있다.

(2) 고객유치에 영향을 주는 요인

1) 동기요인
동기적인 발상으로 자극을 받아 시작하는 요인으로 욕구 및 자아성취 등 하고자 하는 의욕이 생기는 요인을 말한다.

2) 경기의 매력
슈퍼스타들의 마력 같은 매력에 도취되거나 관중의 경기력을 보기 위해 경기장을 찾거나 즉흥에서 일어나는 라이벌 관계 등에서 느끼는 매력에 의해 영향을 주는 요인을 말한다.

3) 경쟁요인
참여스포츠에서는 상대방을 이기려고 하는 경쟁의식이 일어날 수 있어서 더 열심히 하고자 하는 의욕이 생기며 관람스포츠에서는 치열한 경쟁 요인을 보면서 관람의 짜릿한 매력을 느껴 관중을 많이 모이게 하는 것은 물론 경기 결과에 대한 승패도 경쟁요인에 포함된다.

4) 인구통계요인
인구통계학적 요인으로 고객의 연령, 성별, 학력, 직업 등을 들 수 있다. 이러한 인구통계학적 요인들의 영향이 절대적인 것은 아니지만, 이러한 데이터를 가지고 준비하고 홍보하는 것이 선진화된 인구통계학적 요인에 해당된다.

5) 홍보요인
홍보 및 광고로 고객을 유치하는 방법이며 현대사회에서는 언제나 어디서나 항상 접할 수 있는 것이 홍보와 광고이다.

6) 상황요인
우리가 쉽게 변수라고도 하지만 여러 상황(날씨, 교통, 업무 등)에 따라 영향을 미치는 요인을 말한다.

7) 시설요인
스포츠시설에 영향을 미치는 요인들로 청결성, 접근성, 편리성, 혼잡성, 첨단성, 심미성 등이 있다

(강호성·이준엽, 2005).

편리성은 주차, 매점, 매표, 안내, 이동 등 스포츠시설의 이용에서 편리함을 말해준다. 혼잡성은 혼잡한 정도를 말하며, 첨단성은 매표의 자동화, 전광판, 안내시설 등 첨단장비 시설을, 심미성은 스포츠시설의 아름다움을, 접근성은 스포츠시설에 접근이 용이한지를 알아야 지하철이나 대중교통을 이용하여 쉽게 접근할 수 있다.

8) 경제요인
경제요인은 회원권, 입장권 등의 가격과 레슨료, 스포츠시설 사용이용료 등 경제적인 한도 내에서 참여를 결정한다.

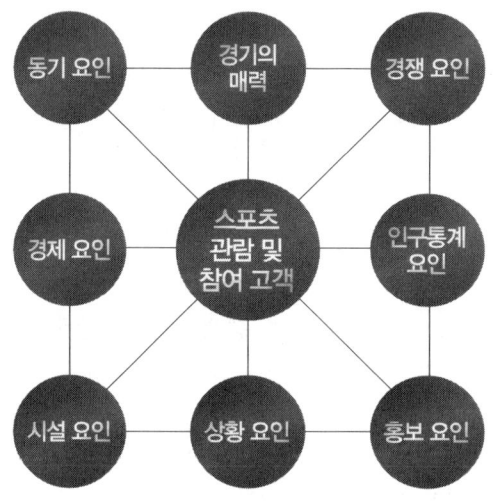

고객유치에 영향을 주는 요인

1.5 회원권

01 회원권의 정의

회원권이란 회원임을 증명하는 계약서류를 일반적으로 말하며 회원 방식의 모임·흥행 따위의 입장권 등을 말하기도 한다.

또한 스포츠시설 이용계약이란 스포츠시설을 이용하는 자가 스포츠시설을 설치 및 운용하는 자인 사업자와 스포츠시설 및 그 부대시설을 이용하기 위하여 체결한 계약을 말한다. 스포츠시설 이용계약의 주체는 이용자와 제공자인 사업자이고 시설 이용계약의 목적물은 스포츠시설물이다.

스포츠시설 이용계약이 근본적인 계약이므로 시설 이용계약에 근거하여 계약당사자는 권리와 의무를 부담하고 이를 이행하지 못한 경우에는 채무불이행책임이 생기고 경우에 따라서는 민법 제750조에 근거한 불법행위책임도 부담하여야 한다.

02 회원권의 종류

회원권에는 다양한 회원권이 있지만 국내 회원권을 크게 나누면 골프회원권, 스포츠클럽회원권, 콘도회원권으로 나눌 수 있다.

(1) 골프회원권

1) 골프회원권의 정의

골프회원권은 해당 골프장의 부동산에 대한 일정 부분의 소유권이 아닌, 단지 골프장의 시설을 이용할 수 있는 배타적인 권리를 의미하는 '특정시설 이용권'이다. 회원권의 법적 성질은 재산권이기는 하되 물권이 아니고, 사업주와 상호 약정된 이용, 예탁금 반환 등을 요구할 수 있는 채권적 권리에 국한된다는 것이 법조계의 해석이다. 회원권에 대한 관련세금은 부동산법의 영역에 지배받고, 시세의 변동 및 투자 가능성의 면에서는 주식시장과 유사하다.

2) 골프회원권의 법적 지위

회원권의 지위는 골프시설의 배타적 이용권리와 계약기간 후 예탁금을 환불할 권리를 포함한 유동성 기타자산으로 분류된다. 또한 회원권은 소유권의 개념보다는 채권의 개념으로 분리되고 다른 일반적인 채권채무에 비하여 권리가 축소되는 제3채권으로 분리된다. 일반적으로 골프장이 부도가 날 경우 소유권 분쟁에 따른 회원권 소지자들의 불이익이 발생할 수 있는데, 이는 회원권이 소유권이 아닌 경영주에게 예탁금 반환을 청구할 수 있는 채권의 성격을 가지고 있기 때문이다. 일반 채권의 경우 대부분 토지나 건물에 대한 근저당이나 질권설정을 하고 채권과 채무가 형성이 되는데 반하여 회원권 소지자들은 문서상의 채권과 채무가 형성되어 차후 채권과 채무에 따른 강제 처분 시 일반 채권과 채무에 비하여 회원권에 대한 채권 채무가 후순위로 밀리는 원인이 되기도 한다.

3) 골프회원권의 종류

회원권의 종류는 크게 예탁금회원제, 주주회원제, 연회원제, 사단법인제로 분류할 수 있다.

가. 예탁금 회원제

현재 우리나라 골프장의 95% 이상이 이 제도를 택하고 있으며 일정기간 예치한 금액을 약정한 기간이 지나면 입회금 반환을 요청할 수 있는 권리를 부여하고 있다. 여기서 일정기간이라 함은 골프장과 회원간의 약정한 기간으로 회원권 가입 시 골프장과 회원간의 약정으로 그 기간을 정하고 약관에 명시하게 되어 있다.

나. 주주회원제

회원들이 골프장이 소유권과 이용권을 모두 소유하고 있는 제도로 현재 우리나라 골프장 중에서 신원, 경기, 경북, 경주신라 등이 주주회원제를 택하고 있다. 이들 외에 현재 주주회원제도라 명명되어 있는 몇몇 골프장들은 진정한 의미의 주주제가 아닌 단지 주주의 개념이 일부나마 도입된 경우라 할 수 있다. 진정한 의미의 주주제가 발생한 것의 시초를 신원CC로 본다. 이는 IMF 때 신원CC가 부도나자 이 골프장을 회원들이 일괄인수했기 때문이다. 따라서 이를 최초로 진정한 의미의 주주회원제는 신원CC라 할 수 있다.

다. 사단 법인제

주주회원제와 유사한 제도로 골프장의 주인이 없고 회원들이 자체적으로 골프장을 운영하는 제도로 우리나라에는 서울, 울산, 부산 등이 이 제도를 택하고 있다. 운영주체가 회원들이고 소유주가 없다는 점에서 주주제와 동일 시 해도 무방하다.

라. 연회원제

1년에 한번씩 납부하는 회비로 운영하는 제도로 남부 등이 이 제도를 채택, 운영하고 있다. 1년에 한번씩 납부하는 회비는 소멸성이기 때문에 양도, 양수 등의 재산권적인 의미는 전혀 없다. 그러나 연회원제라 하더라도 누구나 가입할 수 있는 것은 아니고 기존의 회원이 결원이 생겨야만 가입할 수 있는 제한이 있다.

4) 골프회원권 구입 시 Check point

가. 해당 골프장의 회원수

골프장의 회원수는 골프장의 부킹률과 가장 직접적인 관계가 있다. 간혹 일부 골프장의 경우 규모에 비해 많은 회원을 모집하는 경우가 있으므로 주의해야만 한다.

나. 골프장의 부킹률

골프장의 부킹률은 골프회원권을 선택하는 데 있어 가장 중요한 기준이 될 수 있으므로 신중히 결정한다.

다. 골프장의 거리및 교통

본인이 거주하고 있는 지역과 가까운 골프장을 선택하고 도로사정 등을 고려한다.

라. 명의개서 여부

일부 골프장은 분양 중 명의개서가 이루어지지 않는다. 그러므로 본인이 명의개서에 대해 잘 모를 때에는 믿을 수 있는 회원권 거래소와 거래를 하는 것이 좋다.

5) 회원권 거래 상황 파악

현재 자신이 구입하려고 하는 회원권의 거래가 활발한지 파악한다. 현재 거래가 활발한 회원권일수록 그만큼 인기가 있고 나중에 회원권 매매 시에도 빠른 현금회수를 할 수 있다.

6) 골프장의 코스 상태

골프장의 코스에 따라 명문과 비명문으로 나뉠 정도로 영향이 크다. 훌륭한 코스를 가진 회원권을 선택해야만 라운딩이 즐겁다.

7) 비회원 동반 가능여부 및 가족회원 등록 여부

라운딩을 하다보면 비회원이나 가족을 동반하게 되는 경우가 많은데 이런 경우 할인율을 따져 보면 많은 이익을 거둘 수 있다. 이는 경제적 이익뿐만 아니라 가족이 함께 골프를 즐길 수 있는 훼밀리 골프의 장점이 있어서 더욱 중요하다.

8) 기업의 신뢰도와 재무구조 파악

IMF 이후 도산하는 기업이 늘어남에 따라 이제는 골프장도 반드시 기업의 재정상태를 파악하고 구입하는 것이 필수가 되었다.

(출처 : 바른회원권거래소)

골프회원권의 유래

이 골프회원권의 유래는 어떻게 될까? 우리나라 회원제 골프장의 대부분을 차지하는 예탁금회원제 골프장은 일본에서 넘어왔다. 골프장 건설에 필요한 자금을 완공이전에 회원에게서 빌려 쓰는 셈인 것이다. 한양CC가 최초의 예탁금회원제 골프장이다. 한양CC가 개발될 즈음에는 일본에서 예탁금제 골프장이 유행을 했고, 이를 우리나라에서도 도입해 사용해 온 것이다.

예탁기간 만료시에는 분양금액만 돌려주면 되기 때문에 골프장개발자는 소액의 자본으로 골프장을 건설할 수 있었고, 회원권을 분양받은 사람은 시세상승으로 이득을 챙겼기 때문에 그 인기는 식을 줄을 몰랐던 것이다.

그러나 2008년 금융위기를 겪으면서 시세가 고점대비 50% 이상 하락했다. 이는 입회금 반환이 골프장의 경영상 심각한 문제가 될 수 있음이 대두됐다. 최근엔 시세상승으로 어느정도 한숨은 돌린 상황이다. 수도권을 제외한 대부분 지역의 신설골프장은 이러한 입회금반환의 문제에서 자유로울 수 없으며, 이는 근시일 내에 사회적인 문제가 될 수도 있다.

(출처 : 더골프 2013년 8월호 제공기사 중)

회원권의 정식 명칭은 "특정시설 이용권"이다.

엄밀히 정의해서 골프장의 소유개념이 아닌 단지 골프장의 시설을 이용할 수 있는 배타적권리를 의미한다. 일반적으로 골프회원권을 분양받는 경우 골프장의 지분을 소유한다는 착각을 하게 되는데 이는 잘못된 생각이다.

회원권을 분양 받는다는 의미는 일정기간 일정액의 금액을 예치한 후 계약한 기간이 만료되면 예치금액을 돌려 받는 조건으로 특정시설 (골프장 및 부대시설)을 이용할 경우 예치하지 않는 다른 사람과 차별하여 사용할 수 있는 권한을 부여받는다는 의미로 해석하면 된다.

부동산과 주식의 중간 개념으로 세금은 부동산법, 시세변동 및 투자가능 면에선 주식시장과 유사하다.

그러나 주식은 기업의 경영실적과 대외적인 요인이 작용한다면, 회원권은 지극히 추상적이고 주관적인 선호도가 큰 영향을 미친다.

지방세법상 골프회원권의 취득에 대해 취득세를 부과하고 골프 회원권을 양도할 경우에는 양도소득세를 부과한다.

골프회원권의 분류를 보면 정회원과 주중회원, 법인회원권으로 구분되며 또한 남자와 여자로 구분이 된다. 골프장에 따라 정회원과 VIP회원권이 있고 회원에 대한 특전도 다양하기 때문에 나에게 맞고 주변인들과 어울리는데 불편함이 없는 회원권이 맞춤 회원권이라 한다.

현재 회원가의 가격이 고가일 경우에 미국의 4배에 이르고 일본의 3배에 이르고 있다.

구 분	비회원(주말)
입장료	15만 8,900원(평균치)
개별소비세	2만 1,120원
교육세	3,600원
농촌특별세	3,600원
소계	18만 7,220원
부가가치세	1만 8722원 (위 합계액의 약 10%)
소계	20만 5,942원
체육진흥기금	3,000원
그린피합계액	20만 8942원

TIP 18

수도권 저가형 골프장회원권 비중 70%

오랜 경기 침체는 골프장 회원권의 '반토막'으로 이어졌다. 2000년대 후반 정점을 찍은 골프장 회원권 시세는 불과 수년 사이 절반 이하로 떨어지며 혹한기를 맞이했다.

최근 에이스회원권을 통해 거래되는 주요 골프회원권 종목(골프장)은 263개(210개 골프장)다. 이 중 5,000만 원 미만 초저가 회원권은 101개(69개 골프장)로 전체 종목의 40%에 육박한다. 5,000만 원 이상 1억 원 미만의 저가 회원권은 78개 종목(65개 골프장), 1억 원 이상 2억 원 미만은 56개 종목(50개 골프장)이다.

연관기사 양지파인 골프장, 봄맞이 그린피 할인 이벤트보일러 맞수 경동나비엔-귀뚜라미, 이번엔 '골프장 경쟁' 알펜시아 리조트, 봄맞이 골프장 개장 기념 '700 골프클럽 패키지' 출시허재호 측 41억 원 골프장 회원권 보유 그린콘서트·셀프라운드·탄력요금제… 상식 깬 마케팅, 골프장 불황 넘는다반면 3억 원 이상 5억 원 미만의 고가 회원권은 10개 종목(골프장)이다. 그중 6개소는 수도권으로 지역 편차가 심한 것을 알 수 있다. 특히 5억 원 이상의 초고가 회원권은 5개 종목(골프장)에 불과하다. 경기 가평의 가평베네스트(7억 6,000만 원)와 경기 용인의 남부(8억 3,000만 원), 경기 광주의 남촌(5억 9,000만 원), 경남 양산의 에이원(7억 2,000만 원), 경기 광주의 이스트밸리(5억 9,000만 원·이상 14일 현재)로 에이원을 제외한 모든 골프장이 수도권이다.

민자영 에이스회원권 애널리스트는 "수년 전과 비교하면 중저가 회원권 거래가 크게 늘었다. 고가에 대한 경제적 부담을 느끼는 개인(회원)과 법인(회원)의 매수도 크게 줄어 저가 회원권 강세가 두드러지게 나타나고 있다"고 전했다.

지역별 회원권 가격을 살펴보면 수도권 136개 종목 중 46개(33.8%)만이 1억 원 이상으로 지방에 비해 회원 유치가 수월한 수도권도 저가 회원권이 70%에 이르는 것으로 나타났다. 영남권은 42개 중 23개(52.2%)로 가장 많았고, 제주는 11개 중 4개(36.3%)로 나타났다. 그러나 충청권은 33개 종목 중 3개(9%), 호남권 16개 중 2개(12.5%)에 불과했다.

전월 기준 가장 큰 폭의 회원권 시세 상승폭을 보인 골프장은 경기 용인의 레이크사이드로 3억 5,000만 원에서 34.41%(1억 2,033만 원) 올랐다. 경남 양산의 양산CC는 7,500만 원에서 21.23%(1,226만 원) 상승했고, 경기 여주의 렉스필드는 4억 3,000만 원에서 18.85%(6,662만 원) 올랐다.

역대 골프 회원권 중 가장 큰 폭의 하락세를 보인 골프장은 경기 용인의 남부CC다. 2008년 21억 원이었지만 지금은 8억 3,000만 원으로 무려 12억 7,000만 원이나 하락했다. 경기 가평의 가평베네스트는 19억 원(2008년)에서 7억 6,000만 원으로 11억 4,000만 원이나 떨어졌고, 경기 광주의 이스트밸리는 16억 2,500만 원(2007년)에서 5억 9,000만 원으로 하락했다.

(출처 : 이투데이 2014년 4월 16일)

TIP 19

골프장 대기업시대

삼성(물산 + 에버랜드)이 지난해 3월 경기도 용인 처인구의 레이크사이드CC를 전격 인수하면서 대기업으로는 국내에서 가장 많은 골프장과 홀수(162홀)를 보유하게 됐다. 그동안 안양, 안성, 가평, 동래 베네스트와 퍼블릭 골프장인 글렌로스를 보유하고 있던 삼성은 레이크사이드CC(회원제 18홀 + 퍼블릭 36홀)의 지분 100%를 3,500억 원에 인수하면서 골프장 업계 큰 손으로 떠올랐다.

삼성의 인수 소식에 레이크사이드CC의 회원권이 시장에서 종적을 감췄다. 회원권 금액이 폭등했지만 매수세가 줄을 이었다. 그럼에도 회원권을 구할 수 없었다.

일각에서는 삼성이 용인에 대규모 레저왕국을 건립하는 야심에 찬 계획의 첫발이라고 내다보고 있다. 레이크사이드CC는 총 400만㎡(약 12만 평)가 넘는 부지에 유휴부지만 27만㎡(약 8만 평)이나 된다. 이미 54홀을 가지고 있는 레이크사이드CC 내에 고급 빌라 등 다양한 레저 시설로 채울 수 있는 여유 부지가 있다. 또한 레이크사이드CC 주변으로 에버랜드와 퍼블릭 골프장인 글렌로스가 버티고 있다. 특히 에버랜드의 경우 산 하나를 두고 레이크사이트CC와 직선거리로 2km밖에 되지 않는 점을 볼 때, 주변 레저 시설과 연계해 다양한 사업을 전개할 수 있다. 인수 당시 삼성물산 관계자는 "이번 인수로 삼성에버랜드 역시 레이크사이드CC와 인접한 용인 에버랜드와 글렌로스GC 등과 연계한 시너지 효과를 기대하게 됐다"고 말하는 등 발전 가능성을 시사하기도 했다.

삼성 이외에도 다양한 기업들이 골프장 사업에 몸담고 있다.

리베라, 신안, 그린힐, 에버리스, 월리힐리CC 등 총 154홀을 보유한 신안그룹은 삼성 이전에 가장 많은 홀수를 보유한 기업이었다. 에머슨퍼시픽은 에머슨, 세종 에머슨, 아난티클럽서울, 힐튼남해, 아난티클럽금강산 등 총 6개 골프장에 총 117홀을 보유하고 있고, 레이크힐스 역시 레이크힐스 용인, 레이크힐스 제주, 레이크힐스 안성 등 5개 골프장에 117홀을 갖고 있다.

한화그룹은 용인프라자와 설악프라자, 제주프라자, 제이드팰리스, 골든베이CC 등 총 106홀을 보유하고 있다. 롯데그룹은 스카이힐제주, 스카이힐김해, 스카이힐상주, 스카이힐부여 등으로 골프장 사업을 진행하고 있고, 현대차그룹은 해비치제주, 해비치서울, 충남 현대기업도시 내 36홀 규모로 건설 중인 현대더링스CC를 가졌다. CJ그룹은 나인브릿지(제주)와 헤슬리 나인브릿지(여주) 등 골프장을 운영하고 있다.

출처 : 2015. 1. 1 비즈포커스
(bizfocus@tf.co.kr)

TIP 20

일본, 복합리조트로 골프장 불황을 넘는다

일본 골프장 업계는 2009년부터 시작된 세계적인 금융위기로 인한 경제 불황으로 또다시 어려운 국면에 놓이게 되었다. 소유 골프장 수를 급속도로 확대하여 그룹화를 진행했던 부동산과 펀드계 기업의 골프업계에서의 계속되는 사업 철수도 이런 경제적인 위기감을 반영하는 실례의 하나라고 할 수 있을 것이다. 그러나 이런 상황에서도 일본 골프장업계는 지속적으로 골프장의 그룹화를 진행하는 곳이 예상외로 많다. 외자계열뿐만 아니라 국내 자본 그룹도 아직은 골프장 확대에 적극적이다. 그룹화를 이용해 골프장 수를 늘리면서 그 규모를 이용한 스케일 메리트를 통해 영업실적을 올릴 수 있다는 것이 그룹화를 하는 주요한 이유다.

전문가들은 그룹이 하나가 되어 서로 연계하면서 각자의 장점을 보충해 나가는 자세가 필요하며 각각의 골프장이 가지고 있는 개성을 명확히 해야 한다고 조언한다.

이에 현재 일본 골프업계에서 복합리조트화로 각광받고 있는 리소루(리조트솔루션, 도쿄도 신쥬쿠)그룹을 소개하고자 한다.

골프뿐만 아니라 온천, 관광, 아로마 테라피 등으로 다양화

리소루 그룹은 현재 직영 골프장을 경영하는 것 이외에도 타 기업이 소유하고 있는 골프장의 운영 수탁에도 힘을 쏟고 있다. 현재 운영 중인 골프장은 23개 지역에서 27개 코스이며 이 중 직영은 9곳, 11개 코스이다.

리소루 그룹의 기본 컨셉은 골프장이 개별적인 것이 아니라 복합 리조트라는 인식에서 출발한다. 그렇기 때문에 골프를 하러 오는 플레이어만을 집객 대상으로 보지 않는다. 호텔에 숙박하고 거기서 즐거움을 찾기 위한 하나의 방법으로 골프가 있다는 것을 홍보하고 있다. 따라서 리소루 그룹은 골프뿐만 아니라 온천도 즐길 수 있고 쇼핑이나 관광도 할수있고, 아로마 테라피와 같은 에스테도 즐길 수 있다는 복합적인 시설로써의 골프장 활용에 주안점을 두고있다.

이런 기업적인 방침을 현실화 한 것이「스파& 골프 리조트 쿠지」이다. 이 곳에는 골프장뿐만 아니라 온천, 아로마테라피, 영화관 등과 같은 복합적인 시설이 설치되어 있어 한곳에서 다양한 재미를 즐길 수 있다. 현재「스파& 골프리조트」는 쿠지 이외에도 두 지역에서 운영 하고 있다.

무료 왕복 버스, 숙박골프패키지 호평

리소루 그룹에서 펼치는 기획 중에 큰 호평을 받고 있는 것은「무료 왕복 버스」라고 하는 숙박 골프 패키지이다. 이 서비스가 고객들의 호평을 부른 이유는 무엇일까? 이에 대해 리소루 그룹의 니시구치 부장은「역시 리조트 기분으로 골프를 즐길 수 있다는 것이 좋은 반응을 부른 게 아니겠습니까? 불가능하지는 않겠지만 당일치기 골프는 그리 쉬운 일이 아닙니다. 골프를 즐기기 전과 즐기고 난 뒤에 운전도 해야 하고 그럴 경우 몸도 마음도 지치게 됩니다. 하지만 버스를 통한 숙박골프패키지 서비스를 이용할 경우에는 본인이 직접 운전할 필요도 없으며 또한 1박을 하게 되니 천천히 온천에 몸을 담그면서 피로를 푼 뒤 다음날 편안한 마음으로 골프를 즐길 수 있습니다.

왕복 버스는 45인승으로 매회 40명 정도 승차하고 있기 때문에 거의 만석이라고 해도 무관할 것입니다. 원래는 도쿄에서 멀리 떨어져 있는 그룹 골프장의 집객 대책의 하나로써 시작하게 된 것이지만 이 서비스를 개시한 뒤 유류비가 폭등하기 시작했었고 장거리 운전을 꺼리는 어르신들이나 여성들에게 좋은 호응을 얻게 되어 이용자가 증가한것으로 생각하고 있습니다」라고 설명했다.

이 왕복 버스를 골프장 단독으로 운영할 경우 매회 10명을 모집하는 것도 쉽지 않은 일일 것이다. 하지만 5개의 코스가 하나가 되어 이 기획을 실시하고 있기 때문에 코스트 다운의 효과를 내고 있는 것이다. 이런 기획이야말로 그룹의 힘에 의해 기획 효과를 극대화 시킬 수 있는 좋은 예라 생각된다.

1박 2일 플레이 플랜 호평, 에코 프로젝트도 본격화

다이아타미 국제 골프클럽(36H, 시즈오카)에는 10월 1일부터 실시한 1박 2일 식사포함 2라운드 패키지 프로그램인「이즈에서 골프& 온천 숙박 플랜」이있다.

이것은 첫째 날, 둘째 날을 같은 골프장에서 플레이하고, 호텔까지도 연계하여 운영한다. 플레이 날짜와 숙박은 평일, 주말, 휴일에 상관없이 희망하는 조합을 선택할 수 있다. 그렇기 때문에 요금은 세밀하게 책정되어 있으며 가장싼 평일 플레이, 평일 숙박의 경우는 2만 8,000엔으로 책정되어 있다. 이 가격은 1박 2일 요금이다. 게다가 2라운드플레이를 할 수 있다고 하니 정말 파격적인 가격 설정이다. 숙박시설인 토이마린 호텔까지 1시간정도 걸리지만 호텔도 리소루 직영이기 때문에 이와 같은 기획과 요금을 설정할 수 있었다.

다음으로 에코(환경문제)에 대한 기획도 실시 중에 있다. 지구온난화에 대한 문제도 있어 에코에 대한 관심이 높아지는 것에 부응하여 카고시마 골프 리조트에서는 나무젓가락을 없애고 수지제품의 젓가락을 사용한다거나 쓰레기를넣는 비닐봉투를 대신하여「장바구니」를 개발하여 보급에 힘쓰고 있다. 이 이외에도「에코레지 카고백」을 채용, 소비전력이 적은 전구로의 교체, 전기를 사용하지 않는 가습기 설치 등 7개 항목의 에코 대책을 실시 중에 있다.

〈출처 : 일본 월간 골프매니지먼트〉

TIP 21

전국골프장현황

총계

		서울	부산	대구	인천	대전	광주	울산	세종	경기	강원	충북	충남	전북	전남	경북	경남	제주
합계	549	0	9	2	10	4	4	4	3	162	66	41	28	28	47	50	46	45
회원	250	0	6	1	3	1	1	2	1	85	30	19	10	6	16	21	22	26
비회원	299	0	3	1	7	3	3	2	2	77	36	22	18	22	31	29	24	19

운영중

		서울	부산	대구	인천	대전	광주	울산	세종	경기	강원	충북	충남	전북	전남	경북	경남	제주
합계	473	0	8	2	8	3	4	4	2	146	57	37	21	25	38	45	33	40
회원	226		6	1	2	1	1	2	1	83	25	17	8	6	11	19	19	24
비회원	247		2	1	6	2	3	2	1	63	32	20	13	19	27	26	14	16

건설중

		서울	부산	대구	인천	대전	광주	울산	세종	경기	강원	충북	충남	전북	전남	경북	경남	제주
합계	34	0	1	0	0	0	0	0	0	8	5	1	2	3	0	3	6	5
회원	8										3	1	1				1	2
비회원	26		1							8	2		1	3		3	5	3

미착공

		서울	부산	대구	인천	대전	광주	울산	세종	경기	강원	충북	충남	전북	전남	경북	경남	제주
합계	42	0	0	0	2	1	0	0	1	8	4	3	5	0	9	2	7	0
회원	16				1					2	2	1	1		5	2	2	
비회원	26				1	1			1	6	2	2	4		4		5	

출처 : 한국골프장경영협회(2015. 1. 1일 기준)

(2) 스포츠클럽 회원권

1) 회원권 유래

체련장 위주의 Fitness Club은 일반적으로 퍼블릭과, 멤버쉽 회원으로 운영된다. 1988년 올림픽을 계기로 호텔에서부터 종합 Fitness Club으로 회원모집이 시작되었으며 1980년대 중반부터 국민소득이 올라가면서 Fitness Club이 생겨나기 시작했고 국내에서는 KOLON SPORX를 선두로 호텔롯데 Fitness Club, 삼성레포츠센터 등 국내 스포츠시장이 국민의 건강을 필두로 눈을 뜨기 시작했으며 대기업에서도 직원들의 복리차원으로 종합 Fitness Club을 준비하기 시작했다.

    90년대 초 종합스포츠센터인 창아가 공사를 시작하여 분양을 시도했으나 반응이 없어 중단된 사례가 있지만 94년부터 건강에 대한 관심도가 높아지면서 대형 스포츠센터 개발과 호텔 헬스회원권 소유여부가 부의 상징으로 되면서 커뮤니티 클럽으로도 부상하였다. 2000년부터 고급 주거단지 내 입주자 전용 스포츠센터가 탄생하였고, 코엑스 인터콘티넨탈, 메리어트 등 호텔 개관으로 회원권 종류가 더욱 다양해졌다.

2) 헬스회원권의 종류

헬스 회원권은 크게 호텔 피트니스클럽과 전문 피트니스클럽으로 나누어진다.

가. 호텔 부대형

호텔 내 부대 시설로서 피트니스클럽 운영이 주가 아닌 객실 사용객들과 멤버십 회원으로 구성되어 있다. 호텔 부대형의 장점은 일반적으로 기업의 재무구조가 튼튼하고, 시설에 대한 개보수가 용이하며, 호텔 내 부대시설 이용 시(식, 음, 객실 등) 할인 혜택을 받을 수 있다. 커뮤니티적인 면에서 비지니스에 용이하다는 점과 다른 클럽에 비해 인지도가 높다는 것이다. 단점이라면 가격이 비싸고 규모가 시설이 협소하며 소비지출(보증금, 연회비)이 많다.

나. 전문 피트니스클럽

전문 피트니스클럽은 다양한 Area(라켓운동, 골프장, 수영장 등이 완벽하게 갖추어져 있고, 전문 강사(코치)들이 각 Area마다 적절하게 배치되어 개인의 운동량 체크와 과학적인 운동이 가능하다. 아파트가 많은 근교에 위치하고 있으며 개인의 건강증진을 위한 시설이 갖추어져 있다. 회원권 금액이 호텔 회원권보다 상대적으로 저렴한 편이다. 단점은 기업의 재무구조가 취약하여 시설의 노후화에 따른 시설교체가 적기에 이루어지지 못하는 단점이 있으며, 헬스클럽 외 부대시설이 적고 시설이 고급스럽지 않아 비지니스 측면에서 약하고 지역적인 한계를 극복하기 어렵다.

3) 피트니스클럽 회원권 구입 시 확인해야 할 사항

가. 회원수

규모에 비해 회원수가 많은 클럽은 사용이 불편하고 회원의 권리를 100% 이용하지 못한다. 또한 회원이 많은 경우 관리가 미흡하고 기구의 노화가 빨리 이루어진다(월회원 위주의 클럽).

나. 클럽의 위치, 규모, 청결상태

피트니스클럽은 본인이 건강을 위해 운동을 하는 곳이므로 직장이나 집에서 근거리에 있어야 하며 차량이동보다는 도보로 산책삼아 이동하는 거리가 아주 적당하다.

다. 기구의 종류 및 시설검토

피트니스클럽 회원권을 선택하는 중요한 요소 중 하나가 운동기구이다. 최신 운동기구와 규모 다양성 등이 클럽을 선정하는 중요한 요소가 되며 거기에 따른, 부대 시설(사우나, 수면실) 또한 매우 중요하다.

라. 전문 트레이너의 상주 여부

최근에는 과학화되고 정확한 지도를 받아야 한다는 회원들의 의식수준이 높아진 만큼 전문지식을 갖춘 트레이너(PT)에게 지도를 받고 싶어한다. 그래서 피트니스클럽은 반드시 전문 트레이너를 상주시켜야 한다.

마. 부대시설 이용 시 특전 여부

피트니스클럽에는 여러 가지 부대시설이 있는데 회원에게 얼마만큼의 혜택이 주어지는지 꼼꼼히 살펴본다.

바. 명의변경 절차

다른 회원권과 마찬가지로 하나의 권리이므로 명의변경이 쉽게 이루어지는지를 파악해야 한다. 또한 명의변경 절차인 매매(양도, 양수)가 회사에서 이루어지는지 아니면 회원권거래소를 통해 이루어지는지를 잘 파악해야 한다.

사. 회원권 매각시 거래 유, 무

피트니스클럽 회원권 중에는 거래가 거의 없는 회원권도 있다. 물론 본인이 계속해서 이용을 하겠다면 상관이 없지만 그렇지 않은 경우 거래가 없는 회원권의 경우 매매를 원해도 이루어지지 않아서 아까운 돈이 그대로 묶이고 지속적인 연회비가 지급하는 경우가 종종 발생한다.

TIP 22

골프장 대기업시대

서울지역회원제종합 Fitness Center 회원권 시세

강남 Fitness Center		강북 Fitness Center	
업체명	시세	업체명	시세
코엑스 인터콘티넨탈	4100	W호텔	6400
메리어트 마르퀴즈	3900	하얏트 올림푸스	5700
그랜드 인터콘티넨탈	2700	신라	5500
임페리얼 팰리스	2650	웨스턴조선	3800
극동 스포츠센터(구 가오닉스)	1600	메리어트 여의도	3000
리츠칼튼	1600	프라자	1850

근거 : 동아회원권거래소(2014년 6월 현재 상위 6위 업체 순)

전국 콘도 회원권 시세

콘도명	시세	콘도명	시세
용평버치힐 70	105,000	곤지암 46	12,000
용평버치힐 70	100,000	곤지암 35	9,100
용평버치힐 60	55,000	대명 노블리안(실버)	9,000
용평버치힐 45	48,000	리솜별장 56	7,200
용평버치힐 37	37,000	오크밸리 46	5,500

근거 : 에이스회원권거래소(2015년 2월 현재 상위 10위 콘도 순)

(3) 콘도회원권

1) 콘도회원권의 정의

'콘도'라는 용어는 휴양 콘도미니엄(Condominium)의 약어로서 널리 통용되고 있다. 콘도미니엄의 단어적 의미는 공동소유권을 뜻하며, 즉 동일한 자산을 여러 사람이 나누어 공유하는 소유권 형태이다. 콘도미니엄의 유래는 남부유럽의 지중해 연안에 중소기업체 종사원들의 복지후생용으로 시작되었던 것이 미국으로 건너가 휴양지역에 분양식 콘도미니엄과 도시지역에는 주택개념으로 유니트 분양 또는 임대형태로 발전되었다. 우리나라에서는 1980년대 초부터 회원제와 공유제

형태로 1객실당 5~10구좌의 분양식 콘도미니엄으로 발전해왔으며, 회원권은 20년 이하로 입회기간을 정하고 매년 28~60일을 이용할 수 있다.

'관광진흥법 시행령 제3조'에서 규정하는 '휴양콘도미니엄'의 정의는 '휴양객의 숙박과 취사에 적합한 시설을 갖추어 이를 당해 시설의 공유자, 기타 관광객에게 이용하게 하는 업'이라고 되어 있다.

2) 콘도회원권의 특징

콘도미니엄은 아파트, 호텔, 빌라, 별장 및 일반주택의 특성과 장점을 고루 갖춘 숙박시설로서 온 가족이 함께 자연을 벗삼아 취사와 휴식, 놀이를 즐길 수 있는 시설이다.

또한 국민 소득수준 향상 및 생활패턴 변화에 부응하는 레저스포츠 발달과 함께 콘도미니엄은 국민관광 숙박시설로서 그 기여도가 매우 높다.

그 특징을 살펴보면 다음과 같다.

① 가족, 관광객, 회사직원의 휴양을 위한 숙박과 취사시설 완비
② 숙식에 필요한 제반시설과 레포츠시설을 구비
③ 객실 내에는 1가족 기준의 집기 비품이 비치됨(3~9인용)
④ 매매, 상속, 증여 가능
⑤ 1가구 2주택 대상에서 제외됨
⑥ 연간 사용일수 제한(주로 28박~60박)
⑦ 실명(개인이나 법인, 등록단체)으로만 취득 가능하다.

3) 콘도회원권의 종류

콘도회원권은 골프회원과 피트니스클럽 회원권과는 달리 오너십(Ownership)과 멤버십(Membership) 회원으로 구분된다.

오너십과 멤버십은 등기 가능여부와 재산권 보장면에서 차이가 날뿐 이용 측면에서는 차이가 전혀 없다.

오너십 회원권은 부동산 지분등기가 가능하고 재산권은 등기로서 보장되나, 멤버십회원권은 등기가 불가능하고 재산권도 분양회사에 대해 제1순위의 채권을 가질 뿐이다. 따라서 등기가 안 된다고 해서 재산권 보장측면에서 크게 걱정할 필요는 없다.

그동안 콘도회원권도 부동산 개념으로 보아 오너십을 선호해 왔으나 최근 젊은층은 양도와 양수의 절차가 간편한 멤버십을 선호하는 경향이 있다.

오너십 회원권은 계약기간이 만료되어 재계약을 원하지 않을 경우 매도를 해야 하며 멤버십 회원권은 분양회사에 회원권을 반납하고 분양금의 90%를 돌려 받는다. 멤버십 회원권도 시세가 분양가보다 높게 형성돼 있을 경우 다른 사람에게 양도하는 것이 유리하다.

가. 공유제 회원 (Ownership)

콘도미니엄의 소유권 즉, 등기를 함으로써 일정 지분의 소유권을 갖고 있는 회원

나. 회원제 회원 (Membership)

콘도미니엄의 소유권을 갖지 않고 계약기간 만기 시 보증금 환급제로서 시설이용권만을 가진 회원

구 분	공유제 (오너십)	회원제 (맴버십)
계약성격	부동산 매매	회원가입
기간	영구	20년
등기	O	X
회계처리	매출	반환성 장기부채
등기소유	회원본인	회사
제세금	취득세, 등록세, 교육세, 농특세	취득세, 농어촌 특별세
비교분석(장/단점)	소유권 이전 등기로 재산권 확보	– 입회보증금의 기간 경과 후 반환청구 인정 – 세금부담이 적음(부가가치세, 등록세 등)
	각종 세금의 납부 의무 – 부가세, 재산세, 등기비용	기간 만료 후 재계약 또는 반환

4) 콘도회원권 구입 시 Checkpoint

가. 회원권의 거래상황 파악

- 현재 자신이 구입하려고 하는 회원권의 거래가 활발한지 파악한다.
- 현재 거래가 활발한 회원권일수록 회원권 인기가 높아 회원권 매매 시에 빠른 현금회수를 할 수 있다.

나. 전국적인 자체 체인망 분포

- 전국적인 체인을 갖추고 있어야 원하는 지역을 마음대로 이용할 수 있다.
- 스키를 즐기는 회원이라면 반드시 스키장 콘도가 있는 체인을 구입해야 한다.
- 콘도회사에서 내거는 연계체인은 되도록 믿지 않는 것이 좋다.
- 연계체인의 특성상 기존의 회원에 비해 대접을 받지 못하는 것이 현실이다.

다. 예약의 공정성과 예약율 검토

비수기와 성수기 때 예약 당첨율을 확인하고 특히 성수기 때 여행사나 기타 회사에서 많이 나오는 콘도는 피하는 것이 좋다. 그만큼 회원에게 돌아갈 혜택을 받지 못하는 것이므로 주위에 회원권을 가진 회원이나 회원권 거래소에 질의 후 구입하는 것이 바람직하다.

라. 콘도체인의 부대시설 규모

콘도마다 각각의 부대시설을 가지고 있으므로 자신이 많이 사용하는 부대시설을 갖춘 회원권을 선택한다.

또한 회원에게 얼마만의 혜택이 있는지 꼼꼼히 따져본 후 매입하는 것이 좋다.

마. 기업의 신뢰도와 재무구조 파악

IMF 이후 도산하는 기업이 늘어남에 따라 이제는 골프장도 반드시 기업의 재정상태를 파악하고 구입하는 것이 필수이다.

PART 02

스포츠시설의 경영

스포츠시설은 스포츠활동의 터전으로 운동을 통하여 건강과 즐거움을 추구하는 공간이다. 스포츠 프로그램은 운영의 필수요건이며, 체육활동 참여에 강력한 유인동기로 작용하기도 한다. 스포츠시설을 통해 인간은 건강과 체력을 증진하고, 다양한 욕구를 충족하게 되며, 경제적 부가가치를 생산하기도 한다.

Chapter 1 스포츠시설의 운영·관리

🌐 1.1 스포츠시설의 입지 및 배치

01 스포츠시설의 입지

(1) 입지의 중요성

1) 최우선과제 : 스포츠시설의 입지는 경기장 건설 장소, 스포츠센터의 위치를 결정하는 것으로 다른 업무에 비해 우선적으로 결정되어야 할 사항이다.

2) 입지선정의 중요성 : 입지를 결정하면 많은 초기투자가 일어나기 때문에 소비자 욕구와 시장 환경, 경쟁자 및 부대시설 등을 모두 고려해서 결정해야 한다.

(2) 입지선정 방법

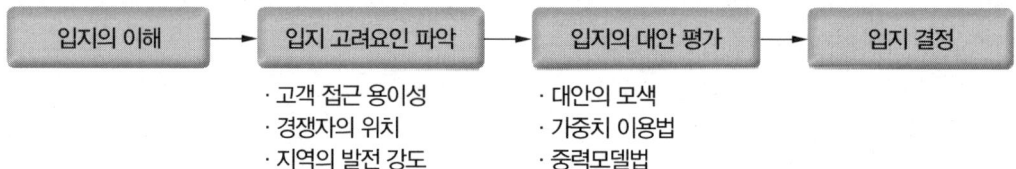

1) 가중치이용법

- 가중치이용법의 개념 : 입지 선정에 필요한 요인들을 정한 후 특정 기준에따라 선별하고, 요인별 상대적 중요성에 따라 가중치를 두어 계산하는 방법이다. 요인평가법이라고도 한다.

- 가중치이용법의 절차
  ① 입지요인에 대해 고려해야 할 사항을 정하고
  ② 정해진 사항에 가중치 부여(가중치 합계가 100이면 편리하다.)
  ③ 입지별 요인 점수 계산

④ 각 요인의 요인 점수와 가중치를 곱하여 점수 순으로 배열

⑤ 높은 점수를 얻은 순으로 입지 선정의 우선순위를 정함

2) 중력모델법

- 중력모델법의 개념 : 거리가 늘어남에 따라 이동 비용도 증가한다는 가정 하에 시설의 매력도는 규모와 이동에 따른 소요시간과의 상관관계를 분석하는 방법
- 중력모델법 공식

$A_{\alpha\beta} = \dfrac{S_\beta}{T_{\alpha\beta}^{\lambda}}$	간편 적용 공식 중력모델법 공식 = 면적 / (소요시간)^2

$A_{\alpha\beta}$: 시설물 β에 대한 α의 매력도
S_β : 시설물 β의 규모
$T_{\alpha\beta}$: α고객의 시설물 β까지의 이동소요시간.
λ : 이동시간이 고객에게 미치는 영향 정도(적정치가 미리 제시됨)

(3) 스포츠시설의 입지 선정 시 고려해야 할 요인은 다음과 같다.

① 소비자의 접근 편리성

② 경쟁사와의 위치적인 관계

③ 인력 수급방법

④ 인구통계학적 특성

⑤ 주변환경

02 스포츠시설의 배치

(1) 배치의 기본원칙

1) 정의 : 스포츠시설의 물리적인 배치는 공간제약 하에서 효율적인 배열이 기본이다.

2) 배치의 원칙

① 이용하는 고객이 편리해야 한다.

② 이용하는 고객의 안전을 고려해야 한다.

③ 효과적인 투자를 통한 경제성이 있어야 한다.

④ 업무처리를 하는데 있어서 효율적이어야 한다.

⑤ 다양한 배치가 가능한 유연성(탄력성)이 있어야 한다.
⑥ 전체적으로 미관이 조화를 이루어야 한다.

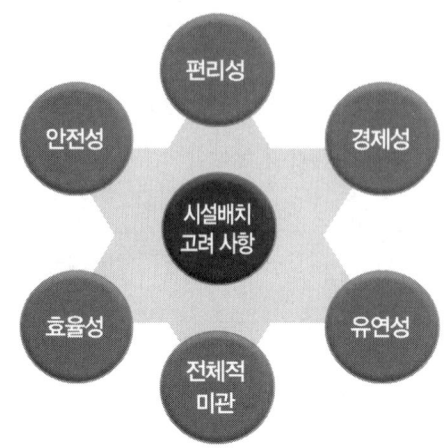

1.2 스포츠시설의 경영전략

01 스포츠시설 경영전략의 개요

스포츠시설이 정한 목표를 달성하기 위한 일련의 활동과 이에 따른 보유자원을 배분하는 활동

02 스포츠시설 경영전략의 유형

① 스포츠시설 경영전략의 유형

구분		내용
원가우위 전략	개념	원가 또는 비용절감으로 경쟁자에 비해 저가격을 제시하여 경쟁우위를 확보하는 전략
	장점	원가변동, 경쟁자 출현 등의 환경변화에 영향이 적다
	단점	경쟁자가 더 낮은 가격으로 대응할 경우 경쟁력 상실이 우려되며, 원가경쟁력 유지를 위한 노력이 필요
차별화 전략	개념	경쟁자와 구별되는 특성을 갖추는 전략으로, 전략의 요소는 시설, 위치, 프로그램, 서비스, 이미지, 고객층, 종업원, 가격 및 마케팅활동 등이다.
	장점	고객 로열티 형성이 용이
	단점	차별성을 지속적으로 유지하기 위한 노력이 필요
집중 전략	개념	원가 혹은 차별화 우위를 집중하는 전략으로, 특정시장의 소비자 욕구를 파악하여 이에 집중하는 전략
	장점	소비자 욕구 충족에 민감하고, 적절한 대응력 확보
	단점	특정시장에 한정되므로 생산비용이 높고, 목표시장이 축소 또는 소멸될 위험을 갖고 있다.

② 스포츠시설 가격전략의 유형
- 경쟁지향 가격 : 경쟁자 가격을 조사하여 이에 대응하여 가격 책정
- 수요지향 가격 : 참가자가 인정하는 가치를 근거로 하는 가격 책정으로, 수요자 특성에 따라 차별화 가격이 가능(사례: 일반가격, 학생가격, 군경가격 등)
- 비용계산 가격 : 실제 소요되는 비용을 계산하여 예상되는 참가자 수로 나누고, 여기에 기대 수익을 더해서 가격 결정
- 차별화 지향 가격 : 둘 이상의 대상을 수준 등의 차이를 두어 구별된 상태가 되도록 가격 결정

③ 스포츠시설 가격정책
- 흡수가격(skimming pricing) 정책 : 단기적 이익을 목적으로, 처음에 높은 격을 책정하여 고소득층을 공략하고, 차후 점차 가격을 인하하는 방법
- 침투가격(penetration pricing) 정책 : 처음 낮은 가격을 책정하여 시장점유율을 높이고 난 후 점차 가격을 인상해가는 방법

1.3 스포츠시설의 운영관리

01 운영관리의 정의

스포츠시설 관리는 스포츠활동을 효과적으로 수행하는 데 필요한 기본적인 통제활동으로, 스포츠시설의 운영목표를 달성하고 시설과 관련된 제반문제를 처리함에 있어 핵심적인 일련의 과정을 말한다. 다시 말하면, 스포츠시설의 계획·설계·건축 및 운영 등의 과정이 스포츠시설의 관리이다. 또한 활용도와 소비자로 하여금 이용 만족도를 높이고 시설의 기능을 원활히 유지하고 활성화시켜 이윤추구는 물론, 시설의 경제화, 안전화, 효율화를 통해 우수한 시설로 운영 관리하는 데 중점을 두고 있다.

02 운영관리의 목표

활용 극대화 시설을 소비자의 이용만족도를 높이기 위해 물리적 시설의 기능을 유지하고, 환경적 측면을 고려하여 스포츠시설의 기능을 최대로 발휘할 수 있도록 유지, 관리하는 것을 목표로 한다.

03 운영관리의 기본원리

① 운영관리자와 시설담당자가 관심을 가지고 문제점 발생시 즉각적인 조치로 문제점을 해결한다.
② 시설에 있어서 빈공간을 유용하게 활용한다.
③ 경험이 많고 능력있는 관리자를 배치하여 운영상에 반복적인 실수를 하지 않아야 한다.
④ 사용하지 않는 기간에도 지속적인 관리로 운영할 수 있어야 한다.
⑤ 시설관리 기술에 대한 투자와 연구가 지속적으로 필요하며, 최소한의 경비로 최대의 효과를 누릴 수 있어야 한다.

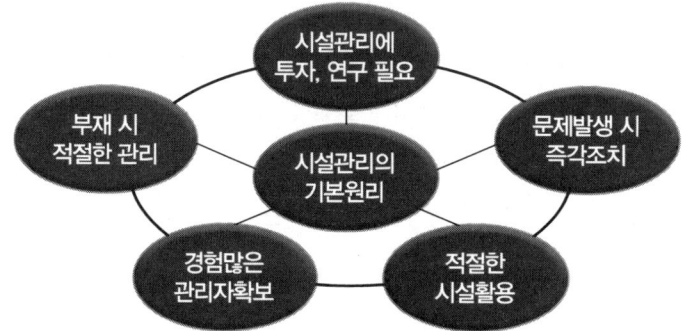

04 물적 관리

스포츠시설의 물적 관리는 토지, 설비, 건물, 운동장, 시설, 비품, 소모품 등을 효율적으로 관리하는 것을 말한다.
① 재산대장, 비품대장(정확히 기록) 등을 관리한다.
② 정기점검을 지속적으로 받고 체크하여야 한다.
③ 시설 관련 물적 재산을 정상적인 상태로 유지하여야 한다(교체, 보수, 용도변경 등).
④ 각 시설의 비품은 비품대장과 일치시킨다.
⑤ 시설 설비용구 등은 절차에 따라 사용하고 같은 자리에 정리·정돈한다.
⑥ 시설이 위치한 부근의 주민들에게 피해(소음, 조명 등)를 주지 않는다.
⑦ 시설의 환경을 청결하게 유지한다.

스포츠시설의 물적 관리는 이용자가 필요에 따라 물적 재산을 항상 정상적인 상태로 유지하는 것이다. 특히 스포츠시설 상태는 스포츠 이용자의 참가욕구 증진에 많은 영향을 미친다. 만일 스포츠시설이 신규시설에 비하여 낡고 사용이 어려우면 이용자들에게 불쾌감이나 부상을 안겨줄 수 있다.

05 안전관리

스포츠시설에 있어서 안전관리는 시설과 관련된 사고 발생을 미연에 방지하는 것이다. 스포츠행위 자체에서도 신체적 위험이 발생할 수 있지만, 시설과 관련된 사고나 위험이 무엇보다 크기 때문에 다음과 같은 대책이 필요하다.

① 시설이 지니고 있는 안전사고 발생요인을 예측
② 안전사고의 발생을 미연에 방지하는 기술적인 대책수립
③ 시설이용에 관한 안전교육을 지속적으로 실시
④ 시설의 안정성 유지와 관리
  - 시설(설비) 안전에 대한 정기검사 실시
  - 안전검사에서 발견되는 결함 징후를 신속히 조치
  - 시설이용에 따른 안전수칙 주지와 안전담당자 배치
  - 사고발생 시 응급조치 체계를 확립

이러한 스포츠시설의 안전관리에는 화재와 안전사고의 예방이 포함된다. 화재를 예방하기 위해서는 소방법 규정에 근거하여 스포츠시설의 규모와 종류에 따라 필요한 소방시설, 대피시설, 소방용수 등을 설치하고 화재 시에 제 기능을 발휘할 수 있도록 사전에 관리해야 한다. 그리고 스포츠시설의 이용 시에 발생 가능한 사고(안전사고)를 항상 염두에 두고 시설에 대한 철저한 점검과 준비가 필요하다.

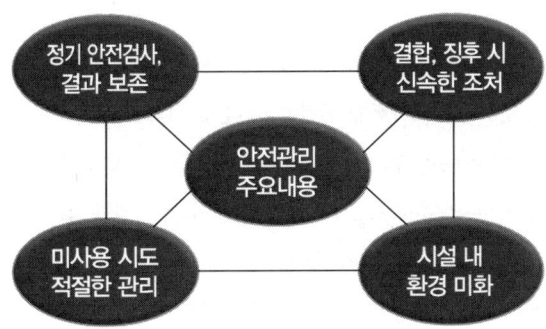

(1) 체육시설업 종목별 안전기준

① 골프장업
- 코스관리요원(골프장에서 잔디 및 수목의 식재, 재재, 병해충방제, 체육활동에 적합하게 예초, 농약의 안전 사용, 보관 및 오염방지 등에 관한 업무에 종사하는자)을 18홀 이하 1인 이상, 18홀 초과할 경우 2인 이상 배치

② 스키장업
- 시설지도요원(스키장에서 이용자에게 스키에 관한 지식, 타는방법, 기술 및 안전에 관해 교습하는 업무에 종사하는자) 및 스키구조요원(슬로프를 순찰하여 이용자의 안전사고예방과 소고발생 인명구조 및 후송 등의 업무에 종사하는자)을 배치하되 스키지도요원은 슬로프면적 5만㎡ 당 1인 이상, 스키안전요원은 운영 중인 슬로프 당 2인 이상 배치
- 리프트 승하차장에는 1명 이상의 승하차보조요원 배치
- 간호사 또는 응급구조사 1인 이상 배치
- 스키장 이용에 관한 안전수칙을 쉽게 볼 수 있도록 3개 이상의 장소에 게시
- 이용자의 안전모 착용을 지도해야 하며, 이용자가 대여 요청 시 대여할 수 있는 충분한 수량 구비

③ 요트장업 · 조정장업 · 카누장업
- 이용자가 항상 구명대 착용 이용
- 구조용 선박에 수상안전요원(대한 적십자사 실시 수상인명구조활동의 소정 과정 이수자, 해군 또는 해경에 복무하여 경험이 있는지 또는 그에 상당하는 자격이 있는 자)을, 감시탑에는 감시요원 1인 이상 배치
- 요트장업의 경우 시도지사가 지형여건 등을 참작하여 안전수칙을 정한 경우 이를 준수

④ 자동차경주장업
- 트랙을 이용하는 경주 및 일반주행차는 사전 점검 실시 후 참가
- 사전 주행능력을 평가하여 부적격자는 트랙 이용 제한
- 경주진행 및 안전 등에 관한 규칙을 자체적으로 제정하여 트랙이용자에게 사전 교육 실시
- 안전진행에 필요한 통제소요원 · 감시탑요원 · 진행요원은 해당분야의 지식과 기술을 보유헌 저로 규모에 따라 적정하게 배치
- 관람자에게 사전 안전에 관한 안내방송 실시
- 경주기간에는 의사 및 간호사, 응급구조사 각 1인 이상, 그 외 운영기간에는 간호사 도는 응급구조사 1인 이상

- 이용자의 안전모 착용을 지도해야하며 이용자가 이의 대여 요청 시 대여할 수 있는 충분한 수량 구비

⑤ 승마장업
- 이용자는 항상 승마용 신발 착용 후 승마
- 장애물 통과 승마자는 헬멧 착용
- 말이 놀라서 낙마사고를 방지하기 위한 주변에 고성방가, 자동차 경적사용을 금지하게 하여야 한다.

⑥ 종합체육시설업
- 구성하고 있는 해당 체육시설업의 안전·위생기준 준수

⑦ 수영장업
- 수영조, 주변공간, 부대시설 등의 규모를 고려하여 안전 및 위생에 지장이 없다고 인정하는 범위 내에서 시장, 군수, 구청장이 정한 입장 정원 준수
- 수영장에서 동시에 수용할 수 잇는 인원은 도약대의 높이, 수심, 수영조 면적, 수상안전시설의 구비정도에 따라 시장, 군수, 구청장이 정한 인원을 초과하지 않아야 하고, 도약대의 전면돌출부의 최단부분에서 반지름 3m 이내의 수면에는 5인 이상이 동시에 수영하도록 해서는 안된다.
- 개장중인 실외수영장에는 간호사 또는 간호조무사 1인 이상 배치
- 수영장의 욕수는 1일 3회 이상 여과기 통과
- 욕수조절, 침전물의 유무, 사고의 유무확인을 위하여 1시간마다 수영조안의 수영자를 밖으로 나오도록 해서 수영조 점검
- 욕수의 경우 수질기준을 유지해야 하며, 수질검사 방법은 먹는물의 수질검사 기준에 따른 수질검사 방법을 적용(해수의 경우 환경정책기본법시행령 제2조 및 별표 1, 제3호 라목의 Ⅱ등급 기준을 적용)
- 수영조 주위 적당한 곳에 정원, 욕수의 순환회수, 잔류염소량, 수소이온농도 및 수영장 준수사항을 게시
- 수영조에 처음 들어가기 전에 탈의실, 화장실, 샤워실을 거쳐 들어가도록 하고 샤워실은 전신샤워가 가능해야 한다.
- 미끄럼틀을 설치할 경우 관리요원을 배치하여 이용상태를 항상 점검
- 감시탑에는 수상안전요원(대한적십자사 또는 수영장협회 등에서 실시하는 수상안전교육 수료자)을 2인 이상 배치

⑧ 썰매장업
- 출발지점과 도착지점에 1인 이상의 안전요원 배치
- 슬로프 내에 장애물이 없어야 하고, 슬로프내의 바닥면을 평탄하게 유지·관리
- 눈썰매장의 경우 슬로프 가장자리(안전매트 안쪽)를 모두 폭 1m 이상 높이 50cm 이상의 눈을 쌓아야 한다.
- 슬로프의 바닥면이 잔디, 기타 인공재료인 경우, 바다면의 물리적, 화학적 특성에 따라 이용자의 안전에 필요한 조치

⑨ 무도학원업 및 무도장업
- 무도학원업은 $3.3m^2$ 당 동시에 1인, 무도장업은 동시에 2인을 초과수용 금지
- 냉난방시설은 보건위생상 적정한 것

⑩ 빙상장업
- 이용자는 안전모, 보호장갑 등 안전장구 착용지도
- 이용자가 안전모 등의 대여를 요청 시 대여할 수 있는 충분한 수량 구비

06 실내 및 실외 스포츠시설 관리

국내는 환경으로 국토가 좁고 산이 많아 인구 비례학적으로 땅이 좁은 편이다. 또한 뚜렷한 4계절이 있기 때문에 실내스포츠와 실외스포츠가 같이 공존하는 부분이 크다. 한때는 축구가 동호인으로서 가장 많은 회원을 보유하고 있었음에도 불구하고 서서히 배드민턴에게 뒤지면서 이제는 배드민턴 동호인이 전국적으로 가장 많은 인구를 가지고 있다. 그만큼 실외스포츠와 실내스포츠가 공존한다는 것을 간접적으로 나마 볼 수 있다.

국민소득이 높아지면서 건강한 삶과 지자체의 공공체육시설 확장으로 어디서나 쉽게 볼 수 있는 축구장과 배드민턴장은 실내외 체육시설을 더욱 발전시키는 부분이기도 하다.

(1) 천장

실내스포츠에 있어서 천장은 다양한 재질과 설계로 구성되어야 한다. 기본적으로 천장의 높이가 8m 이상인 실내 종목(농구, 배구, 배드민턴 등)을 비롯한 검도장과 다목적 체련장 등 각각이 천장의 높이를 고려하여야만 한다. 또한 외부의 빛을 받아 전기료를 절감할 수 있는 수영장과 같이 친환경적인 설계가 각광을 받고 있다. 천장은 무엇보다 공기순환이 잘 되어 결로가 생기지 않아야 하고 쾌적한 분위기를 만들어 줄 수 있는 실내 스포츠시설이 되어야 한다.

남서울대학교 다목적 체육관 결로현상

(2) 조명

실내 및 실외 스포츠는 과격한 경기부터 순수한 레저 활동까지 다양한 스포츠를 통하여 즐거움을 추구하는 것이 그 목적이다. 이러한 욕구를 충족시키기 위해서는 시설에 맞는 충분한 조명시스템이 갖추어져야 한다.

조명은 형태, 색상, 거리 움직임을 쉽게 인지할 수 있게 하는 보조적인 기능뿐만 아니라 조명레벨, 양호한 조도, 눈부심 방지 등 중요한 역할을 수행한다.

또한 분위기 연출기능을 함으로써 스포츠를 하는 사람들이 편안함과 행복감을 느끼게 할 뿐만 아니라 친근한 분위기를 만들 수 있기 때문에 실내외 스포츠에 있어서 매우 중요한 역할을 한다.

*실외조명 시 지역주민의 민원에 세심한 주의를 기울여야 한다.

1) 수평 평면조도
그라운드의 평면레벨에서 수평으로 사물을 볼 수 있는 조도를 말한다. 선수들의 움직임이 수평적으로 상태 적응할 수 있는 조도를 말한다.

2) 수직 평면조도
수직적으로 향한 사물을 보는데 필요한 조도, 모든 방향에서 선수들의 모습을 확인하고, 선수와 관람객 모두가 공과 같이 날아가는 사물을 볼 수 있도록 한 필수적인 조도이다.

축구경기장 야간조명시설 후(등기구는 2kw 메탈핼라이드램프를 사용, 폴당 10개 평균조도는 300룩스 이상)

UCBerkeley

> **TIP 23**
>
> **스포츠시설의 조도기준**
>
> 스포츠시설의 조도기준은 체육시설의 설치·이용에 관한 법률에서 "체육시설 내의 조도는 산업표준화법에 의한 조도기준을 적용한다"고 규정되어 있다.
>
> **스포츠시설의 조도기준**
>
> | 조명도(lux) | 탁구 | 농구 | 유도, 검도 | 배드민턴 | 복싱, 레슬링 | 체조 |
> |---|---|---|---|---|---|---|
> | 1,500 | 공식경기 | | | | 공식경기 | |
> | 700~300 | 일반경기 | 공식경기 | 공식경기 | | 일반경기 | 공식경기 |
> | 300~150 | 레크리에이션 | 일반경기 | | | | |
> | 150~70 | | 레크리에이션 | 레크리에이션 | 레크리에이션 | 레크리에이션 | 레크리에이션 |
> | 70~30 | 관람석 | | 관람석 | | 관람석 | |
> | 30~15 | | 관람석 | | 관람석 | | 관람석 |

(3) 바닥면

체육관 바닥은 건축적인 접근이 아닌 운동기구나 운동시설로서 설치가 되어져야 하며, 장기간 반복적으로 운동을 해도 발목이나, 무릎, 척추 등 관절과 근육 그리고 두뇌에 오는 누적피로로 인한 부상을 미연에 방지하고 예방할 수 있는 설계가 되어 재료선정과 시공이 진행되어야 한다.

국내 체육관에 설치된 마루바닥은 일반적으로 캐나다산 단풍나무와 유럽산 너도밤나무가 대부분 사용된다. 사용상태에 따라 조금씩 차이는 있지만 일반적으로 3년에서 4년마다 샌딩을 해주면 마루상태를 잘 유지하고 수명을 연장시킬 수 있다.

마루시공 후 3년에서 4년이 지나면 체육관 사용상태에 따라 표면의 흠집과 긁힌 부분이 습기나 부패로 썩어, 뒤틀림과 목재특유의 수축, 팽창성질의 영향으로 수평상태에 변화가 일어나기 때문에 마루를 샌딩해 바닥을 잡아줌으로서 표면을 시공 당시의 깨끗한 모습으로 만들어 주고 보다 나은 경기의 진행과 체육관 분위기에 좋은 효과를 준다.

실외스포츠에 있어 바닥은 눈과 비의 자연조건에서 운동 수행력을 최고로 발휘할 수 있도록 유지되어야 하며 운동장의 바닥은 배수가 잘되고 중앙이 다른 부분보다 조금 높게 설계되어 물의 흐름이 자연적으로 되어야 한다.

TIP 24

체육관 바닥면 소재

- 캐나다산 단풍나무
  - 체육관에 널리 사용되는 경질 단풍나무와 음악이나 뮤지컬 등 바닥의 발구름이 적은 장소에서 쓰이는 연질 단풍나무 나누어진다.
  - 비교적 수축 팽창율이 높지만 탄성과 저항성이 좋아 발구름으로 인한 충격 흡수에 탁월한 효과를 가지고 있다.
- 유럽산 너도밤나무
  - 강도는 보통이지만 탄성이 좋아서 체육관 바닥용으로 많이 사용된다.
  - 비교적 무겁고, 외력에 의한 변형이 없으며 저항성이 높다.
  - 미국산보다는 강하고 표면마모가 더 적기 때문에 유럽산을 많이 선호한다.
  - 원목의 결이나 색상이 깔끔하고 균일하며 습도나 온도변화에도 비교적 변형이나 문제가 발생하지 않는다.
    - 충격흡수율 : 하부 및 마루공법의 설계로 해결해야 하며 15kg의 물체를 1m 높이에서 떨어뜨렸을 때 53% 이상의 흡수율이 있어야 한다.
    - 표준변형(탄성) : 1500N의 하중을 가했을 때 2.3mm 이상 변형이 되어야 한다.
    - 반탄율 : 경기 시 볼이 다시 튀는 정도를 말하며 2m 위에서 낙하된 볼의 되튀김이 최소 90% 이상 되도록 규정되어 있다.
    - 마찰계수 : 바닥 위에서 운동화를 착용하고 불쾌감이나 이질감이 없이 슬라이딩을 할 수 있고 쉽게 제동이 되고 넘어졌을 때 마찰에 의한 화상이 없어야 한다.
    - 윤거하중 : 경기기구 또는 운반기구 등을 이동할 때 바닥을 손상시키지 않도록 최소(153kg) 이상의 하중을 견디도록 규정한다.

UCSD

■ 벽면

실내외 스포츠시설에 있어 벽면은 선수들이 플레이를 할 때 신체나 볼이 벽면에 부딪혀도 다치거나 시설물이 훼손될 가능성이 적어야 하며, 소재에 있어 화재에 강한 불연소재와 소음에 강한 방음소재, 방수소재 벽면의 색깔 등 전반적인 주변사항을 고려하여 설치되어야 한다.

■ 환기

환기는 실내스포츠에 있어서 매우 중요하며 적절한 환기는 쾌적한 실내환경을 유지하고 적절한 냉난방과 특히 요즘같은 기후변화에도 적절히 대응할 수 있도록 설계부터 공사까지 고려되어야 한다.

고려대 화정체육관

■ 방향

실외 스포츠시설은 방향이 매우 중요하다. 직사광선에 직접적으로 노출되어 눈이 부시거나 뜨거움으로 인해 운동능력이 떨어진다면 방향에 있어 큰 문제가 된다. 요즘 많이 생기는 골프장을 보면 땅 모양에 따라 방향을 중요 시 하지 않고 설계되어, 타석에서 볼을 칠 경우 동향은 아침에, 서향은 오후에 눈부심이나 피부보호에 큰 거부감을 느낀다.

이런 부분이 회원감소로 연결되어 매출에 큰 영향을 줄 수 있기 때문에 방향 고려가 매우 중요하다.

잠실종합운동장(다음항공지도)

TIP 25

야구장 관리 기본지침

- 야구장 관리 기본지침
  - 일상관리

〈훈련 전〉
- 투수 마운드와 홈 플레이트를 덮었던 방수포를 걷어낸다.
- 맨땅부분과 베이스라인 구역에 먼지가 일지 않을 정도로 물을 뿌린다.
- 베이스를 설치한다.
- 투수, 1루, 2루 베이스 쪽에 보호망을 설치한다.
- 배팅 케이지(Batting cage)를 설치한다.
- 홈 플레이트 전면에 잔디 보호용 타격 매트를 깐다.

〈훈련 후〉
- 베이스 꽂는 곳을 덮는다.
- 맨땅부분과 경고트랙을 고른다.
- 마운드, 타석, 포수 박스를 원상 복구하고 흙 부분에 고르게 물을 뿌려준다.
- 불펜을 원상 복구한다.
- 잔디의 손상부분을 보완한다.

〈자료 : 대한야구협회〉

- 야구장 관리 기본지침
  - 천연잔디의 유지관리
  - 예초 관리(잔디깎기)
  - 관수 관리(물주기)
  - 시비 관리(비료주기)
  - 시약관리(병충해 방제)
  - 제초 관리(잡초제거)
  - 갱신 관리 : 통기(通氣, Aeration), 배토(培土, Top dressing) 등 잔디를 회복시키기 위한 전문 작업

  - 유지관리의 기본적 고려사항
  - 초종별 생육특성 이해(난지형잔디, 한지형잔디)
  - 운동장의 사용조건 및 환경조건에 맞는 관리계획 수립
  - 생육특성을 고려한 관리일정 수립
  - 가용 노동력, 장비, 예산 확보
  - 전문가의 정기적인 점검과 사용자의 지속적인 관리 등

〈자료 : 엘그린〉

– 그라운드 유지관리

야구장 시설의 완성 후에는 각 시설의 컨디션 체크와 유지관리 작업이 대단히 중요하다. 철저한 유지관리 시스템의 실행이 보다 우수한 그라운드 컨디션을 가능하게 한다. 야구장 유지관리 작업에는 야구장 전체에 대한 전문지식과 경험이 필요하지만 더욱 더 중요한 것은 꾸준한 유지관리의 계속성이다.

특히, 그라운드의 흙과 잔디관리가 중요하다. 흙 그라운드는 시간이 지날수록 토양 밸런스가 무너져 분포상태가 좋지 않아 그라운드 컨디션이 나빠지는 경우가 많다. 잔디 그라운드도 관리의 실패, 잔디의 기본 생리를 무시한 사용방법에 의하여 잔디의 쇠약을 자초하는 경우가 많다.

MLB grounds crew들의 구장 관리 모습(사진 : 엠엘비파크)

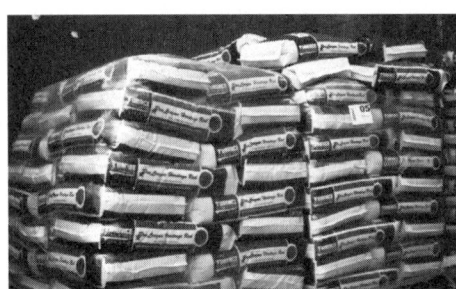 

1년간 보수를 위해 쓰일 흙과 블록(사진 : 한화 이글스)

07 경기장 임대 및 부대사업

(1) 임대사업

1) 임대사업의 개념 : 스포츠시설의 주체자가 수익성 향상 등을 목적으로 스포츠시설을 제3자에게 대여하는 사업

2) 임대방법

① 장기 임대 : 스포츠시설의 주체자가 비교적 장기간(통상 1년 이상) 제3자에게 시설의 운영권을 임대하는 방법 (프로스포츠의 경우 구장을 대부분 장기 임대하여 사용하고 있다.)

② 단기 임대 : 단기간(1회 사용, 1일 또는 수일간 사용) 임대하는 방법

3) 경기장 임대시 고려사항 : 임대자의 생산원가, 임대자가 얻을 수 있는 무형의 이익, 발생 수익에 대한 분배 방법

(2) 부대사업

1) 임대사업의 개념 : 경기장의 주목적은 경기 개최이지만 수익성 향상 등을 목적으로 주된 사업에 덧붙여서 전개하는 사업

2) 부대사업의 종류 : 음식점, 기념품 및 스포츠활동 연관 제품 판매점, 주차장 관리 등은 물론 인근 상권 개발과 네이밍 라이트(Naming Rights) 등 수익성 향상을 목적으로 다양한 부대사업을 개발할 수 있다.

3) 부대사업 운영

① 부대사업 운영 방법

부대사업의 운영
→ 직영방식 : 경기장 운영 주체가 직접 운영
→ 위탁운영방식 – 위탁계약방식 : 피위탁자의 명의로 운영
　　　　　　　　– 관리대행방식 : 시설의 주체 명의로 운영하되 운영 수익에 대한 수수료 청구

② 위탁계약과 관리대행의 구분 : 위탁계약의 경우 피위탁자 명의로 운영하며 보증금 납입형태로 운영되고, 관리대행의 경우 시설 주체자 명의로 운영하되 판매에 따른 일정액의 수수료를 받는 형태이다. 이 경우 정액제와 정률제로 나눌 수 있으며, 정률제는 판매금액에 따라 일정 요율의 수수료를 받는다.

③ 관리대행방식의 특성 : 스포츠조직의 재정적 부담 경감, 스포츠조직의 수익 감소 예상, 부대사업 운영의 업무 간소화

(3) Naming Rights

1) **Naming Rights(명칭사용권)의 개념** : 특정 경기장의 명칭을 기업에게 장기적으로 임대해 주는 것으로, 구장 명칭사용 권한을 임대하는 것이다. 예를 들면 인천의 문학경기장을 SK텔레콤경기장으로 명칭을 대여하는 것이다. 미국의 경우 115개 메이저 프로스포츠구단 가운데 82%인 94개 구단이 경기장의 명칭을 임대하고 있는 실정이다.

2) **광주-기아 챔피언스 필드** : 2014년 1월 개장한 광주-기아 챔피언스 필드는 총공사비 994억 원 중 기아자동차가 300억 원을 부담하는 대신 25년간 구장 명칭사용권을 갖는 조건이며, 국내 Naming Rights의 시효이다.

3) **SK와이번스의 역명부기권** : 프로야구 SK와이번스는 인천지하철을 운영하는 인천매트로와 계약하여 지하철 문학경기장역 이름에 SK와이번스역이라는 명칭을 부기하는 계약을 체결하였다. 이는 Naming Rights의 국내 첫 사례이기는 하지만 스포츠조직(SK와이번스)이 비용을 지불한 사례이다.

1.4 스포츠시설 설치 목적에 따른 운영관리

스포츠시설을 설치 목적에 따라 구분하면 공공스포츠시설, 민간스포츠시설, 직장스포츠시설, 학교스포츠시설 등으로 나눌 수 있다.

01 공공스포츠시설

공공스포츠시설의 관리는 경영관리 측면과 시설관리 측면으로 나누어 설명할 수 있다. 먼저 경영관리 측면에서는 스포츠시설의 합리적인 운영과 미래지향적인 관리시스템을 도입하여야 하는데, 이를 위해 다음과 같은 기능을 수행해야 한다.

① 공공스포츠시설의 효율적 경영진단과 평가를 한다.
② 체육시설의 지속적인 홍보와 행정력을 강화한다.
③ 스포츠시설을 민간업자에게 위탁하여 이익(효율) 극대화를 추구한다.

한편, 공공스포츠의 시설관리 측면에서는 지역주민들에게 다양한 체육사업을 제공하고 지역체육진흥을 도모하여 시설을 중심으로 지역의 네트워크를 형성하여야 한다. 또한 공공스포츠시설은 국제적, 전국적 경기 개최를 위한 시설로 제공될 수 있도록 관리되어야 한다.

표 2-1. 공공스포츠시설 관리운영의 주안점

경영 관리적	시설 관리적
정기적 경영진단과 평가 지속적 홍보방안 강구 민간 위탁관리의 적합성 검토	지역사회의 스포츠진흥 도모 지역사회의 네트워크화 국제(전국)전국규모의 대회 유치 지도자 양성과 전문인력 양성 공간화

안산 와스타디움

1) 공공체육시설에 대한 에너지 효율화 추진

국내외로 환경과 에너지절약의 중요성이 강조됨에 따라 국내 스포츠 환경에서도 에너지 소비를 줄이는 방안에 대해 논의되고 있다. 환경보호와 에너지절약을 위해 관련법을 통한 규제, 행정적·기술적 지원, 일깨움, 참여유도 등의 행정적 방안과 자원의 사용을 줄이고, 에너지를 절약하며, 쓰레기 배출을 최소화하는 녹색 생활의 실천적 방안을 펼치고 있다. 그리고 『신에너지 및 재생에너지 개발·이용·보급 촉진법』에 따라 건축연면적 1,000㎡ 이상의 건축물을 신축, 증축 또는 개축할 경우, 설계 시 산출된 예상 에너지 사용량의 일정 비율 이상이 신·재생에너지를 포함할 수 있도록 신·재생에너지 설비를 의무적으로 설치할 것을 규정하였다.

최근 환경과 관련한 여러 정책과 자발적인 참여를 유도하는 캠페인이 시행되면서 체육단체를 대상으로 자발적인 참여를 통한 응원문화 및 경기운영 방식의 개선 등으로 온실가스 배출과 환경오염 감소에 기여하는 그린스포츠(Green Sports) 문화가 정착될 수 있도록 유도하고 있다. 특히 에너지 사용량이 많은 축구, 야구, 농구, 배구 등 5개 프로단체의 경우에는 2010년 3월 '그린스포츠 업무협약'을 맺고 구체적인 실천행사로 관중들의 대중교통 이용과 쓰레기 분리수거 유도, 응원문화의 개선 등을 통한 자원 절약 등 다양한 캠페인을 추진하고 있다. 이 밖에도 경기장에서 발생하는 온실가스를 감소시키기 위해 지자체가 행정적·기술적 지원을 하고 있으며 공공체육시설의 확충 및 개수·보수 등을 추진할 경우 에너지 효율이 좋은 LED 조명설치, 조명시설 자동제어기 설치, 물 절약 시설 설치 등 에너지 효율화 장치를 설치하도록 하고 있다.

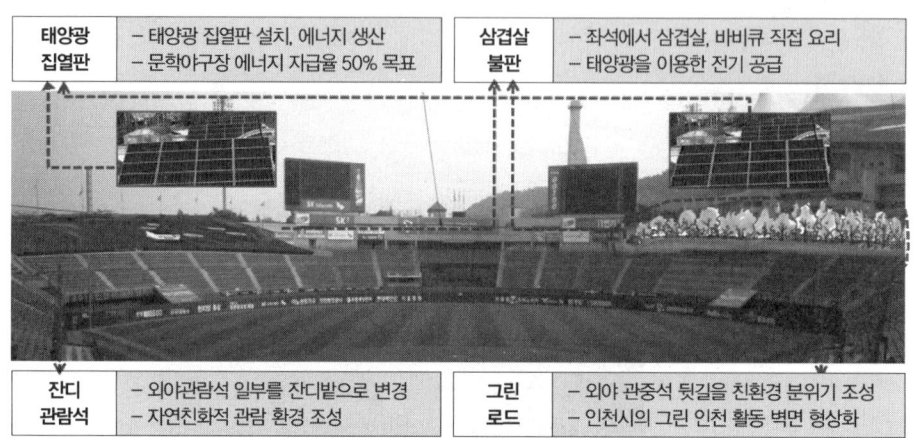

친환경야구장 조성(문학야구장)

친환경야구장(SK와이번스)

2) 지자체 시설관리자 대상 교육 강화

체육과학연구원은 매년 지방 체육행정 공무원 및 지방 체육시설 관리자를 대상으로 경영마인드의 도입과 시설운영개선을 유도하고자 교육과정을 운영하고 있다. 교육과정 중 '공공체육시설 활용도 제고' 과목을 개설하여 체육시설의 시간적·공간적 활용 가능성에 대한 교육을 강화하고 있다. 연간 약 80여명의 지방 체육행정 공무원 및 체육시설관리 실무자들이 교육을 이수함으로써 변화된 체육환경과 체육시설의 역할과 기능에 대한 요구, 체육시설 관리를 위한 실무를 이해함으로써 지방 체육행정의 선진화와 시설관리의 효율성을 높이는데 큰 역할을 하고 있다.

3) 공공체육시설 안전관리 추진

「체육시설의 설치·이용에 관한 법률」에 따라 공공체육시설도 체육시설업에 대한 체육지도자의 배치, 안전·위생 기준 등의 안전관련 규정 등을 준수하되, 시설의 특성 및 지역 여건에 맞게 관리·운영하도록 하고 있다. 지방자치단체가 자체적으로 안전관리대책을 수립하여 시행하도록 하고 있으며 운동장, 체육관, 야구장, 수영장, 빙상장 등 한꺼번에 많은 사람이 이용하는 대규모 시설 및 축구, 야구, 농구, 배구 등 프로경기 개최시설 등 대형 인명사고 우려가 있는 시설을 중점적으로 관리하고 있다. 또 체육활동 외 공연 행사 등으로 대관 시에는 안전관리 매뉴얼을 마련(안전관리요원 배치, 안전 관리자 선임, 작업자 안전관리수칙 준수 등)하도록 하고 있다.

02 민간스포츠시설

민간스포츠시설은 체육단체, 사회복지단체, 종교단체, 민간단체 또는 개인이 일반인의 체육활동이나 그 기관의 고유목적을 위해 설치운영하는 모든 비영리 체육시설과 개인, 영리단체 또는 기업에서 영리를 목적으로 설치운영하는 모든 상업용 체육시설을 의미한다.

이러한 민간스포츠시설의 관리는 기능적 측면과 기능 개선적 측면으로 나누어 설명할 수 있다. 먼저 민간스포츠시설의 관리에서 수행하여야 할 기능적 측면은 다음과 같다.

① 국민의 다양한 체육활동의 욕구충족
② 국민의 체육활동에 대한 참여기회의 확대
③ 국민의 체육활동을 통한 여가선용의 기회 확대

한편, 민간스포츠시설은 공공스포츠시설이나 학교스포츠시설 등이 국민의 스포츠 대중화를 위한 기능적 측면에서 관련 인프라를 구축하고, 국민의 삶의 수준 향상을 위한 라이프 스타일의 변화와 다양한 욕구를 충족시키는 역할을 수행한다. 이런 측면에서 민간스포츠시설의 관리는 다음과 같은 방향으로 기능의 개선이 이루어져야 할 것이다.

① 민간스포츠시설의 대규모 투자를 위한 정부차원의 세제혜택과 집중적인 육성과제로 선정하여야 한다.
② 사치성이 강한 스포츠시설의 투자보다는 국민 모두가 참여할 수 있는 대중 스포츠시설의 확충이 이루어져야 한다.
③ 전국 대도시 지역에서 벗어나 전 국민이 혜택을 받을 수 있도록 지역실정에 맞는 스포츠 시설의 설치가 이루어져야 한다.
④ 전문적인 지도자를 통한 다양한 프로그램 교육이 이루어져야 한다.

표 2-2. 민간스포츠시설 관리운영의 주안점

경영 관리적	시설 관리적
다양한 욕구의 충족 공간화 스포츠참여 기회제공 여가선용의 기회제공	지역사회의 지원방안 연구 많은 사람이 참여하는 대중화 지역실정에 맞는 시설화 다양한 프로그램의 개설

03 직장스포츠시설

국민체육진흥법을 통하여 직장 내 스포츠시설의 설치를 의무화하고 있는데, 이는 직원들의 삶의 질 향상과 복지 차원에서 이루어지고 있다. 하지만 일부 대규모 사업장을 제외한 직장들의 스포츠시설은 영세한 실정이다. 이러한 직장스포츠시설에도 공공스포츠시설의 경우와 같이 정부차원이나 세제혜택 등 다양한 방법으로 시설확충을 위한 동기유발이 이루어져야 한다.

① 직원들이 서로 스포츠활동에 참여할 수 있는 욕구충족의 공간이 되어야 한다.
② 직원들의 건강 및 체력증진을 위한 참여기회로 제공되어야 한다.
③ 직원들간의 인과관계 개선 장소로 제공되어야 한다.
④ 직원들에게 건전한 여가활동 기회로 제공되어야 한다.

04 학교스포츠시설

교육의 목적에 따라 설치 운영되는 학교스포츠시설은 오늘날 생활공간의 협소로 지역사회나 직장인들에게 스포츠활동의 기회를 제공해주고 있다. 이러한 학교체육시설의 기능을 살펴보면 다음과 같다.

① 정규 교과과정의 효과적인 체육수업의 현장으로 운영되어야한다.
② 수업 이외의 자율 활동이나 신체활동으로 가능한 놀이공간이 되어야한다.
③ 지역주민과 직장인의 스포츠활동을 위한 건강증진 및 화합을 위한 공간으로 이용한다.
④ 교내 운동선수 혹은 학교간의 경기장으로 활용한다.

학교체육시설은 급격하게 증가하는 체육시설 수요에 대해 가장 효과적이고 신속하게 대응할 수 있는 대안이다. 따라서 학교체육시설의 개방은 공공체육시설의 신규 공급과 같은 효과를 내며 건립을 위해 필요한 재원마련과 부지확보에 어려움을 겪는 경우의 좋은 대안으로 평가된다.

남서울대학교(성암문화체육관)

스탠포드대학교(골프코스)

TIP 26

학교체육시설 주민개방(남서울대학교 성암문화체육관)

학교체육시설들은 지역주민들에게 개방되어 지역공동체에서 체육시설로서의 역할을 담당하고 있다. 대학체육시설 개방의 선구자는 남서울대학교이다. 충남 천안시 성환읍에 자리잡은 남서울대는 2004년 5월 성암문화체육관을 완공하고, 주민에게 완전 개방했다. 330억 원의 예산을 들여 만든 연건평 6천여 평의 체육관은 체육시설을 넘어서 지역문화중심으로 자리잡았다.

사우나

수영장

검도장

스쿼시장

유아체육실

에어로빅실

실내체육관

보조경기장

05 제3섹터 방식 스포츠시설

① 제3섹터 개발의 개요 : 공공부문(정부·지자체·단체)의 공공성과 민간부분(기업)의 효율성을 결합하여 개발하는 방식

② 제3섹터 개발의 장점 : 민간자본을 유치하므로 공공부문의 부담을 줄일 수 있고, 민간부문의 창의력과 활동성을 활용할 수 있으므로 효과적

③ 제3섹터 개발의 단점 : 수익성을 추구하므로 공공성이 약화될 수 있으며, 수익성이 낮을 경우 지역개발에 필요하더라도 기피되는 현상 초래

④ 제3섹터 개발의 전제 조건
  - 관련 법령의 정비와 제도의 확립
  - 대상사업에 대한 엄격한 심사
  - 철저한 사업의 타당성 분석

1.5 뉴스포츠 및 프로그램 개발

01 뉴스포츠의 정의

① 국제적으로 규칙이 통일된 기존의 스포츠와는 달리 규칙의 유연성과 게임의 간결성 등을 특징으로 하는 참가자 지향의 스포츠를 총칭하는 것이다(한국레크리에이션협회, 2000).

② 뉴스포츠의 정의에 대해서는 다양한 견해와 이론이 있으나 일반적으로, 올림픽이나 국제경기에서 행해지고 있는 메이저스포츠(축구, 야구 등)가 아닌 모든 국민이 쉽게 체험할 수 있는 스포츠를 말한다. 한마디로, 뉴스포츠는 참가자 중심의 체험형 스포츠를 대표하는 용어라고 할 수 있다.

③ 물론 아직도 뉴스포츠에 대한 명확한 개념을 정립하였다고는 할 수 없으나, 게이트볼, 티볼 등이 그 대표적인 것이라 할 수 있다. 기존의 틀과 형식에 얽매이지 않고 행하는 새로운 형태이며 활동대상이나 지역의 특성에 맞도록 규칙을 변경할 수 있어, 누구나 간단하고 쉽게 즐길 수 있는 스포츠이다(임우택, 2001).

④ 기존 스포츠는 대부분 세계 전체가 동일한 규칙에 의해 운영되는데 반하여 뉴스포츠는 유연한 규칙과 간편한 경기방식 적용과 참가자 특성에 맞게 운영되는 참가자 지향의 스포츠를 말한다.

02 뉴스포츠의 특징

① 기존 스포츠의 대부분이 엘리트 스포츠로 이의 반대적 의미
② 기존의 형식에 얽매이지 않고, 참가하는 사람들이 중심이 되는 형태
③ 참가대상, 지역특성에 맞도록 규칙 변경이 가능
④ 간단하고 쉽게 즐길 수 있는 특징

03 뉴스포츠의 종류

구분	내용	사례
수입형	최근 외국에서 수입된 뉴스포츠	스킨스쿠버 다이빙, 윈드서핑, 번지점프, 제트스키 등
계량형	기존 스포츠를 부분적으로 개량한 뉴스포츠	족구, 바켓볼, 텐바볼, T볼
개발형	개인 또는 단체가 자체적으로 개발한 뉴스포츠	커롤링, 그라운드 골프, 타겟버드 골프

구분	사례
타겟형	샤플보트, 다츠, 유니컬, 커롤링
타겟볼형	페탕크, 론볼, 크로켓, 게이트볼
골프형	타겟버드골프, 그라운드골프, 컨드피볼, 파크골프, 디스크골프
테니스형	바운드테니스, 프리테니스, 라켓볼, 스쿼시, 라운드테니스
스틱볼형	유니하키, 크리켓, 리크로스, 셔틀볼
배구형	인디아카, 세팍타크로, 네트볼, 비치발리볼, 소프트발리볼
사이클형	외발자전거, 잔디스키, 마운드바이크, 스케이드보드, 고페드
격투형	카바디, 줄다리기, 서바이벌게임, 암레슬링
옥외형	위커랠리, 오리엔티어링, 패러글라이더, 열기구, 카누

TIP 27

뉴스포츠

간단하면서도 쉽게 즐길 수 있는 뉴스포츠 몇 가지를 소개하고자 한다.

- **티볼**

    티볼이란 전문적인 기술과 장소, 도구, 등을 사용하지 않고도 야구형 스포츠의 흥미를 남녀노소 누구나 안전하게 즐길 수 있도록 고안된 경기이다.

    티 위에 공을 올려놓고 치는 게임으로서 결과에 대한 기쁨이나 책임도 모두에게 골고루 돌아간다. 티볼은 안전한 공과 배트, 작은 경기장, 쉬운 기술 등을 이용해 누구나 쉽게 야구형 팀 스포츠에 참가할 수 있게 하여 야구의 즐거움을 만끽할 수 있다.

    특히, 2008년부터 시행되는 초·중등학교 교육과정에 정식으로 도입이 확정되었기 때문에 더욱 더 많은 사람들이 티볼에 대해 알게 되고 즐길 수 있게 되었다. 생활체육의 종목으로 남녀노소, 가족이 함께할 수 있는 스포츠이다.

- **핸들러**

    탁구(ping-pong)와 배드민턴(badminton)을 접목시켜 개발된 스포츠로서 '패드민턴'이라고도 불린다.

    배드민턴은 라켓이 길어 여학생이나 초등학생이 셔틀콕을 맞추기가 어려워 쉽게 즐길 수 없는 단점을 극복한 게임이다. 라켓 길이가 짧고, 딱딱한 판으로 치기 때문에 셔틀콕이 멀리 날아가지 않는다.

    이러한 특성 때문에 좁은 공간에서 쉽게 운동할 수 있고 빠른 경기진행이 짧은 시간에 많은 운동효과를 거둘 수 있게 한다. 단식, 복식 등 게임이 가능하다. 양손으로 즐길 수 있기 때문에 균형감각 향상에 효과적이다.

- **샤플보드**

    볼링의 레인과 같은 양면에 거터(고랑)가 있는 콘크리트제의 장방형의 코트 상에서 2명씩 점수를 겨루는 게임이다. 주로 두뇌를 많이 사용하게 되며, 적당한 운동량을 지닌 뉴스포츠이다.

    주로 어린이나 고령자에게 적합한 운동이라고 할 수 있다. 남녀노소의 구분 없이 게임을 즐길 수 있어서 전 연령이 함께 즐길 수 있는 가족형 스포츠라고 할 수 있다.

- 커롤링

커롤링은 동계올림픽 종목으로 널리 알려진 빙상스포츠 '컬링'에서 착안하여 빙상이 아닌 실내공간의 일반적인 플로어에서 누구나 쉽게 즐길 수 있는 새로운 형태의 스포츠이다.

플로어에서 1팀 3명의 플레이어가 6개의 제트롤러를 코트의 선단에 있는 직경 90cm의 포인트존을 향하여 상대팀의 플레이어와 제트롤러를 순서대로 굴려서 득점을 가리게 되는 경기이다. 특별한 기술이나 힘이 필요한 경기가 아니기 때문에 유아에서부터 고령자에 이르기까지 누구나가 함께 어울려 쉽게 즐길 수 있는 뉴스포츠이다. 질서의식 고취, 집중력 향상, 치매 예방 등에 매우 효과가 높아 어린이, 장애인, 고령자에게 적합하다.

- 플라잉디스크

플라잉디스크를 사용하는 경기는 누구라도 손쉽게 할 수 있는 레크리에이션 스포츠로의 성격이 강한 스포츠이다.

스포츠 종목까지 매우 다양하여 남녀노소를 불문하고 누구라도 즐길 수 있다. 프리즈비는 1999년 AP통신 선정 '20세기 10대 히트 발명품' 중의 하나이며, 뉴욕타임즈가 '미래의 스포츠'라고 격찬한 바 있는 전 세계 6000만 동호인, 경기지수 700만에 육박하는 대중스포츠이다.

세계플라잉디스크연맹(WFDF)의 가맹 및 준 가맹국은 약 50여 개국이며, 1989년에는 디스크골프와 얼티미트 경기가 IOC가 후원하는 비 올림픽종목의 세계대회인 월드게임즈의 시범종목이 되었다. 이 종목들은 2001년 8월 일본의 아키타 월드게임즈에서 정식경기로 채택되었다.

- 킨볼

킨볼은 1984년에 캐나다의 마리오 듀마스씨가 고안하였습니다. 종래의 볼게임의 개념을 초월한 볼의 크기와 가벼움과(직경 122cm, 약 1kg), 색상으로(쇼킹핑크) 어린이부터 성인에 이르기까지 기분 좋게 사용할 수 있다.

특히, 유아나 어린이들에게는 만지지 않고서는 못 베길 정도로 흥미로워 자연스럽게 볼을 밀어보거나 발로 차보거나 하여 직접 몸을 움직이게 하는 즐거움을 체험하게 할 수 있다. 정식경기에서는 동시에 3팀(한 팀에 4명)이 참가하여 히트, 리시버를 해가면서 득점을 겨루게 되는 특징이 있다.

■ 짐볼

짐볼은 대개 피트니스형의 뉴스포츠라 할 수 있는데, 최근에는 건강증진의 프로그램으로서 뿐만 아니라 다양한 형태의 퍼포먼스를 통해서 짐볼을 이용한 게임이 시도되고 있다.

짐볼은 어린이는 물론 노인의 건강증진 프로그램으로서 충분한 가치를 인정받고 있다.

남녀노소 실내·외에서 유산소 운동, 다이어트, 산후몸매관리, 유아비만 방지, 성악 호흡, 교정, 재활 운동에 좋다. 운동선수들의 유연성, 근육이완, 물리 치료용, 컴퓨터 의자로 사용되고 있다.

가까운 일본에서는 1988년부터 문부과학성, 각 지방자치단체, 일본체육협회, (재)일본레크리에이션협회 등이 주축이 되어 국가 차원에서 뉴스포츠를 개발, 보급하여 매년 1천여 종의 뉴스포츠가 개발되고 있다.

아울러 국가정책 차원에서 스포츠·레크리에이션축제를 적극 지원함으로써 전 국민들의 스포츠활동에 대한 참여의식을 높이고, 뉴스포츠를 통해서 국민 스포츠진흥은 물론 국제교류에도 적극 활용하고 있는 것이다.

출처 : 한국뉴스포츠협회 (http://www.newsports.or.kr/)

04 프로그램 개발

① 스포츠 프로그램의 정의 : 스포츠활동을 구체화하기 위해 필요한 내용과 조건, 절차 등을 체계적으로 편성한 것

② 스포츠 프로그램의 중요성 : 스포츠활동의 성과는 시설, 지도자 및 프로그램의 3요소에 의해 좌우될 만큼 프로그램이 중요하다.

③ 스포츠 프로그램에 포함될 요소 : 활동 내용, 목표, 활동 대상자, 과정, 방법, 장소, 시기, 조직 등

④ 스포츠 프로그램 전개 절차
  - 욕구조사 : 고객의 욕구를 충족시키는 프로그램 제공 형태 결정
  - 프로그램 개발 : 목표와 목적을 기술하며 달성기준을 설정
  - 프로그램 실행 : 실제 스포츠 프로그램의 진행
  - 프로그램 평가 : 개발과 실행의 차이를 분석하며, 결과를 평가

⑤ 스포츠 프로그램 개발을 위한 사전 평가

- 건강진단 : 신체의 이상과 질환 유무 검사
- 운동검사 : 운동형태와 강도 등에 대한 검사
- 체력검사 : 실시할 운동이 체력에 미치는 영향에 대한 검사

⑥ 스포츠 프로그램 평가의 목적
- 프로그램 개발
- 프로그램 개선
- 프로그램의 존속 또는 폐지의 결정

1.6 스포츠시설의 홍보 및 광고

01 스포츠시설의 고객에 대한 정의

구분	스포츠의 마케팅	스포츠를 통한 마케팅
참여스포츠	참여자	후원기업
관람스포츠	관람자	스폰서 및 매스컴

02 스포츠시설의 홍보 및 광고

1) 스포츠시설의 규모에 따른 차이 : 스포츠시설업의 경우 대기업과 영세기업이 함께 존재하고 있어 홍보 및 광고방법에 각각 차이가 많음.

2) 서비스시설의 효과적 홍보 및 광고방법

구분	홍보방법	광고방법
대규모 시설업	- 보도자료 제공 - 이미지제고 방안 모색 - 종업원의 친절성 제고	- 매스컴 광고 - 팸플릿 제작, 배포 - 포스터 제작, 부착 - 이정표 광고 - 기념품 제작, 배포, - DM 광고 - 이벤트 개최
소규모 시설업	- 기존 회원의 구전효과 - 지역행사 활용 후보 - 지도자의 신뢰성 구축 - 종업원의 친절성 제고	- 신문 전단지 삽입 광고 - 팸플릿 제작, 발표 - 소형 포스터 제작, 부착 - 셔틀버스 광고 - 간판광고 - 기념품 배포 - DM 광고 - 이벤트 개최

03 기타 홍보 및 광고방법

기타 셔틀버스의 운영, 확장제품에 대한 서비스 강화(사례 : 휴게실 및 부대시설), 스포츠시설 운영에 필요한 소프트웨어적인 서비스(사례 : 간단한 등록 절차, 프로그램 운영, 종업원 및 지도자)의 친절도와 전문성 등의 효과를 높여 간접적인 홍보 및 광고효과를 얻을 수 있다.

04 스포츠시설 프로모션

1) 스포츠시설 프로모션의 개념
스포츠마케팅론에서 나오는 판매촉진의 여러 이론과 기법을 스포츠시설업에서 전개하는 것을 말한다.

2) 프로모션의 방법
이벤트의 개최, 회비할인, 무료이용기회제공, 서비스강화, 셔틀버스 운영

05 FCB 모델

1) FCB(Foote, 139Cone & Belding) 모델의 개념
미국의 광고회사인 FCB에서 개발한 모델이다. 사람의 관념소에 존재하는 소비행동에 대한 인식과 상품의 특성을 분류하고, 이를 조합하여 체계화시킨 것이다. 쉽게 이해하는 방법은 고가의 제품을 구입할 경우 고관여, 이성적 구매를 하게 되기 때문에 광고 또한 이성적이고, 고관여적 측면에서 시행해야 한다는 것을 나타내고 있다.

2) FCB 모델에 의한 구매의사결정 유형

	고관여	
이성적	**이성/고관여** - 합리성과 정보를 생각하는 소비자 - 모델 : 인지 → 느낌 → 구매 - 광고방법 : 구체적 정보제시	**감성/고관여** - 감성적 느낌을 중시하는 소비자 - 모델 : 느낌 → 인지 → 구매 - 광고방법 : 제작 상의 효과 강조	감성적
	이성/저관여 - 습관적으로 행동하는 소비자 - 모델 : 구매 → 인지 → 느낌 - 광고방법 : 상표상기가 중요	**감성/저관여** - 반응이 신속한 자기만족 소비자 - 모델 : 구매 → 느낌 → 인지 - 광고방법 : 주의를 집중시키도록	
	저관여	

06 경기장 광고

1) 경기장 광고의 노출 대상 : 경기 관람 관중에 대한 노출, 중계 시 시청자에게 노출

2) 경기장 광고와 방송 광고의 차이

	장점	단점
경기장 광고	· 노출범위가 넓다. · 광고기피현상의 방지가 가능 · 상대적으로 가격이 저렴	· 표현방식이 제한적이다.
방송 광고	· 표현방식이 다양하다.	· 가격이 높다. · 광고기피현상에 대한 무방비

3) 경기장 광고의 형태

구분		내용
시설 중심	펜스(A보드)광고	경기장과 관중석 구분 경계벽 이용
	전광판광고	전광판, 스크린 등의 주위에 새겨 넣은 광고
	전광판 내용광고	전광판의 영상 중에 나오는 광고
	팸플릿, 입장권광고	입장권 여백 또는 뒷면에 광고
	경기장 바닥광고	방송에 자주 노출되는 경기장 바닥면 광고
	애드벌룬광고	애드벌룬을 설치하고 적당한 공간에 광고
	비행선광고	비행선을 활용하여 광고
사람 중심	유니폼광고	선수 유니폼을 이용한 광고
	진행자 의복광고	경기 진행자 유니폼을 이용한 광고
	백드럽광고	인터뷰 공간의 뒷면에 광고판 설치
	인도스먼트광고	선수보증광고
매체 중심	자막삽입광고	방송 도중에 자막을 삽입하는 광고
	휴식시간광고	중계방송의 휴식시간을 이용한 광고
	가상(virtual) 광고	스포츠경기의 중계방송 때 컴퓨터 그래픽으로 가상의 이미지를 화면에 삽입하는 형태의 TV 광고이다. 우리나라의 경우 2012년 시작

4) 경기장 광고의 판매방법
① 스포츠 조직이 스폰서십을 통해 일괄 판매하는 방식
② 개별 판매 방식

〈참고〉

NTIV(Net Television Impression Value)
TV 중계방송에 나오는 특정상품 광고의 노출시간 전체를 측정하여 이를 동일한 시간대의 광고료와 비교하여 계산한 금액을 나타내는 것으로, 광고 효과측정 및 경기장 광고의 가격 산정에 참고한다. 전광판, A보드, 모자, 유니폼 등 다양한 형태의 로고가 노출되는 전체 시간을 적용한다.

07 입장권 판매

1) 입장권 판매
① 입장권 종류

구분		내용
일반권	일반권	경기별 1회 입장을 위한 개인용 판매로, 정상가 판매
	시즌권	정해진 기간 경기 관람용 입장권, 할인가 판매
	단체권	특정 조직의 관중이 단체로 입장할 수 있는 입장권
특별권	Club Seat	좌석을 업그레이드하여 안락한 관람 분위기 제공
	Suit	벽을 설치 작은 공간으로 제공
	PSL	일정 기간(주로 시즌) 지정 좌석을 제공 ※PSL은 Permanent Seat Licenses로 기간 좌석지정권

2) 입장권 수입의 정산 및 분배
① 정산기준
- 경기장 사용료 : 시도별 조례에 따라 차이가 나며 통상 15~25% 수준
- 용역비 지급 : 홍보, 안전 및 진행 등의 용역계약 후 비용 지불
- 기타 사용료 및 세금 : 청소, 전기, 세금 등의 실제 사용 경비 지불
- 기타 : 시민구단일 경우 경기장 사용료 감면 혜택(※ 프로축구의 시민구단 : 대전시티즌, 대구FC, 인천유나이티드, 경남FC, 제주FC, 강원FC)

② 분배기준 : 입장권 판매액에서 경기장 사용료 등 실경비를 제한 나머지를 홈팀 수입으로 하지만 우리나라 프로야구의 경우 원정팀에게 28% 배정

1.7 스포츠시설의 효율적 공간 활용

01 스포츠시설 이용과 공간 활용

1986년 아시안게임, 1988년 서울올림픽, 2002년 월드컵이 국내에서 개최되면서 개최에 따른 공공스포츠시설이 건립되기 시작하였고, 거기에 맞는 경제발전, 여가시간의 증대, 체육에 대한 관심이 높아지면서 민간스포츠시설 또한 많이 건립되었다. 이러한 다양한 스포츠시설들은 지역적인 특성과 경제적인 수준, 지역사회의 복지적인 측면 등에서 갖추어져야 하며 누구나가 쉽게 할 수 있는 대중성과 편리성, 보편성 등이 고려되어야 한다. 이러한 다양한 시설들을 국민모두가 건강증진 차원에서 보다 효율적인 이용과 활용방안을 살펴보면 다음과 같다.

(1) 스포츠시설의 현황 파악과 신중한 투자

스포츠시설은 건강증진과 사회체육의 활성화가 목적이긴 하지만 국가적인 정책수립과 장기적인 체육진흥이 이루어지도록 스포츠시설에 대한 현황을 주기적으로 파악하여 근린체육시설을 중심으로 신중한 투자가 이루어져야 한다. 특히 민간스포츠시설은 너무 많이 건립되면서 부도와 회원가 하락, 가격 덤핑 등이 사회적으로 많은 문제가 되고 있다.

(2) 종합적인 공공스포츠시설 건립

국민소득이 높아지고 운동에 대한 관심이 높아지면서 개인과 가족 그리고 단체들이 시설을 이용하는 시간이 점점 높아지고 있다. 특히 요즘들어 시나 군의 종합운동장, 탁구장, 종합체육관, 배드민턴장, 전용구장 등 다양한 스포츠시설들이 건립되고 있다.

(3) 이용 및 접근의 편리성

스포츠시설은 접근이 편리하고 차를 이용하는 것 보다는 도보로 갈 수 있는 곳이어야 편리하다. 또한 보다 많은 사람들이 시설을 이용할 수 있도록, 위치적으로나 시간적으로 접근성이 좋아야 한다.

(4) 주민들의 효율적 이용

직장체육시설이나 학교체육시설은 직장인들과 학생들의 공공복리 차원에서 운영되어야 하지만 직장운영과 학교생활에 지장이 없는 범위 내에서 국민체육진흥을 위해 지역주민들에게 개방하여 누구나 시설을 저렴하고 좋은 환경에서 이용할 수 있어야 한다.

(5) 차별화된 다양한 프로그램 개발 운영

스포츠시설에 있어서 운영자는 이용자(회원)들이 시설을 이용하는 것 외에도 다양한 프로그램을 개발하고 보급하여 이용자들이 흥미를 가지고 지속적으로 참여할 수 있어야 한다. 지속적인 회원 유지가 시설에 있어서도 매우 중요하지만 차별화된 프로그램과 전문성이 클럽발전에 큰 영향력을 미친다.

(6) 전문성 있는 지도자의 배치

스포츠활동에 있어서 지도자는 매우 중요하다. 시대가 발전하고 스포츠의학과 스포츠지도가 과학화되면서 지도자의 역할이 매우 중요해지고 있다. 대충 아니면 주먹구구식의 지도방법은 이제 통하지 않고 전문화되고 과학적인 방법과 지도가 좋은 훈련성과를 내며 결과를 나타낸다.

(7) 스포츠시설의 전문화

다양한 스포츠시설을 전문화하여 고객 개개인이 원하는 것을 확실하게 만족시켜 주어야 한다. 이를 위해서는 스포츠시설을 준비하는 과정에서 보다 체계적이고 경험이 많은 시설업체를 선정하여 시행착오를 겪지 않아야 시간과 경비를 절약할 수 있다. 건물이 설계되고 운영되면서 생기는 시행착오보다는 모든 것을 미리 철저히 준비할 수 있는 전문성이 필요하다.

(8) 스포츠시설의 고급화

생활수준의 향상과 시설에 대한 관심증대로 스포츠시설 활용에서 시설의 고급화는 매우 중요하다. 호텔 피트니스클럽이나, 대기업에서 운영하는 클럽은 시설이 매우 고급화되어 있지만 반면에 금액이 너무 비싸 쉽게 이용하기에는 어려움이 있다. 일반인 누구나가 이용할 수 있는 시설도 너무 날림 공사이거나 값싼 자재는 단기간에 또 다른 보수가 필요하므로 시설에 맞는 고급화도 매우 중요하다.

02 스포츠시설 활용방안

(1) 스포츠시설의 활용

현 시대에는 수많은 스포츠 관련 시설들이 있다. 예전부터 지금까지 계속 발전하고 있으며 또한 방치되는 시설들을 어떻게 하면 활성화하고 활용할 수 있는지 끊임없는 노력과 연구 중이다.

① 장기적인 안목으로 스포츠시설을 설계하고 건축해야 한다.
② 국민 누구나 쉽고 자유롭게 이용 가능해야 한다.
③ 계절적인 제약이나 야간에도 항시 사용 가능해야 한다.
④ 스포츠시설을 지원하는 행정체계가 잘 구축되어야 한다.
⑤ 다양화된 프로그램 개발과 운영으로 폭넓은 수요가 있어야 한다.

(2) 월드컵경기장 활용실태와 사후관리 현황

1) 월드컵경기장의 시설 규모

가. 월드컵축구경기장 시설

2002 한일월드컵은 세계적 스포츠이벤트로, 이를 위해 서울을 비롯하여 10개 지역에 월드컵 축구경기장을 신설하였으며, 19,503억 원의 사업비가 투자되었다.

나. 월드컵축구경기장 사업비 및 규모

구장(용도)	상태	부지면적	연면적	좌석수
서울(축구전용)	흑자	217	156	64,677
부산(종합경기장)	적자	331	94	54,534
대구(종합경기장)	적자	512	142	70,140
인천(종합경기장)	적자	442	244	50,256
광주(축구전용)	흑자	329	87	42,880
울산(축구전용)	적자	912	83	43,512
수원(축구전용)	흑자	425	67	43,138
전주(축구전용)	적자	627	91	42,477
서귀포(축구전용)	흑자	134	76	42,256
합 계		4,102	1,140	494,277

2) 월드컵경기장의 활용 실태(서울월드컵경기장 연 100억대 수익)

가. 상암 월드컵 경기장 입주업체 현황

시설명(업체명)		면적(평)	매장구성	임대기간
할인점 스포츠센터	홈플러스(주)	62,594㎡ (18,967평)	• 할인매장 ※할인점 부대매장 122개 • 수영장·헬스장 • 전용주차장(839대)	20년
복합영상관	CJ CGV(주)	11,504㎡ (3,486평)	• 영화관(10개관 약 1,800석) ※ 부대매장 7개	15년
스포츠센터 사우나	월드컵 스포랜드	3,825㎡ (1,189평)	- 수영장,헬스장, 에어로빅장, 골프연습장 - 사우나, 찜질방	10년
예식장	컨벤션 웨딩부페	4,141㎡ (1,253평)	• 예식홀 2개소 (각 200석 규모) • 연회장(1,500석) • 예약실	10년
예식장 부대시설 (근린생활시설B)	컨벤션 웨딩부페	651㎡ (196평)	• 폐백실, 미용실, 드레스실, 사진실	3년
식음료 I	식음료점A	(주)하늘대형사진	614㎡ (186평)	• 뷔페	3년
식음료 II	식음료점C	(주)태경마루 이엔씨	783㎡ (236평)	• 커피숍(엔젤리너스 커피) • 패스트푸드(롯데리아) • 패스트푸드(피자헛) • 아이스크림(나뚜루)	3년
은 행		(주)우리은행	95㎡ (29평)	• 무인자동화 점포	5년

나. 수익구조

서울 상암월드컵경기장은 2008년부터 2013년까지 6년간 매년 90억 원 이상의 흑자를 내 월드컵 경기장 사후활용의 모범사례다.

2012년 수익구조의 경우 임대료 수익 1백37억 9천2백만원, 관람사용료 25억 7천1백만 원, 주차료 8억 9천6백만 원, 입장료 1억 1천3백만 원 등 모두 1백73억 1천8백만 원의 수입을 올렸다.

주요 입점시설별 년간 임대료 수익을 살펴보면 대형할인마트인 홈플러스 임대료 93억 원, 예식장 임대료 13억 원, 복합상영관 6억 원, 사우나 3억 원 등이 있으며, 유휴공간을 활용 풋살 경기장 2면을 조성하여 유소년 축구단 등의 사용료 수익으로 년간 6억 원을 거둬 들이고 있다.

* 2002년 한·일월드컵 때 개장한 10곳의 축구경기장 가운데 6곳은 아직도 적자
* 서울 상암, 광주, 경기 수원, 제주 5곳만 흑자경영을 유지
* 인천, 대구, 부산은 종합경기장
* 서울, 수원, 대전, 전주, 광주, 울산, 제주는 축구전용구장
* 울산과 대전구장은 개발제한구역으로 수익시설을 설치할 수가 없다.
  (규제완화 등 정부의 대책 마련이 시급)
* 울산월드컵축구장은 개장 이후 매년 10억 원 이상씩 적자 운영
  - 총 1,500억 원의 사업비를 들여 축구전용구장과 컨벤션센터, 수영장, 주차장 등 준비
  - 한해 관리·운영비로 32억 원을 지출
  - 수익은 컨벤션센터 임대료 7억 원과 프로축구 홈구장 수익 1억 2,000만 원 등 총 16억 원 (개장 이후 누적 적자는 총 85억 2,000여 만원)
  - 적자에서 벗어나려고 축구장 지하와 주변에 쇼핑센터, 복합영화관, 스포츠센터 등 유치 (공원지역에 수익시설을 설치하지 못하도록 한 현행 '도시공원 및 녹지 등에 관한 법률' 규정)
  - 울산시는 2005년부터 민간자본 유치를 통해 문수체육공원 내 2만 3,000여㎡에 야구장(2만 1,000석)을 건립하고 지하에는 대형 유통센터를 건립하는 방안을 추진 (추진이유 : 시민 숙원사업인 야구장도 짓고 유통센터 임대료 등으로 적자를 보전하는 효과—대기업 투자의향을 밝힘
  - 개발제한이 큰 걸림돌
  - 아직도 대기업 2곳이 대규모 위락시설과 쇼핑센터 입점 능을 검토
  - 해결을 위해 정부가 규제를 풀어 수익시설을 설치할 수 있도록 법률을 개정 - 신규 체육시설만 가능수익시설 면적도 1만 6,500㎡로 제한 (민자 유치엔 규모가 작아 실효성이 떨어진다는 지적)
* 대전월드컵축구장(17만 2300㎡ · 총 사업비 1,200억 원)도 울산과 사정이 비슷
  (개장 이후 매년 10억 원 가량의 적자 - 연간 관리·운영비가 15억 원인 데 반해 임대료와 사용료 등 수익은 5억 원)
* 광주구장은 자연녹지에 건립되었으나 2007년 대형 할인마트와 골프연습장 등을 유치하면서 연간 30억 원 이상의 적자에서 탈출
  대형 할인마트 입점 이후 연간 운영비 18억 원을 훌쩍 넘긴 54억 원의 수익창출

> **TIP 28**
> - 서울월드컵경기장
>   - 국내 · 외 언론 집중 조명 : FIFA 및 영국 월드사커 등에 의해 가장 뛰어난 세계 10대 축구 경기장으로 선정
>   - 중국(베이징) 및 영국(런던), 남아공 등 국내 · 외 체육시설 운영의 필수 벤치마킹 대상
>   - ISO 9001 및 ISO 14001 인증 및 기관인증으로 서울시 정책대상, 감사원 특별 표창 등
> - 공공체육시설의 효율적 활용 방안
>   - 복합적인 활용방안을 강구
>   - 다양한 이벤트전개
>   - 공공체육시설의 활용성

(3) 평창동계올림픽 경기장 사후관리 계획

그동안 논란이 되었던 평창동계올림픽 신축 경기장 및 부대시설의 사후활용 계획이 확정되었다. 이로서 강원도는 재정부담을 한결 덜어낼 것으로 전망된다.

◆ 피겨 및 쇼트트랙 경기장(강릉 경포)
  - 1만 2천 석 규모의 경기장은 올림픽 종료 후 8천 석으로 축소
  - 공공 아이스링크 + 다목적홀로 활용

◈ 스피드스케이트 경기장(강릉 과학산업단지)
- 8천 석 규모의 경기장은 올림픽 종료 후 4천 석 규모로 축소
- 국가대표 훈련장 + 컨번션센터로 활용

◈ 제1아이스하키 경기장(강릉 종합경기장 주변 ▶ 원주 한라대학교)
- 올림픽 종료 후 해체하여 원주 한라대학교 캠퍼스 내로 이전하여 재건축
- 실업팀인 한라 아이스하키팀 홈구장으로 활용 / 한라대학교 아이스하키팀 창단 예정

◈ 제2아이스하키 경기장(강릉 관동대학교)
- 관동대학교, 영동대학교, 강릉대학교 체대생 훈련장으로 사용
- 시민에게 개방하여 공공 아이스링크로 활용

◈ 알펜시아 슬라이딩센터 – 봅슬레이, 루지, 스켈레톤 경기장(강원 평창)
  – 동계 시즌에는 국가대표 훈련장으로 활용
  – 하계 시즌에는 국민 레저시설로 활용

◈ 알파인 활강 경기장(강원 중봉)
  – 올림픽 종료 후 민자유치로 스키레저시설로 활용

◈ 알펜시아 미디어촌(강원 평창)
  – 리조트 콘도 시설로 활용

◈ 코스탈 미디어촌(강원 강릉)
  – 일반 주민들에게 분양

◈ 알펜시아 국제방송센터(IBC)
  – 방송아카데미로 활용

◈ 알펜시아 메인프레스센터(MPC)
  – 의료시설로 활용

이외에 스키종목 경기장은 대부분 기존 스키 리조트를 활용하기에 지금처럼 일반 레포츠 이용객들을 위한 공간으로 되돌아간다.

출처 : (http://instiz.net/sports/39477)

(4) 메가이벤트 후 경기장 활용실태 및 사후관리 해외현황

1) 2002년 솔트레이트 동계올림픽

2002 솔트레이크시티 동계올림픽은 유치 이후 유타올림픽오벌과 유타올림픽파크, 솔저할오우 경기장 만이 새롭게 건설되었는데, 최소한의 연료로 운영될 수 있도록 연료 효율적이면서 친환경적으로 설계되었다.

스피드스케이팅 경기가 치러진 유타올림픽오벌은 천장 높이를 6m 낮춤으로써 냉난방에 필요한 공간의 부피를 줄였을 뿐만 아니라. 흰색의 천장막은 햇볕을 반사, 내부 온도가 시원하게 유지될 수 있도록 설계되어 미국 친환경건축물 인증(LEED)을 받았다.

스키점프와 봅슬레이 등의 경기가 치러진 유타올림픽파크는 산맥의 지형을 훼손하지 않도록 건설되었으며, 빗물이 유출되지 않도록 관리함으로써 토양침식을 막고 지표수의 수질을 향상시켰다.

크로스컨트리스키와 바이애스론 등의 경기가 치러진 솔저할로우는 생태계를 파괴하지 않도록 설계되었으며, 하천을 복구하고 야생동물 및 철새들을 위한 습지개발을 하는 등 친환경적으로 설계되었다.

2002 솔트레이시티 동계올림픽을 위해 건설된 경기장들은 일회성이 아닌, 지역의 유산으로 남

겨지길 바라는 시민들의 바람에 따라 설계 단계부터 사후활용을 고려해 지어졌다.

유타올림픽파크는 스키점프대 아래에 수영장을 설치하고 짚트랙 등 각종 여름레포츠 시설을 설치했으며, 일반인도 봅슬레이와 스켈레톤을 즐길 수 있도록 시설을 함으로써 일반 대중이 동계스포츠에 가까이 다가갈 수 있는 기회를 제공했다.

유타올림픽오벌은 다목적 레크레이션 센터로써 일반인을 대상으로 각종 스케이팅 강습과 실내축구 등의 시설로 활용되고 있으며, 솔저할로우는 각종 동계스포츠 뿐만 아니라, 산악자전거와 골프장 등으로 사용되고 있다.

그 밖의 시설들은 각종 프로팀과 고등학교·대학교팀의 홈경기장, 올림픽선수들의 훈련센터와 콘서트장, 다목적 레크레이션 공간으로 지속적으로 활용되고 있으며, 올림픽 수익금 중 7,200만 US$(792억 원)를 사후 경기장 운영비로 적립해 두는 등 장기적으로 사후관리를 할 수 있도록 치밀하게 계획되었다.

2) 2014년 소치 동계올림픽

러시아테니스협회는 여자테니스 페더레이션컵 러시아-아르헨티나 맞대결을 소치 아들레르 아레나에서 열었다. 아들레르 아레나는 2014 동계올림픽 기간 중 스피드스케이팅이 열린 곳이다. 총 340억 원을 투자해 완공한 아들레르 아레나는 400m 트랙을 갖고 있기 때문에 흑해 옆 소치 올림픽 공원 내 5개 실내 경기장 가운데 크기가 가장 크다. 이 때문에 소치 올림픽 직후엔 대형 전시장으로 용도가 바뀌고, 그 와중에 각종 스포츠 국제대회도 유치할 예정이었다. 그 첫 경기로 남자 테니스 데이비스컵과 같은 여자 테니스 국가대항전 페더레이션컵을 열게 됐다.

해안 클러스터 내 다른 경기장들도 사후 활용을 모색하고 있다. 소치는 인구 35만 정도의 중형도시로 실내 경기장이 많이 필요가 없다. 그래서 아이스하키가 열린 샤이바 아레나와 컬링이 벌어진 아이스큐브 컬링센터는 다른 도시로 옮겨질 전망이다. 해체된 뒤 다른 도시에서 재조립될 것으로 보인다. 피겨와 쇼트트랙이 열린 아이스버그 스케이팅 팰리스는 기존 스케이팅 시설을 유지하면서 여름엔 사이클이 열리는 벨로드롬으로 활용된다. 아이스하키 결승이 열린 볼쇼이돔은 콘서트장으로 쓰인다.

올림픽공원 내 유일한 실외 경기장으로 올림픽 개·폐회식이 열린 피시트 경기장은 2018 러시아 월드컵 때 경기장으로 축구팬을 맞이한다. 올림픽공원 자체는 2020년까지 7년간 벌어지는 F1 러시아 그랑프리 코스로 활용되며 10월 첫 대회가 열렸다.

출처 : 스포츠서울 2014.03.20

TIP 29

애물단지 체육시설이 아트홀·공연장으로

[국내사례] 올림픽공원 내 역도경기장·올림픽홀
국내 체육시설 활용, 어떻게 되고 있나

국내에서 그동안 올림픽, 월드컵, 아시안게임 등을 위해 지어진 경기장 중 서울월드컵경기장 등 몇 군데를 제외하고는 대부분 만성 적자에 시달리는 형편이다.

단순히 경기장을 임대해주는 수익만으로는 한계에 부딪히기 때문인데, 이 같은 이유로 인천의 경우 2014년 아시안게임을 위해 주경기장을 신설할 것인지, 문학경기장을 활용할 것인지를 두고 논란이 끊이지 않고 있다.

연간 100억 원대의 수익을 올리는 서울월드컵경기장은 건물 설계 당시부터 주변 상권을 분석, 경기장에 입점시킬 업종까지 선정해 설계에 반영했다. 실제 할인점, 복합영화관, 사우나, 예식장, 스포츠센터 등을 유치하면서 흑자 경영에 성공했다.

최근에는 노후화되고 이용율이 저조한 체육시설을 복합문화시설로 바꾸는 작업이 활발히 진행되고 있다. 서울 올림픽공원 내 역도경기장은 내부 공사를 거쳐 지난해 11월 다목적 문화예술 공연장인 '우리금융아트홀'로 재개관했다.

올림픽공원 내 올림픽홀도 객석 2,700여석을 갖춘 대중문화 복합공간으로 탈바꿈할 전망이다. 메인 공연장 외에 240석 규모의 대중음악 전용 공연장도 별도로 설치돼 재즈, 포크, 록, 힙합 등 다양한 장르의 음악인들의 무대로 사용될 예정이며 대중문화 관련 자료관과 전시관 등도 조성된다.

(출처 : 한국일보 2012.9.8.)

아레나형 공연장

소녀시대, 카라, 빅뱅 등의 K-pop 스타를 비롯한 유명 가수들은 국내에서 공연을 할 때 1만 명 남짓을 수용할 수 있는 체조경기장을 빌려 공연장으로 사용한다. 하지만 이들이 외국에서 공연을 할 경우 수만 명을 모아놓고 공연을 펼치기도 하는 이는 바로 공연만을 목적으로 하는 전문 공연장, 아레나가 있기 때문이다.

전문 공연장 아레나의 가장 큰 특징은 객석이다. 중앙무대를 중심으로 원형 또는 사각형으로 배치돼 360도 어디서나 공연을 볼 수 있다. 기존의 콘서트를 개최하는 무대들에 비해 무대와 관객사이가 짧고 그만큼 관객들에게 재미를 선사하고 천장에 조명, 음향, 촬영장비까지 설치할 수 있어 관객들의 시선을 방해하지 않는다. 또한 무대와 객석을 때마다 짓고 허무는 기존의 시설에 비해 시간, 비용 면에서 절약이 가능하다.

15년 전 만들어진 일본 사이타마시의 수퍼 아레나는 공연 내용에 따라 최대 3만 5천 개의 좌석을 자유자재로 바꿀 수 있다. 또한 북미와 유럽은 물론, 아시아에서만 일본에 5개, 중국 2개, 대만, 태국, 싱가포르, 홍콩, 필리핀, 인도네시아에서도 아레나를 찾을 수 있다.

"다른 나라 다 있는데 명색이 K-POP 원류인 한국에 아레나 하나 없다는 게 말이 되냐"는 지적에 정부가 아레나 건립을 결정했고 21개 지자체가 "우리 땅에 짓겠다."고 경쟁을 벌인 결과, 국내 최초의 아레나는 경기도 고양시 한류월드에 짓기로 했는데 사업권을 따낸 지 2년이 돼가지만 공사는 시작도 못한 상황이다. 지어봐야 수익성 낮다는 분석에 발목을 잡혔기 때문이다.

아레나의 사업성이 높다는 판단에 마지막까지 서울 잠실과 경기도 고양의 한류월드가 경쟁했고 접근성은 잠실이 좋지만 넓은 땅을 확보했다는 점에서 고양이 선정되었는데 정부 예산을 받는 단계에 제동이 걸린 것이다. 사업주체인 문화체육관광부는 1년에 265일 가동할 수 있다고 봤지만 국책 연구기관인 KDI는 1년 중 절반은 놀릴 거라며 사업 수익성이 낮다고 분석했다.

이에 한류월드 측은 '한류 관광객이 매년 13% 이상 증가하고 있는데 KDI 측은 이것을 너무 적게 봤다.'고 지적하고 있다. 이러한 상황에서 결국 아레나의 쓰임사가 문제인데 런던의 O2 아레나가 좋은 본보기가 될 수 있다. 수익이 좋지 않던 돔 시설을 공연장으로 개조했는데 개관이후 콘서트시장이 4년간 6.5배 증가했다. 시설의 변화가 컨텐츠의 성장을 가져온 것이다.

케이팝 콘서트 뿐만 아니라 뮤지컬, 체육관으로서의 활용, 전시 공간 활용과 같은 다목적으로 이용될 수 있는 한국형 아레나의 필요성은 문화계 전반이 공감하는 상황이다. 다만 아레나가 K-POP 세계화의 전초기지가 될지, 아니면 돈 먹는 애물단지가 될지는 첫 삽을 뜨기 전, '어떻게' 사용할지에 대한 면밀한 검토에 달려 있을 것이다.

(출처 : 뉴스데스크 2014.12.15
http://imnews.imbc.com/replay/2014/nwdesk/article/3582616_13490.html)

03 스포츠상해와 안전

(1) 스포츠참여의 증가와 안전

과학기술의 발전은 보다 짧은 시간에 보다 많은 생산을 가능하게 하였고, 이로 인해 사람들은 더 많은 여가시간을 가질 수 있게 되었다. 한편, 미디어의 발달 역시 일반인들이 스포츠 기술 및 시설·장비 등에 대한 정보를 보다 쉽게 접할 수 있는 환경을 조성하였다. 소득과 여가시간의 증가, 그리고 미디어의 활성화는 일반인들의 스포츠에 대한 관심과 참여를 급속하게 확산시키고 있다. 특히, 최근에는 인터넷을 통한 스포츠동호회 활동이 확산되고 있으며, 스포츠의 대중화를 선도하는 양상을 보이고 있다(김재호, 2003).

이렇듯, 스포츠에 참여하는 것은 경쟁심이 가져오는 강렬한 충동의 배출구로 이용되거나, 단지 즐기기 위하여, 또는 신체적 건강과 스트레스 해소를 목적으로 한다. 즉, 스포츠는 신체적 건강과 같은 가시적인 이득뿐만 아니라, 일상생활에서 겪는 건강과 불안을 떨칠 수 있도록 하며, 사회 및 직장에서는 충족될 수 없는 성취기회를 부여한다.

스포츠참여를 통하여 이러한 많은 이득을 얻을 수 있지만, 만약 스포츠활동에서 요구되는 안전지침을 지키지 않는다면 심각한 부상을 입을 수 있으며, 이는 곧 건강에 해를 끼치는 결과를 가져오게 된다. 따라서, 안전은 다른 모든 활동과 마찬가지로 스포츠활동에 있어서 일차적인 고려의 대상이 되어야 한다.

더 많은 사람들이 더 많은 영역의 스포츠활동에 참여하고, 더 많은 시간을 스포츠활동에 투자할수록 이에 따른 사고와 부상 및 사망의 위험성은 커질 것이다. 스포츠안전교육은 이러한 사고를 예방하고 스포츠를 적절히 즐길 수 있도록 하는 중요한 지침이 된다. 비록 스포츠활동은 신체적 위험을 수반하지만, 안전지침을 제대로 지킨다면 그 위험성은 줄어들 것이다.

(2) 스포츠사고 및 상해의 원인

각종 스포츠 중 비교적 상해가 많이 생기는 종목에는 럭비, 축구, 레슬링, 복싱 등과 같은 대인접촉성 스포츠를 들 수 있다. 이러한 스포츠활동에서는 찰과상, 뇌진탕, 타박상, 염좌, 탈구, 아킬레스건 절단 등의 상해를 입기 쉽다.

수상스포츠(수영, 요트, 카누 등), 산악 스포츠(등산, 산악자전거 등), 동계스포츠(스키, 스케이트, 스노우보드 등)등 야외에서 자연을 대상으로 하는 스포츠활동에서는 신체상해는 물론 실종이나 조난·사망사고까지 발생할 위험이 있다.

스포츠활동에서 발생할 수 있는 사고 및 상해의 원인으로는 지나친 훈련, 잘못된 훈련방법, 미숙한 기술과 훈련부족, 지식의 부족, 자기과신, 준비부족, 관리소홀, 시설불량, 신체적 조건, 부적절한 장비 및 복장, 불가항력 등이 있다.

사고 및 상해의 발생에는 이러한 원인들 중 몇 가지가 복합적으로 작용하는 경우가 대부분이다. 그리고 이 항목 중 불가항력을 제외한 나머지 항목이 원인인 사고는 사전에 기본적인 준비를 철저히 하고, 주의력과 심신의 안정을 잃지 않는다면 충분히 예방할 수 있고, 또 사고가 발생하였다 하더라고 가벼운 사고로 끝낼 수 있는 경우가 많다.

이상의 원인에 유의한다면 사고 및 상해를 최대한 예방할 수 있을 것이다.

1) 지나친 훈련

운동상해는 가장 큰 원인이 너무 무리하게 운동하는 데서 비롯된다.

선수자신의 체력으로 견디어 내기 어려운 훈련을 계속하면 심신의 피로가 누적되며 이런 경우, 근육계통은 물론이고, 골격, 순환, 신경계통 등이 피로 상태가 되어 중추신경의 통합작용이 저하되거나 지연이 생겨 사고력과 판단력이 흐려져 즉각적인 수의적 운동기능이 저하되고, 신경계통 등이 피반사적 운동기능마저 저하되므로 상황변화에 적응하지 못해 상해를 입기 쉽고 특히 과로 상태에서는 염전력에 의한 골절이 쉽게 생긴다.

2) 잘못된 훈련방법

짧은 시간에 운동효과를 보기 위해서 운동량을 너무 빨리 증가시키거나, 운동강도를 급격히 올리거나, 새로운 훈련법을 갑자기 적용시킬 때 발생한다.

3) 기술 미숙과 훈련부족

운동종목마다 실시하는 방법이 다른데, 그 방법을 충분히 익히지 못했을 때 운동상해를 입을 수 있다.

4) 준비운동의 부족

본 운동에 들어가기 전에 스트레칭을 통해서 긴장을 완화시키고 근육의 뻣뻣함을 없애 주어야 상해를 피할 수 있다.

5) 지식 부족으로 인한 사고·상해

어떤 종목의 스포츠들은 그 스포츠와 관련된 다양한 지식을 필요로 한다. 이때, 필요한 지식을 갖추지 못하면 사고가 발생할 가능성이 커지게 되며, 실제로 지식의 부족으로 인하여 상해 및 사망사고가 발생하는 경우가 많다.

6) 자기과신으로 인한 사고·상해

자신의 스포츠기술 수준을 정확하게 판단하기란 매우 어렵고, 환경의 변화라는 변수에 맞추어 자기능력을 판단하는 것은 더욱 어려운 일이다. 자신의 능력을 판단하는 것은 거의 대부분 경험에 의존하므로, 경험이 적은 사람일수록 자기과신에 빠지기 쉬우며, 경험이 많은 사람이라 할지라도 종종 자기과신에 의해 사고를 당하는 경우가 있다. 따라서 경험이 적은 사람은 자신의 능력을 과신하고 무모한 스포츠활동을 삼가야 한다.

(3) 상해의 종류

운동상해는 외부로부터의 충격에 의해 발생되는 외상과 무리한 운동을 장기간 반복함으로써 발생되는 스포츠 장애로 구분할 수 있다. 외상은 단 한번에 발생되는 상태를 말하며, 스포츠 장애는 과도하고 지속적인 스포츠 생활에서 장기간 동안 반복되는 신체운동으로 인해 서서히 진행되는 신체적 기질적 변화로 인해 발생되는 것을 말한다.

1) 뼈의 운동 상해

뼈는 고형질로 다른 조직보다는 상해가 적으며 타박상이나 골절, 골단상해 등은 자주 볼 수 있다.

가. 타박상

근육이나 피하조직의 두꺼운 보호를 받지 못하는 쇄골과 경골 등의 뼈는 충격을 받았을 때 대부분의 힘이 골막으로 흡수된다. 그 결과 골막 내에 부종이나 출혈이 생기고, 이것을 뼈의 타박상이라고 한다.

나. 골절

타격이 근육층이나 골막에서 흡수된 후에도 뼈에까지 영향을 미쳐 뼈가 부러지는 것을 말한다.

2) 관절과 인대의 운동 상해

실제적으로 운동을 담당하는 기관으로 외상에 의한 일출, 출혈성 관절증, 염좌, 좌상, 탈구, 점액낭염 등이 생기기 쉽다.

가. 염좌

관절의 염좌는 삐는 상처를 말하는데, 이것은 관절이 정상동작 범위를 넘는 강제적인 동작에 의해 일어난다. 주로 통증과 무력증으로 활동이 제한을 받게 되며, 부분적으로 부종이나 피하출혈이 생길 수도 있다. 대부분 치료가 요구되지 않지만 활동만은 제한한다.

나. 탈구

탈구란 염좌와 마찬가지로 정상활동 범위 이상으로 활동하였을 때 관절두가 빠져 나가 관절면을 원래 위치로 맞추는 관절수정을 해야 하고 여기에 수반된 상해, 즉 염좌와 신경 및 혈관상해를 치료하거나 혹은 고정시켜 활동을 억제한다.

(4) 스포츠상해 예방을 위한 고려사항

실제로 스포츠활동을 하다보면, 상해예방을 위한 프로그램이 있다 하더라도 그것만으로는 완벽할 수 없다. 상해나 부상은 물론 돌발적으로 발생할 수 있는 긴급사태까지 대비하는 것이 바람직하다.

다음은 스포츠 지도자들이 현장에서 스포츠 상해예방을 위해 고려해야 할 사항이다.

① 선수의 건강상태에 관한 정보를 얻어야 한다.
② 선수 개개인의 상해·부상에 대비하여 적절한 체력훈련을 계획·운영한다.
③ 가벼운 부상이라 하더라도 신속히 치료하여 부상이 커지지 않도록 한다.
④ 사용할 장비 및 도구 등은 항상 사전에 점검한다.
⑤ 훈련 또는 경기 중에 발생할 가능성이 있는 문제를 점검한다.
⑥ 심판 및 진행요원, 그리고 다른 지도자들과도 긴밀한 협조체제를 유지하는 것이 바람직하다.
⑦ 경기력이나 연습량이 부족한 선수를 경기에 성급하게 투입해서는 안 된다.
⑧ 선수별로 발생한 상해 및 부상을 지속적으로 기록·점검한다.

(5) 스포츠상해 예방을 위한 준비운동

모든 스포츠 경기나 훈련과정에서 준비운동을 하는 것은 불문율로 인식되고 있다. 적절한 준비운동은 부상 및 상해에 대비한 예방 프로그램의 하나로서 그 필요성과 중요성을 인정받고 있다. 준비운동이 필요한 이유는 다음과 같다.

① 운동 중에 많이 사용되는 부위, 특히 근육·건·인대 등을 적절하게 이완시킨다.

② 신체를 적절하게 가동·가열시킴으로써 근육이나 관절과 같은 신체 내부의 기능을 효율적으로 활용할 수 있도록 한다.

③ 선수에게 정신적·신체적인 자극을 주어 예상되는 신체활동에 대비할 수 있도록 한다.

그렇다면 준비운동은 어떠한 방법으로 할 것인가? 물론 준비운동은 실제 스포츠종목 또는 지도자의 성향에 따라 다양하겠지만, 크게 다음의 세 가지 정도를 기본적인 준비운동이라 할 수 있다.

① 스트레칭(stretching exercise)
② 동적인 운동(vigorous exercise)
③ 모의 운동(simulation exercise)

한편, 준비운동 프로그램 계획및 실행에서 스포츠 지도자는 다음과 같은 사항을 고려하여야 한다.

① 준비운동은 체계적으로 하여야 한다.
② 다양성이 있어야 한다.
③ 근육에 주는 부하를 조절하면서 준비운동을 한다.
④ 개인차를 고려하여야 한다.
⑤ 가능한 많은 시간을 할애한다.
⑥ 해당 스포츠 종목에 적절한 프로그램을 짜서 진행한다.

04 스포츠시설 보험

(1) 일반 스포츠시설 이용자의 보험(체시법 제29조)

체육시설업자는 당해 체육시설의 설치·운영과 관련되거나 그 체육시설 안에서 발생한 피해에 대한 보상을 위하여 문화체육관광부령이 정하는 바에 따라 보험에 가입하여야 한다. 다만, 문화체육관광부령이 정하는 소규모 체육시설업자의 경우에는 그렇지 않다.

① 체육시설업자는 체육시설업을 등록 또는 신고한 날부터 10일 이내에 손해보험에 가입하여야 한다. 이 경우 보험가입은 단체로 가입할 수 있다.

② 손해보험에 가입한 체육시설업자는 그 사실을 증명하는 서류를 지체 없이 등록체육시설업자는 시·도지사에게, 신고체육시설업자는 시장·군수 또는 구청장에게 제출하여야 한다.

(2) 전문체육인 복지사업

체육인복지사업은 국민체육진흥법 제15조(선수 등의 보호, 육성)와 제20조(기금의 사용 등)에 의거 각종 경기대회에서 우리나라의 국위를 선양한 체육인들의 복지 증진을 위해 실시하고 있는 사업으로 총 8개 분야(특별보조금, 선수·지도자 보호 지원금, 장애연금, 경기력향상 연구연금, 경기지도자 연구비, 체육장학금, 국외 유학, 복지후생금)에 체육진흥기금을 지원하고 있다.

1) 특별보조금 지원사업

특별보조금 지원사업은 체육발전 및 국위선양에 공은 있으나 경기력향상 연구연금 또는 경기지도자 연구비를 받지 못한 불우한 체육인에게 특별보조금을 지급하는 사업이다. 지급대상자는 대한체육회장이 추천하는 자, 해당 가맹경기단체장 및 시·도 지부장이 대한체육회를 거쳐 추천한 자, 이사장이 추천한 자로 하며 지급액은 1건당 최고 600만 원 범위 내에서 이사회의 의결로 결정하고 일시금으로 지급한다. 지급시기는 지급이 결정된 날로부터 1개월 이내에 지급한다.

2) 선수·지도자 보호 지원사업

선수·지도자 보호 지원사업은 대한체육회 및 가맹경기단체에서 실시하는 강화훈련에 참가하거나 경기에 출전한 국가대표 선수 및 지도자에게 지원되는 상해보험 지원비 지원사업과 상해보험 지원비 대상자로서 상해의 정도가 심해 장기입원치료가 요구되는자에게 지원되는 장기입원진료비 지원사업으로 나눌 수 있다. 지급대상자는 대한체육회장이 추천한 자, 해당 가맹경기단체장 및 시·두 지부장이 대한체육회를 거쳐 추천한 자, 이사장이 추천한 자로 하며 지급액 및 지급방법, 지급기간은 사업에 따라 다르다.

- 상해보험 지원비는 상해보험 가입에 따른 보험료로 하고 이를 대한체육회에 보조한다.

  상해보험 가입 보조비의 지급기간은 1년 이내로 하며 재추천에 의하여 지급기간을 연장할 수 있다. 보험가입 내역을 표로 나타내면 다음과 같다.

표 2-3. 보험가입 내역

보험구분	보상내역	적용범위
스포츠상해	의료비 : 200만 원/1인당	임원, 선수의 운동 중 상해 및 사망 시(후유장애 포함)
	사망후유장애보험금 : 2,000만 원/1인당	
단체 상해	사망후유장애보험금 : 1,000만 원/1인당	임원, 선수의 운동 중 사망 시
건강 생활	의료비 통원시 : 5만원/1인당 입원시 : 입원료의 70% 이내에서 최고 100만 원까지	

- 장기입원진료 보조비는 스포츠 상해보험, 의료보험 등 각종 보험에서 부담하는 입원진료비를 우선 부담하고 부족할 경우 입실료(당해 병원의 2인 1실 기준), 수술비, 치료비, 마취료, 의료기자재 사용료, 환자본인 식대 등 부족액으로 하고 이를 대한체육회에서 보조한다. 장기입원진료 보조비의 지급기간은 원인 발생일로부터 6개월 이내로 하며 이사회의 의결로 그 기간을 연장할 수 있다.

3) 장애연금 지원사업

장애연금 지원사업은 국제대회에 출전하기 위한 강화훈련 또는 경기 중 발생한 상해로 인해 향후 생활에 지장이 있는 국가대표선수 및 경기지도자에게 연금을 지급하는 사업이다. 장애연금의 지급대상자는 장기입원진료 보조비 수혜대상자 중 선수생활은 물론 일상적인 생활까지 어려운 자에게 지급된다. 장애연금 지급대상자는 해당 종목의 가맹경기단체장이 국·공립병원장이 발행한 진단서를 첨부하여 대한체육회를 거쳐 추천하며 장애연금 대상자로 선정된 자는 장애연금 증서가 수여된다. 장애연금의 지급기간은 원인발생 후 지급이 확정된 달부터 사망한 달까지로 하며 지급시기는 매월 말일로 한다. 장애연금 지급기준은 다음과 같다.

표 2-4. 장애연금 지급 기준

등급	금액(원)	기준
1	600,000	신체 또는 정신상의 심한 장애로 인하여 스스로 일상생활을 할 수 없으며, 항시 보호자가 필요한 자
2	370,000	신체 또는 정신상의 심한 장애로 인하여 스스로 일상생활을 하는데 현저한 장애가 있어 생활능력이 없는 자
3	225,000	부분적인 신체장애로 인하여 선수활동이 불가능한 자로서 생활능력에 지장이 있어 장애연금 지급이 필요하다고 인정되는자

(출처 : 정문현. 스포츠에이전트 사업론. 대전 : 도서출판 보성)

4) 경기력향상 연구연금 지원사업

경기력향상 연구연금 지원사업은 국제대회에 입상하여 국위를 선양한 선수에게 연금을 지급하는 사업이다. 경기력향상 연구연금의 종류에는 평가점수에 대한 연금을 매월 지급하는 연금월정금, 평가점수에 대한 연금을 일시에 지급하는 연금일시금, 일시장려금이 있다. 연금대상자는 경기력향상 연구연금 지급대상자로 확정된 이후 월정금 또는 일시금 중 본인이 선택하여야 하며 선택한 월정금 또는 일시금은 연금이 증가하더라도 이를 변경할 수 없다.

연금대상자는 일차적으로 국제경기대회에서 상위 입상한 자로 되어 있으며 공단 이사회에서 인정한 특별대상자도 연금지급 대상자에 포함된다. 단, 특별대상자로 선정된자는 메달을 획득하여 연금 평가점수 이상이 될 경우에는 평가점수에 따라 연금을 지급받는다. 연금지급 대상자의 추천은 해당 경기 단체장의 신청에 의하여 대한체육회장이 추천한다.

5) 경기지도자 연구비 지원사업

경기지도자 연구비 지원사업은 국제대회에 출전하기 위한 국가대표선수 강화훈련에 참가하여 해당 선수 또는 팀을 직접 지도하고 메달획득에 공헌한 경기지도자에게 연구비를 지급하는 사업이다. 경기지도자 연구비 지급대상자 추천은 해당 가맹경기단체장의 신청에 의하여 대한체육회장이 추천한다. 국민체육진흥공단은 대한체육회장이 추천한 내용을 유관기관 및 관련자에게 확인할 수 있다.

- 경기지도자 연구비 지급기준은 다음과 같다. 경기지도자 연구비는 메달 1개의 평가점수가 10점 이상으로 매 10점 단위 평가점수 10점부터 90점까지 10점당 334만 원, 평가점수는 100점 이상은 10점당 167만 원이 지급된다. 지도자, 선수 중 당해 대회에서 1개의 메달이 평가점수 10점 이상인 메달을 획득한 선수를 2인 이상 배출하였을 경우에는 각 선수의 평가점수를 합산하여 해당 연구비 전액을 지급한다. 또한 지도한 1인의 선수가 당해 대회에서 평가점수 10점 이상의 메달을 2개 이상 획득한 경우에는 상위평가 메달 1개분의 해당 연구비를 전액 지급하고 추가분에 대하여는 해당 연구비의 2분의 1 비율로 각각 가산 지급한다.
- 경기지도자 연구비는 일시금으로 지급하며 해당 지도자가 1인인 경우에는 해낭 연구비 전액을 지급한다. 개인경기는 해당 지도자가 2인 이상인 경우에는 균등하게 분할 지급하고 단체경기(개인경기 단체전 포함)는 해당 지도자 2인 이내에서 해당 연구비 전액을 지급한다.

6) 체육장학금 지원사업

체육장학금 지원사업은 체육경기에 자질이 풍부하고 품행이 단정하여 타의 모범이 되며 전국 규모 대회에서 상위 입상실적이 있는 자에게 장학금을 지급하는 사업이다. 장학금 수혜대상은 일반장학생과 특별장학생이 있는데, 일반장학생은 대한체육회 및 가맹 경기단체에서 주최하는 전국 규모 대회에서 입상한 선수이며, 특별장학생은 대한체육회가 주최하는 전국체육대회에서 상위 입상실적이 있어 우수선수로 선정된 학생으로서 대한체육회가 실시하는 선수강화훈련에 참가한 선수이다. 체육장학금 지급대상자 추천은 먼저 국민체육진흥공단 이사장이 대한체육회장에게 지급대상자의 추천을 의뢰하며 대한체육회장은 지급대상자를 추천하여 국민체육진흥공단에 제출하게 되며 이사장은 대한체육회에서 추천한 인원 중에서 지급대상자를 최종 선정한다.

7) 복지후생금

- 복지후생금제도는 2001년에 신설된 사업으로서 현역 또는 은퇴한 국가대표선수가 수혜 대상이다. 복지후생금제도의 종류와 가격은 생활보조비의 경우 현역 국가대표선수로서 국민기초생활보장 수급자 등 경제적으로 어려운 선수이며, 대학원 진학 장학금의 경우 대학원의 체육 관련 전공과정을 이수하고자 하는 자이다. 단기훈련비는 체육 또는 사회진출을 위한 전문교육과정을 이수하고자 하는 자에게 주어지며 창업융자는 체육 관련분야 신규창업을 하고자 하는 자에게 부여된다.
- 복지후생금의 지원범위와 기간은 생활보조비의 경우 1년 범위 내에서 월 50만 원이며 대학원 진학 장학금의 경우 2년 범위 내에서 학기당 300만 원 이내이며 최장기 5학기까지 지급된다. 단기훈련비는 1년 범위 내에서 300만 원 이내로 지급하며 창업융자는 사업장 구입 및 임차비로 1억 원 이내에 지급하며 운영자금은 5000만 원 이내에 지급한다.

(3) 상해보험의 종류

1) 보통상해보험

보통상해보험은 상해보험의 기본적인 것으로, 보험기간 중에 피보험자가 일상생활에서 상해를 입은 때에 보험금을 지급하기로 하는 보험이다. 이 보험은 보험자의 면책사유가 없는 한 피보험자가 가정에서, 직장에서 또는 여행 중이든 가리지 않고 생긴 모든 상해사고를 담보하는 것으로 피보험자의 직업에 따라 보험률이 다르다.

2) 교통상해보험

교통상해보험은 피보험자가 교통사고로 상해를 입었을 때에 보험금을 지급하기로 하는 보험이다. 즉, 이 보험에서는 피보험자가 교통승용구에 타고 있거나, 타고 내릴 때 또는 보험 중에 생긴 모든 교통사고로 말미암아 입은 상해만을 보험사고로 하는 상해보험이다. 교통승용구는 기차, 전동차, 케이블카, 리프트, 엘리베이터, 에스컬레이터, 자동차, 오토바이, 손수레, 자전거, 항공기 및 선박 등을 포함하며 자동차보험에서 자손보험은 교통상해보험의 일종이다.

3) 단체상해보험

단체상해보험은 단체구성원을 피보험자로 하여 그 단체생활과 관련하여 생긴 상해를 담보하는 보험이다. 선박승무원이 그 직무에 종사 중에 생긴 상해를 담보하는 선박승무원 단체상해보험, 단체적으로 거행되는 레슬링, 권투, 등산, 스키, 씨름 등의 각종의 운동경기 중에 생긴 상해를 담보하는 스포츠 단체상해보험, 스카우트단원의 단체활동에서 생기는 상해를 담보하는 스카우트단체 상해보험 등이 여기에 속한다.

4) 여행상해보험

여행상해보험은 피보험자가 여행 중에 일어나 사고로 상해를 입은 경우에 보험금을 지급하기로 하는 보험이다. 이것은 여행구간에 따라 국내여행 상해보험, 해외여행 상해보험 등으로 나뉜다.

5) 스포츠상해보험

스포츠로 인해 생기는 상해, 사망사고를 보상하여 주는 보험으로서, 경기자를 대상으로 하는 것과 일반의 애호가, 소년층을 대상으로 하는 것으로 나눠진다. 정도에 따라 일정액의 보험료를 납부하며 상해나 사망사고가 발생할 경우 사고의 등급에 따라 보험금이 지급된다.

6) 스포츠단체 상해보험

스포츠단체를 보험계약자로 하고 그 단체의 구성원을 피보험자로 하는 상해보험인데, 단체 관리 하에서의 운동경기 중 또는 연습 중이거나 이를 위해 교통승용구에 탑승 중의 상해를 담보한다. 피보험자 수가 일정인원 이상이 되어야 하며, 스포츠의 종류 피보험자 수에 따라 보험률이 다르다.

표 2-5. 스포츠보험 상품의 종류

스폰서 기업이 드는 보험	방송사가 드는 보험	팀이 드는 보험
- 돌발사고 - 이미지 보호 - 보너스 지급 - 초과보상	- 시청률 - 전승 - 이벤트 취소	- 장애 - 사망사고 - 집단사고 - 보너스 - 기량저하
선수가 드는 보험	**주최측이 드는 보험**	**시설주가 드는 보험**
- 계약전 부상 - 계약 연장 - 장애 - 타종목운동	- 이벤트 취소 - 책임 - 상환	- 채권 - 신축비용 초과

(출처 : 정문현. 스포츠에이전트 사업론. 대전 : 도서출판 보성. p128)

참고문헌

강남구청 (www.gangnam.go.kr)

강호성·이준엽(2005), 스포츠 경영학, 서울 : 학현사

골프경제, 고급 골프장 부킹대행료만 300만 원, 2008. 4. 17일자

김사엽(2004), 스포츠시설 관리 운영론, 서울 : 21세기 교육사

김재호(2003), 안전교육과 응급처치, 서울 : 대경북스

김태수(2011), 우리나라 골프장 주요 잔디의 생태적 특성과 RAPD에 의한 유연관계 분석. 경상대학교 대학원, 미간행 박사학위논문.

남서울대학교 블로그(http://blog.naver.com/nsuniversity/202955527)

동아회원권거래소(www.dongagolf.co.kr)

더골프(2013), 8월호, 골프회원의 유래

매일경제, 스포츠와 글로벌시티즌십, 2010. 1. 11일자

문화관광부, 2008 체육백서

바른회원권거래소, www.barungolf.co.kr

비즈포커스, "2015년 골프장 3대 핫 키워드…'인권신장·대기업시대·유달시변'" 2015. 1. 1일자

서상옥·조호경(2011), 전략적 스포츠센터 경영, 서울 : 21세기 교육사

손석정·오일영·윤태훈(2009), 스포츠법령입문, 서울 : 태근문화사

스포츠서울, "패럴림픽도 끝…소치올림픽 경기장 사후 활용은?" 2014. 3. 21일자

에이스회원거래소, www.acegolf.com

신석민(2006), 스포츠사고의 법적 책임과 스포츠보험에 관한 연구, 계명대학교 대학원, 미간행 박사학위논문.

임우택(2001), 지역활성화를 위한 뉴스포츠 도입방안, 한국산업경영학회지 6(2)

이투데이, "골프장 회원권 대세는 '저가형'..5,000만 원 미만 101개… 수도권 저가회원권 비중 70%나" 2014. 4. 14일자.

이데일리, "여름엔 반바지, 겨울엔 붕어빵"…스카이72 이색 마케팅, 2014. 2. 28일자

이상재(1994), 골프장 잔디관리 실무, 서원양행.

정문현(2001), 스포츠에이전트 사업론. 대전 : 도서출판 보성

조선일보, 화제, 프로축구 FC서울의 남다른 고객관리, 2008. 6. 2일자

주)대산스포텍, www.daesansanding.co.kr

체육백서 2012. 문화체육관광부

체육백서 2013. 문화체육관광부

한국골프장경영협회, www.kgba.co.kr

한국뉴스포츠협회, www.newsport.or.kr

한국레크리에이션협회, www.recreation.or.kr

한국야구위원회(KBO), "야구장 건립 매뉴얼Ⅲ"

한국일보, 애물단지 체육시설이 아트홀 공연장으로, 2010. 9. 8일자

sbs골프닷컴, golf.sbs.co.kr

mbc뉴스데스크, http://imnews.imbc.com

Croteau,A., and Li,P. (2003), "Critical success factors of CRM technological initiatives" 20(1), 21-34.

USGA GREEN SECTION STAFF. 1993. USGA Recommendations for a Method od Putting Green Construction. USGA Green Section RECORD March/April: 1-3.

Horst Hubner, Michael Pfitzner(2001), Das schulsportliche Unfallgeschehen in Nordrhein – Westfalen.

Wood, S. M. (1971), The violent world of the athlete. *Quest, 16,* 55-60.

Chapter 2 스포츠시설의 관계 법령

1.1 체육시설의 관련 규제완화 등 제도개선

체육시설의 확충을 촉진하고 사업여건을 개선하기 위해서는 체육시설의 설치·운영과 관련된 법적·제도적 규제를 완화해 나가야 한다. 특히 정부는 민간 체육시설업과 관련된 규제 완화 정책을 지속적으로 추진함으로써 공공체육시설만으로는 부족한 국민의 체육시설 수요에 대응해 나가고 있다.

민간 체육시설업 관련 규제 개선 현황을 살펴보면, 1999년 골프장내 금지 시설물이었던 숙박시설을 이용자의 편의를 위해 일정 요건을 갖춘 경우 설치할 수 있도록 허용하였으며, 2000년에는 준조세 폐지 정책에 따라 운동장·체육관·수영장·대중골프장 등 체육시설의 입장료에 부과하던 부가금을 폐지하는 한편, 급증하고 있는 골프 수요를 충족하고 대중 골프장의 확충을 위해 특별소비세법을 개정하여 대중골프장 이용자에 대한 특별소비세를 면제하였다. 또한 2003년에는 시군구별 회원제골프장 총량제한을 폐지하고 골프장 면적산정 시 쓰레기매립지, 폐염전부지, 간척지의 면적은 제외하도록 하는 한편, 2005년도에는 골프장 부지면적 및 클럽하우스 면적 제한 규정 등을 폐지하였고, 2006년에는 대중골프장과 스키장에 대하여 지방세와 종합부동산세를 대폭 완화하였다. 2007년과 2008년에는 골프장 입지기준 및 골프장 내 숙박시설 설치완화를 주요 골자로 하는 관계 법령 개정 작업이 이루어졌다.

또한, 2008년에는 해외여행 등과 연관된 서비스 수지 적자를 완화하고 지방 골프산업 활성화 등을 위하여 지방 회원제 골프장을 대상으로 개별소비세 등 세부담 경감조치를 시행했다.

공공체육시설의 운영 활성화와 수익성 확보를 위해 전문지식과 경험을 갖춘 민간단체에 위탁 관리토록 유도하고 있으며, 시설 성격상 위탁관리가 어려운 시설인 전문체육시설 등은 시설 특성에 적합한 프로그램을 개발 운영하도록 유도하고 있다(제8장 체육시설 참조).

또한 대규모 자본이 투자된 2002년 월드컵경기장 및 아시아경기대회시설이 다목적으로 활용될 수 있도록 2000년 8월 도시계획시설에 관한 규칙을 개정하여 스포츠센터, 유스호스텔, 공연장 등 문화시설, 대형할인점, 복합영상관, 게임제공 업소 등 수익시설 설치가 가능하도록 하였다. 이와 함께 경기장 시설의 민간위탁이 실효성을 거둘 수 있도록 경기장 시설사용기간을 3~5년에서

20년으로 연장하고, 사용료 지불도 보증금과 월납입 방식 등으로 완화하는 지방재정법시행령 개정을 완료하였다.

2009년에는 골프장 외 체육시설 업소 숙박시설 및 골프장 내 숙박시설 설치규정을 폐지 및 완화하였으며, 골프장 입지에 관한 규제도 완화하였다.

2010년에는 종합체육시설업, 승마장업 등 신고전환 업종에 대한 총투자범위 내 회원모집 제한 규정을 폐지하고, 골프장 입지에 대한 입지 허용 및 오염총량제 실시지역 입지를 허용하는 규제완화를 실시하였다.

2011년에는 승마·골프연습장 시설기준을 완화하였고, 신고체육시설업 시설 면적기준을 폐지하였고, 골프장 농약 사용 검사를 '수질 및 수생태계 보존에 관한 법률'로 일원화하였을 뿐만 아니라 변경신고 의무 위반 시 과태료 부과 규정을 삭제하였다.

2012년에는 체육시설의 설치·이용에 관한 법률 시행규칙을 개정과 관련하여 등록체육시설 관련 보고사항을 완화하여 지방자치단체의 보고 업무 부담을 경감시켜서 실질적인 업무에 매진할 수 있도록 하였고, 스키장 회원증 발급·확인 절차를 폐지하여 스키장업 이용자들의 불편을 해소하였다.

표 2-6. 연도별 스포츠시설업 관련 규제 개선 현황

연도	규제명	개선내용
1999	신고체육시설업종 일부 자유업종화	탁구장, 롤러스케이트장 자유업종화
	골프장내 숙박시설 설치	금지 → 제한적 허용
	스키장 이용자에 대한 특소세 부과	특소세 면제
2000	등록체육시설업의 시설설치기간	6년 의무 규정을 임의 규정으로 완화
	체육시설에 대한 부가금제도	운동장·체육관·수영장·골프장 등 체육시설의 입장료에 대한 부가금제도 폐지 → 회원제골프장은 부과
	체육시설의 수익시설 설치	월드컵·부산아시아경기대회 경기장시설에 수익시설 설치 가능토록 개정
	골프장 이용자에 대한 특소세 부과	대중골프장 이용자에 대한 특별소비세 면제
2001~2003	골프장의 지역별 총량제한	시군구별 회원제골프장 총량제한(임야면적의 3% 규제) → 폐지
2005	골프장 부지면적 제한	골프장 규모에 따라 제한 → 폐지
	골프장 클럽하우스 면적제한	골프장 규모에 따라 제한 → 폐지
2006	골프장시설 규제	골프코스길이 제한 → 폐지 회원제골프장 홀규모 제한 → 폐지
	골프장 및 스키장 세제	대중골프장, 스키장 세제 인하 → 별도 합산 0.8%

연 도	규 제 명	개 선 내 용
2007	골프장시설 규제	골프장내 숙박시설의 층 규모 제한(5층) 폐지 자연보전권역일지라도 수질오염 총량제도시행지역은 골프장 내 숙박시설 설치 제한 폐지 상수원보호구역 주변지역 골프장 숙박시설 설치기준 및 대상 완화
2008	골프장시설 규제	수질기준 Ia 등급 하천 상류방향 유하거리 20km 이내 지역 골프장 부지내 숙박시설 설치 금지 규정 폐지 시·도기준 총 골프장 면적이 총 임야면적의 5% 초과금지 폐지 골프장 부지 내 산림 및 수림지 확보율 폐지
	사업계획 변경	측량에 의한 면적 변경은 사업계획 변경승인 대상에서 제외
	골프장 세제	지방회원제 골프장 세제 경감 - 개별보유세 → 면제, 체육진흥기금 → 면제 - 보유세 및 취득세 → 경감
2009	시설규제	- 골프장 외 체육시설 업소 숙박시설 제한 폐지 - 골프장 내 숙박시설 설치 규정 완화 - 체력단련장업 등 소규모 체육시설업 시설기준완화
	골프장 입지	- 10mm 이상 조정지 설치·운영시 취수지점 상류방향 유하거리 7km밖 대중 골프장 입지 허용 - 특별대책지역 II 권역(팔당호 상수원 제외) 중 오염총량 관리제 실시지역 대중골프장 입지허용
2010	회원모집규제	종합체육시설업, 승마장업 등 신고전환업종에 대하여 총투자범위 내 회원모집 제한 규정 폐지
	골프장입지	- 취수지점 상류방향 유하거리 7km 밖 입지 허용 - 특별대책지역 II 권역(팔당호 포함) 중 오염총량제 실시지역 허용
2011	승마장·골프연습장 시설기준	- 마장 실외 3,000㎡, 실내 1,500㎡, 말 10두 이상 → 실외 또는 실내 500㎡, 말 3두 이상 - 퍼팅·피칭 연습용 코스의 경우 타석 설치 의무규정 완화
	신고체육시설업 시설	면적기준 폐지
	골프장의 농약 사용 검사	'체육시설의 설치·이용에 관한 법률'과 중복하여 부과하고 있는 골프장의 농약 사용 검사를 '수질 및 수생태계 보존에 관한 법률'로 일원화
	변경신고 의무 위반 시 과태료 부과 규정	변경신고 의무 위반 시 영업정지와 중복하여 부과할 수 있는 과태료 부과 규정을 삭제
2012	등록체육시설관련 보고사항 완화	시·도지사가 '등록 체육시설업의 사업계획 승인 등의 현황 및 체육시설업의 등록 등의 현황'을 처분일부터 7일 이내에 또는 분기마다 문화체육관광부장관에게 보고하던 것을 연 1회 보고하도록 완화
	스키장 회원증 발급·확인 절차 폐지	스키장업 회원증 확인자 지정 → 스키장 회원권의 확인·발급 절차 폐지

※출처 ; 문화체육관광부 내부자료

1.2 체육시설의 설치·이용에 관한 법률

체육시설의 설치·이용에 관한 법률

[시행 2015. 8. 4.] [법률 제13128호, 2015. 2. 3., 일부개정]
문화체육관광부(체육진흥과), 044-203-3138

제1장 총칙

- 제1조(목적) 이 법은 체육시설의 설치·이용을 장려하고, 체육시설업을 건전하게 발전시켜 국민의 건강 증진과 여가 선용(善用)에 이바지하는 것을 목적으로 한다.

- 제2조(정의) 이 법에서 사용하는 용어의 뜻은 다음과 같다.

    1. "체육시설"이란 체육 활동에 지속적으로 이용되는 시설과 그 부대시설을 말한다.
    2. "체육시설업"이란 영리를 목적으로 체육시설을 설치·경영하는 업(業)을 말한다.
    3. "체육시설업자"란 제19조 제1항·제2항 또는 제20조에 따라 체육시설업을 등록하거나 신고한 자를 말한다.
    4. "회원"이란 체육시설업의 시설을 일반이용자보다 우선적으로 이용하거나 유리한 조건으로 이용하기로 체육시설업자(제12조에 따른 사업계획 승인을 받은 자를 포함한다)와 약정한 자를 말한다.
    5. "일반이용자"란 1년 미만의 일정 기간을 정하여 체육시설의 이용료를 지불하고 그 시설을 이용하기로 체육시설업자와 약정한 자를 말한다.

- 제3조(체육시설의 종류) 체육시설의 종류는 운동 종목과 시설 형태에 따라 대통령령으로 정한다.

- 연혁 제4조(국가와 지방자치단체 등의 의무)

    ① 국가와 지방자치단체는 국민의 체육 활동에 필요한 체육시설의 적정한 설치·운영과 체육시설업의 건전한 육성을 위하여 필요한 시책을 강구하고 적절한 지도와 지원을 하여야 한다. 〈개정 2015. 2. 3.〉

    ② 국가와 지방자치단체는 체육시설의 안전을 위하여 필요한 제도적 장치를 마련하고 이에 필요한 재원을 확보하도록 노력하여야 한다. 〈신설 2015. 2. 3.〉

    ③ 체육시설을 설치·운영하는 자 및 체육시설을 위탁받아 운영·관리하는 자는 해당 체육시설의 기능 및 안전성이 지속적으로 유지되도록 체육시설에 대한 유지·관리를 하여야 한다. 〈신설 2015. 2. 3.〉

[제목개정 2015. 2. 3.]

□ 제4조의 2(체육시설 안전관리에 관한 기본계획 등 수립)

① 문화체육관광부장관은 체육시설(공공체육시설 및 등록·신고체육시설에 한정한다. 이하 제4조의 6까지 같다)의 안전한 이용 및 체계적인 관리를 위하여 5년마다 체육시설 안전관리에 관한 기본계획(이하 "기본계획"이라 한다)을 수립·시행하여야 한다.

② 기본계획에는 다음 각 호의 사항이 포함되어야 한다.
   1. 체육시설에 대한 중기·장기 안전관리 정책에 관한 사항
   2. 체육시설 안전관리 제도 및 업무의 개선에 관한 사항
   3. 체육시설과 관련된 사고를 예방하기 위한 교육·홍보 및 안전점검에 관한 사항
   4. 체육시설 안전관리와 관련된 전산시스템의 구축 및 관리
   5. 그 밖에 대통령령으로 정하는 사항

③ 문화체육관광부장관은 기본계획에 따라 매년 안전관리계획(이하 "관리계획"이라 한다)을 수립·시행하여야 한다.

④ 문화체육관광부장관은 기본계획 및 관리계획의 수립·변경 또는 시행을 위하여 필요한 경우에는 관계 중앙행정기관의 장, 특별시장·광역시장·특별자치시장·도지사·특별자치도지사(이하 "시·도지사"라 한다) 또는 「공공기관의 운영에 관한 법률」 제4조에 따른 공공기관(이하 "공공기관"이라 한다)의 장에 대하여 관련 자료의 제출이나 협력을 요청할 수 있다. 이 경우 요청을 받은 자는 특별한 사유가 없으면 이에 따라야 한다.

⑤ 문화체육관광부장관은 기본계획 및 관리계획을 수립 또는 변경한 경우에는 관계 중앙행정기관의 장, 시·도지사 및 공공기관(체육시설 안전에 관한 업무를 수행하는 공공기관에 한정한다)의 장에게 통보하고, 인터넷 홈페이지 등을 통하여 공고하여야 한다.

[본조신설 2015. 2. 3.]

□ 제4조의 3(체육시설 안전관리점검 등의 위임·위탁) 문화체육관광부장관은 체육시설 안전관리를 위하여 수립된 기본계획 및 관리계획의 업무 수행을 위하여 다음 각 호의 업무를 「재난 및 안전관리 기본법」에 따른 재난관리책임기관에 위임·위탁할 수 있다.

1. 체육시설과 관련된 사고를 예방하기 위한 교육 및 홍보 활동
2. 체육시설 안전관리와 관련된 안전점검
3. 체육시설 안전관리와 관련된 전산시스템의 구축 및 관리

4. 그 밖에 대통령령으로 정하는 사항

[본조신설 2015. 2. 3.]

□ 제4조의 4(안전점검 실시결과의 이행)

① 문화체육관광부장관은 제4조의 3 제2호에 따라 실시한 체육시설의 안전점검 결과를 체육시설의 소유자(체육시설을 위탁받아 운영·관리하는 자를 포함한다. 이하 같다)와 체육시설업자, 시·도지사, 시장·군수 또는 구청장(자치구의 구청장에 한정한다. 이하 같다)에게 지체 없이 통보하여야 한다.
② 제1항에 따라 안전점검 결과를 통보받은 체육시설의 소유자와 체육시설업자는 대통령령으로 정하는 중대한 결함이 있는 경우에는 시설물의 보수·보강 등 필요한 조치를 하여야 한다.
③ 문화체육관광부장관 및 지방자치단체의 장은 체육시설의 소유자와 체육시설업자가 제2항에 따른 시설물의 보수·보강 등 필요한 조치를 하지 아니한 경우 이에 대하여 이행 및 시정을 명할 수 있다.

[본조신설 2015. 2. 3.]

□ 제4조의 5(체육시설정보관리종합시스템 운영) 문화체육관광부장관으로부터 제4조의 3에 따라 업무를 위임·위탁받은 기관은 체육시설의 안전관리를 위하여 다음 각 호의 정보를 체육시설정보관리종합시스템으로 관리·운영한다.

1. 제4조의 2에 따른 체육시설 안전관리에 관한 기본계획 및 관리계획
2. 제4조의 3에 따른 체육시설 안전점검 결과
3. 제4조의 4에 따른 체육시설 안전점검 실시결과의 통보·이행 및 이에 대한 결과
4. 그 밖에 체육시설의 안전 및 유지·관리에 관련되는 사항과 체육시설의 정보로 관리할 필요가 있다고 인정되어 문화체육관광부령으로 정하는 사항

[본조신설 2015. 2. 3.]

□ 제4조의 6(체육시설 안전관리 포상) 문화체육관광부장관은 제4조의 3에 따른 체육시설 안전점검 결과 안전관리가 우수한 체육시설의 체육시설소유자 및 체육시설업자를 선정하여 문화체육관광부령으로 정하는 바에 따라 포상을 할 수 있다.

[본조신설 2015. 2. 3.]

제2장 공공체육시설

- 제5조(전문체육시설)

    ① 국가와 지방자치단체는 국내·외 경기대회의 개최와 선수 훈련 등에 필요한 운동장이나 체육관 등 체육시설을 대통령령으로 정하는 바에 따라 설치·운영하여야 한다.
    ② 제1항에 따른 체육관은 체육, 문화 및 청소년 활동 등 필요한 용도로 활용될 수 있도록 설치되어야 한다.
    ③ 제1항에 따른 체육시설의 사용을 촉진하기 위하여 지방자치단체는「공유재산 및 물품 관리법」, 그 밖의 다른 법률의 규정에도 불구하고 그 사용료의 전부나 일부를 대통령령으로 정하는 바에 따라 감면할 수 있다. 〈신설 2012. 1. 17.〉

- 제6조(생활체육시설)

    ① 국가와 지방자치단체는 국민이 거주지와 가까운 곳에서 쉽게 이용할 수 있는 생활체육시설을 대통령령으로 정하는 바에 따라 설치·운영하여야 한다.
    ② 제1항에 따른 생활체육시설을 운영하는 국가와 지방자치단체는 장애인이 생활체육시설을 쉽게 이용할 수 있도록 시설이나 기구를 마련하는 등의 필요한 시책을 강구하여야 한다.
    ③ 제1항에 따른 체육시설의 사용을 촉진하기 위하여 지방자치단체는「공유재산 및 물품 관리법」, 그 밖의 다른 법률의 규정에도 불구하고 그 사용료의 전부나 일부를 대통령령으로 정하는 바에 따라 감면할 수 있다. 〈신설 2012. 1. 17.〉

- 제7조(직장체육시설)

    ① 직장의 장은 직장인의 체육 활동에 필요한 체육시설을 설치·운영하여야 한다.
    ② 제1항에 따른 직장의 범위와 체육시설의 설치 기준은 대통령령으로 정한다.

- 연혁 제8조(체육시설의 개방과 이용)

    ① 제5조 및 제6조에 따른 체육시설은 경기대회 개최나 시설의 유지·관리 등에 지장이 없는 범위에서 지역 주민이 이용할 수 있도록 개방하여야 한다. 〈개정 2009. 3. 18.〉
    ② 제1항에 따른 체육시설의 개방 및 이용에 관하여 필요한 사항은 문화체육관광부령으로 정한다. 〈개정 2008. 2. 29.〉

- 제9조(체육시설의 위탁 운영) 국가나 지방자치단체는 제5조 제1항 및 제6조에 따른 체육시설과 제7조 제1항에 따른 직장체육시설 중 국가나 지방자치단체가 설치한 체육시설의 전문적 관리와 이용을 촉진하기 위하여 필요하면 그 체육시설의 운영과 관리를 개인이나 단체에 위탁할 수 있다.

제3장 체육시설업

- 제10조(체육시설업의 구분·종류)

  ① 체육시설업은 다음과 같이 구분한다.
  1. 등록 체육시설업 : 골프장업, 스키장업, 자동차 경주장업
  2. 신고 체육시설업 : 요트장업, 조정장업, 카누장업, 빙상장업, 승마장업, 종합 체육시설업, 수영장업, 체육도장업, 골프 연습장업, 체력단련장업, 당구장업, 썰매장업, 무도학원업, 무도장업

  ② 제1항 각 호에 따른 체육시설업은 그 종류별 범위와 회원 모집, 시설 규모, 운영 형태 등에 따라 그 세부 종류를 대통령령으로 정할 수 있다.

- 연혁 제11조(시설 기준 등)

  ① 체육시설업자는 체육시설업의 종류에 따라 문화체육관광부령으로 정하는 시설 기준에 맞는 시설을 설치하고 유지·관리하여야 한다. 〈개정 2008. 2. 29.〉

  ② 문화체육관광부장관은 제10조에 따른 체육시설업의 건전한 육성을 위하여 필요하다고 인정하면 대통령령으로 정하는 바에 따라 체육시설의 이용 및 운영에 지장이 없는 범위에서 시설물의 설치 및 부지 면적을 제한할 수 있다. 〈개정 2008. 2. 29.〉

- 연혁 제12조(사업계획의 승인) 제10조 제1항 제1호에 따른 등록 체육시설업을 하려는 자는 제11조에 따른 시설을 설치하기 전에 대통령령으로 정하는 바에 따라 체육시설업의 종류별로 사업계획서를 작성하여 시·도지사의 승인을 받아야 한다. 그 사업계획을 변경(대통령령으로 정하는 경미한 사항에 관한 사업계획의 변경은 제외한다)하려는 경우에도 또한 같다. 〈개정 2009. 3. 18., 2015. 2. 3.〉

- 제13조(사업계획 승인의 제한)

  ① 시·도지사는 국토의 효율적 이용, 지역간 균형 개발, 재해 방지, 자연환경 보전 및 체육시설업의 건전한 육성 등 공공복리를 위하여 필요하면 대통령령으로 정하는 바에 따라 제12조에 따

른 사업계획의 승인 또는 변경승인을 제한할 수 있다.

② 시·도지사는 제31조에 따라 사업계획의 승인이 취소된 후 6개월이 지나지 아니한 때에는 같은 장소에서 그 사업계획의 승인이 취소된 자에게 그 취소된 체육시설업과 같은 종류의 체육시설업에 대한 사업계획의 승인을 할 수 없다. 다만, 회원을 모집하는 체육시설업에 대한 사업계획의 승인이 취소된 경우 같은 장소에서 회원을 모집하지 아니하는 체육시설업에 대한 사업계획을 승인하는 경우에는 그러하지 아니하다.

- 제14조(대중골프장의 병설) 시·도지사는 대통령령으로 정하는 바에 따라 회원을 모집하는 골프장업을 하려는 자에게 회원을 모집하지 아니하는 골프장(이하 "대중골프장"이라 한다)을 직접 병설(竝設)하게 할 수 있다. 다만, 대중골프장을 직접 병설하여야 할 자가 부득이한 사정으로 말미암아 직접 대중골프장을 병설하기 곤란하다고 인정하면 대통령령으로 정하는 바에 따라 이에 상당하는 금액(이하 "대중골프장 조성비"라 한다)을 예치(豫置)하게 할 수 있다.

- 제15조(대중골프장 조성비의 관리 및 사용)

  ① 대중골프장 조성비는 그 예치자가 공동으로 대중골프장의 설치·운영을 위한 사업에 투자하여야 한다.
  ② 제1항에 따른 대중골프장 조성비의 투자·관리와 대중골프장의 설치·운영에 필요한 사항은 대통령령으로 정한다.

- 제16조(등록 체육시설업의 시설 설치 기간)

  ① 제12조에 따라 등록 체육시설업에 대한 사업계획의 승인을 받은 자(이하 "사업계획의 승인을 받은 자"라 한다)는 그 사업계획의 승인을 받은 날부터 6년 이내에 그 사업시설 설치 공사를 착수·준공하여야 한다. 다만, 천재지변이나 소송의 진행 등 대통령령으로 정하는 사유로 말미암아 설치 공사의 착수·준공을 할 수 없으면 그러하지 아니하다.
  ② 제1항 단서에 따른 설치 기간의 연장에 필요한 사항은 대통령령으로 정한다.

- 연혁 제17조(회원 모집)

  ① 체육시설업자 또는 사업계획의 승인을 받은 자는 회원을 모집할 수 있으며, 회원을 모집하려면 회원 모집을 시작하는 날 15일 전까지 시·도지사, 시장·군수 또는 구청장에게 회원모집계획서를 작성·제출하여야 한다. 〈개정 2015. 2. 3.〉
  ② 제1항에 따른 회원을 모집하려는 자가 대통령령으로 정하는 관광사업 시설과 통합하여 회원을 모집하기 위하여 회원모집계획서를 제출한 경우에는 「관광진흥법」 제20조에도 불구하고 이 법

에 따른 회원 모집으로 본다.

③ 제1항에 따른 회원의 종류, 회원의 수, 모집 시기, 모집 방법, 모집 절차 및 회원모집계획서의 작성·제출 등에 관하여 필요한 사항은 대통령령으로 정한다.

- 제18조(회원의 보호) 제17조 제1항에 따라 회원을 모집한 체육시설업자 또는 사업계획의 승인을 받은 자는 회원자격의 양도(讓渡)·양수(讓受), 입회금액의 반환, 회원증의 확인·발급 및 회원 대표기구의 구성·역할 등에서 회원의 권익 보호를 위하여 대통령령으로 정하는 사항을 지켜야 한다.

- 연혁 제19조(체육시설업의 등록)

    ① 제12조에 따른 사업계획의 승인을 받은 자가 제11조에 따른 시설을 갖춘 때에는 영업을 시작하기 전에 대통령령으로 정하는 바에 따라 시·도지사에게 그 체육시설업의 등록을 하여야 한다. 등록 사항(문화체육관광부령으로 정하는 경미한 등록 사항을 제외한다)을 변경하려는 때에도 또한 같다. 〈개정 2008. 2. 29.〉

    ② 시·도지사는 골프장업 또는 스키장업에 대한 사업계획의 승인을 받은 자가 그 승인을 받은 사업시설 중 대통령령으로 정하는 규모 이상의 시설을 갖추었을 때에는 제1항에도 불구하고 문화체육관광부령으로 정하는 기간에 나머지 시설을 갖출 것을 조건으로 그 체육시설업을 등록하게 할 수 있다. 〈개정 2008. 2. 29.〉

- 연혁 제20조(체육시설업의 신고) 제10조 제1항 제2호에 따른 체육시설업을 하려는 자는 제11조에 따른 시설을 갖추어 문화체육관광부령으로 정하는 바에 따라 특별자치도지사·시장·군수 또는 구청장에게 신고하여야 한다. 신고 사항을 변경하려는 때에도 또한 같다. 〈개정 2008. 2. 29., 2009. 3. 18.〉

- 제21조(체육시설의 이용 질서) 회원을 모집하는 골프장업자는 제14조에 따른 병설 대중골프장의 이용 방법과 이용료 등 그 운영에 관하여 회원을 모집하는 해당 골프장과 분리하여야 한다.

- 연혁 제22조(체육시설업자의 준수 사항)

    ① 체육시설업자는 다음 각 호의 사항을 지켜야 한다. 〈개정 2009. 6. 9.〉

    1. 「소음·진동관리법」 등 개별법의 규정을 초과하는 소음·진동으로 지역 주민의 주거 환경을 해치지 아니하도록 할 것

    2. 체육시설 업소 안에서 하는 도박이나 그 밖의 사행행위(射倖行爲)를 조장하거나 묵인하지 아니할 것

3. 이용약관 등 회원 및 일반이용자와 약정한 사항을 지킬 것

② 무도학원업자·무도장업자는 제1항 각 호의 규정 외에 시설 및 운영 기준 등 대통령령으로 정하는 사항을 지켜야 한다.

☐ 연혁 제23조(체육지도자의 배치)

① 체육시설업자는 문화체육관광부령으로 정하는 일정 규모 이상의 체육시설에 체육지도자를 배치하여야 한다. 〈개정 2008. 2. 29.〉

② 제1항에 따른 체육지도자의 배치 기준에 관하여 필요한 사항은 문화체육관광부령으로 정한다. 〈개정 2008. 2. 29.〉

☐ 연혁 제24조(안전·위생 기준)

① 체육시설업자는 이용자가 체육시설을 안전하고 쾌적하게 이용할 수 있도록 안전관리요원 배치, 수질 관리 및 보호 장구의 구비(具備) 등 문화체육관광부령으로 정하는 안전·위생 기준을 지켜야 한다. 〈개정 2008. 2. 29.〉

② 체육시설업의 시설을 이용하는 자는 제1항의 안전·위생 기준에 따른 보호 장구를 착용하여야 한다.

③ 체육시설업자는 체육시설업의 시설을 이용하는 자가 제2항의 보호 장구 착용 의무를 준수하지 아니한 경우에는 그 체육시설 이용을 거절하거나 중지하게 할 수 있다.

☐ 연혁 제25조 삭제 〈2011. 4. 5.〉

☐ 연혁 제26조(보험 가입) 체육시설업자는 체육시설의 설치·운영과 관련되거나 그 체육시설 안에서 발생한 피해를 보상하기 위하여 문화체육관광부령으로 정하는 바에 따라 보험에 가입하여야 한다. 다만, 문화체육관광부령으로 정하는 소규모 체육시설업자인 경우에는 그러하지 아니하다. 〈개정 2008. 2. 29.〉

☐ 연혁 제27조(체육시설업 등의 승계)

① 체육시설업자가 사망하거나 그 영업을 양도한 때 또는 법인인 체육시설업자가 합병한 때에는 그 상속인, 영업을 양수한 자 또는 합병 후 존속하는 법인이나 합병(合併)에 따라 설립되는 법인은 그 체육시설업의 등록 또는 신고에 따른 권리·의무(제17조에 따라 회원을 모집한 경우에는 그 체육시설업자와 회원 간에 약정한 사항을 포함한다)를 승계한다.

② 다음 각 호의 어느 하나에 해당하는 절차에 따라 문화체육관광부령으로 정하는 체육시설업의

시설 기준에 따른 필수시설을 인수한 자에게는 제1항을 준용한다. 〈개정 2008. 2. 29., 2010. 3. 31.〉

1. 「민사집행법」에 따른 경매
2. 「채무자 회생 및 파산에 관한 법률」에 의한 환가(換價)
3. 「국세징수법」·「관세법」또는「지방세기본법」에 따른 압류 재산의 매각
4. 그 밖에 제1호부터 제3호까지의 규정에 준하는 절차

③ 제12조에 따른 사업계획 승인의 승계에 관하여는 제1항과 제2항을 준용한다.

□ 연혁 제28조(다른 법률과의 관계)

① 제12조에 따라 등록 체육시설업에 대한 사업계획의 승인을 받으면 다음 각 호의 인가·허가 또는 해제 등을 받거나 신고를 한 것으로 본다. 〈개정 2008. 3. 21., 2009. 3. 18., 2009. 6. 9., 2010. 5. 31., 2014. 1. 14.〉

1. 「농지법」제34조 제1항에 따른 농지전용허가
2. 「산지관리법」제14조 및 제15조에 따른 산지전용허가 및 산지전용신고, 같은 법 제15조의 2에 따른 산지일시사용허가·신고, 「산림자원의 조성 및 관리에 관한 법률」제36조 제1항·제4항에 따른 입목벌채등의 허가·신고. 다만, 사업계획 구역 내 형질 변경을 하지 아니하고 보전하는 산지의 경우에는 그러하지 아니하다.
3. 「사방사업법」제20조에 따른 사방지 지정의 해제
4. 「초지법」제23조에 따른 초지전용허가
5. 「하천법」제33조에 따른 하천구역 안에서의 하천 점용 등의 허가
6. 「공유수면관리법」제5조에 따른 공유수면의 점·사용허가
7. 「사도법」제4조에 따른 사도개설(私道開設)의 허가
8. 「도로법」제61조에 따른 도로 점용의 허가
9. 「국유림의 경영 및 관리에 관한 법률」제21조에 따른 국유림의 사용허가 또는 대부
10. 「건축법」제83조 제1항에 따른 공작물 축조의 신고
11. 「수도법」제52조 및 제54조에 따른 전용상수도 및 전용공업용수도 설치의 인가
12. 「장사 등에 관한 법률」제27조 제1항에 따른 분묘 개장(改葬)의 허가
13. 「대기환경보전법」제23조, 「수질 및 수생태계 보전에 관한 법률」제33조, 「소음·진동관리법」제8조 및 「가축분뇨의 관리 및 이용에 관한 법률」제11조에 따른 배출시설의 설치 허가 또는 신고

② 시·도지사는 제12조에 따라 등록 체육시설업에 대한 사업계획의 승인 또는 변경승인을 하려면 제1항 각 호의 해당 사항 소관 행정기관의 장과 미리 협의하여야 한다. 다만, 제12조 단서에 따른 경미한 사업계획의 변경인 경우에는 그러하지 아니하다.

③ 시·도지사는 제12조에 따른 등록 체육시설업에 대한 사업계획의 승인 또는 변경승인을 하거나 변경신고를 받은 때와 제31조에 따라 그 등록 체육시설업에 대한 사업계획의 승인을 취소한 때에는 지체 없이 제2항에 따른 협의 행정기관의 장에게 이를 통보하여야 한다.

□ 연혁 제29조(휴업 또는 폐업 통보 등)

① 제20조에 따른 체육시설업자가 3개월 이상 휴업하거나 폐업하려고 할 때에는 휴업 또는 폐업한 날부터 30일 이내에 문화체육관광부령으로 정하는 바에 따라 그 사실을 특별자치도지사·시장·군수 또는 구청장에게 통보하여야 한다. 〈개정 2008. 2. 29., 2009. 3. 18.〉

② 특별자치도지사·시장·군수 또는 구청장은 체육시설업자가 제1항에 따른 기간에 통보하지 아니하면 문화체육관광부령으로 정하는 바에 따라 휴업 또는 폐업 처리를 할 수 있다. 〈개정 2008. 2. 29., 2009. 3. 18.〉

□ 제30조(시정명령) 시·도지사, 시장·군수 또는 구청장은 체육시설업자 또는 사업계획의 승인을 받은 자가 다음 각 호의 어느 하나에 해당하면 기간을 정하여 그 시정을 명할 수 있다.

1. 제11조 제1항에 따른 시설 기준을 위반한 때
2. 제12조에 따른 사업계획의 변경승인을 받지 아니하고 사업계획을 변경하여 시설을 설치한 때
3. 제17조에 따른 회원 모집에 관한 사항을 위반한 때
4. 제18조에 따른 회원 보호에 관한 사항을 위반한 때
5. 제21조에 따른 회원제 골프장업과 병설 대중골프장업을 분리하여 운영하지 아니한 때
6. 제22조에 따른 체육시설업자의 준수 사항을 위반한 때
7. 제24조 제1항에 따른 안전·위생 기준을 위반한 때
8. 제26조에 따른 보험에 가입하지 아니한 때

□ 제31조(사업계획 승인의 취소) 시·도지사는 사업계획의 승인을 받은 자가 제19조 제1항 또는 제2항에 따른 체육시설업의 등록 전에 다음 각 호의 어느 하나에 해당하면 그 체육시설업에 대한 사업계획의 승인을 취소할 수 있다.

1. 거짓이나 그 밖의 부정한 방법으로 제12조에 따른 사업계획의 승인 또는 변경승인을 받은 경우
2. 제16조 제1항에 따른 기간에 사업시설의 설치 공사를 착수·준공하지 아니한 경우

3. 제19조 제1항 또는 제2항에 따라 등록을 하지 아니하고 영업을 시작한 경우

□ 연혁 제32조(등록취소 등)

① 시·도지사는 등록 체육시설업자가 제19조 제2항에 따른 등록조건을 정당한 사유 없이 이행하지 아니하면 그 등록을 취소하여야 한다.

② 시·도지사, 시장·군수 또는 구청장은 체육시설업자가 다음 각 호의 어느 하나에 해당하면 그 등록취소 또는 영업 폐쇄명령을 하거나 6개월 이내의 기간을 정하여 영업정지를 명할 수 있다. 〈개정 2015. 2. 3.〉

1. 제4조의 4 제3항에 따른 시설물의 보수·보강 등 필요한 조치에 대한 이행 및 시정 명령을 준수하지 아니한 경우
2. 제14조에 따른 대중골프장의 병설 또는 대중골프장 조성비의 예치 의무의 전부 또는 일부를 이행하지 아니한 경우
3. 거짓이나 그 밖의 부정한 방법으로 제19조 제1항·제2항 또는 제20조에 따른 체육시설업의 등록이나 신고를 한 경우
4. 제19조 제1항 후단 또는 제20조 후단에 따라 변경등록이나 변경신고를 하지 아니한 경우
5. 영업정지 처분을 받고 그 기간에 영업을 한 경우
6. 제30조에 따른 시정명령을 받고 이를 이행하지 아니한 경우
7. 「도로교통법」 제53조 제3항을 위반하여 어린이통학버스(같은 법 제52조에 따른 어린이통학버스 신고를 하지 아니한 경우를 포함한다)에 보호자를 함께 태우지 아니한 채 어린이통학버스 운행 중 발생한 교통사고로 해당 어린이통학버스에 탑승(승하차를 포함한다)한 어린이가 사망하거나 신체에 문화체육관광부령으로 정하는 중상해를 입은 경우

③ 제2항에 따른 행정처분의 세부 기준은 그 처분 사유와 위반 정도 등을 고려하여 문화체육관광부령으로 정한다. 〈개정 2008. 2. 29.〉

□ 제32조의 2(어린이통학버스 등의 사고 정보의 공개)

① 특별자치시장·특별자치도지사·시장·군수 또는 구청장은 제32조 제2항 제7호에 해당하는 사고가 발생한 경우 그 사고 내용과 해당 체육시설의 정보를 일반에 공개할 수 있다.

② 제1항에 따른 사고 정보 공개의 구체적 기준·방법 및 절차 등에 필요한 사항은 문화체육관광부령으로 정한다.

[본조신설 2015. 2. 3.]

- 제33조(청문) 시·도지사, 시장·군수 또는 구청장은 다음 각 호의 어느 하나에 해당하는 처분을 하려면 청문을 하여야 한다.

  1. 제31조에 따른 사업계획의 승인취소
  2. 제32조 제1항에 따른 등록취소
  3. 제32조 제2항에 따른 등록취소 또는 영업 폐쇄명령

- 제34조(체육시설업협회)

  ① 체육시설업자는 체육시설업의 건전한 발전을 위하여 체육시설업의 종류별로 협회를 설립할 수 있다.
  ② 협회는 법인으로 한다.
  ③ 협회는 정관으로 정하는 바에 따라 지회(支會) 또는 분회(分會)를 둘 수 있다.
  ④ 협회에 관하여는 이 법에서 규정한 것 외에는 「민법」중 사단법인에 관한 규정을 준용한다.

제4장 보칙

- 제35조(보조)

① 국가나 지방자치단체는 회계연도마다 예산의 범위에서 다음 각 호의 체육시설에 대하여 설치 비용 일부를 보조할 수 있다.
  1. 지방자치단체가 제5조 제1항 및 제6조에 따라 설치하는 공공체육시설
  2. 체육시설업의 보호와 육성을 위하여 대통령령으로 정하는 시설 기준에 맞는 각종 체육시설
② 국가나 지방자치단체는 지역주민에게 개방·이용되는 학교 및 직장의 체육시설에 대하여 그 관리·보수(補修)에 필요한 경비를 보조할 수 있다.

- 연혁 제36조(시책 수립에 필요한 사항 등의 보고) 시·도지사, 시장·군수 또는 구청장은 문화체육관광부령으로 정하는 바에 따라 체육시설의 설치·이용에 관한 시책 수립에 필요한 사항과 이 법의 시행에 관한 사항을 문화체육관광부장관에게 보고하여야 한다. 〈개정 2008. 2. 29.〉

- 연혁 제37조(수수료) 다음 각 호의 어느 하나에 해당하는 자는 특별시·광역시·도·특별자치도 또는 시·군·자치구의 조례로 정하는 수수료를 내야 한다. 〈개정 2008. 2. 29., 2011. 4. 5.〉

  1. 제12조에 따라 체육시설업에 대한 사업계획의 승인이나 변경승인을 신청하는 자

2. 제19조에 따라 체육시설업의 등록이나 변경등록을 신청하는 자
3. 제20조에 따라 체육시설업의 신고나 변경신고를 하는 자

제5장 벌칙

- 연혁 제38조(벌칙)

  ① 다음 각 호의 어느 하나에 해당하는 자는 3년 이하의 징역 또는 1천만 원 이하의 벌금에 처한다.
    1. 제12조에 따른 사업계획의 승인을 받지 아니하고 등록 체육시설업의 시설을 설치한 자
    2. 제19조 제1항 또는 제2항에 따른 등록(변경등록은 제외한다)을 하지 아니하고 체육시설업의 영업을 한 자

  ② 다음 각 호의 어느 하나에 해당하는 자는 1년 이하의 징역 또는 300만 원 이하의 벌금에 처한다. 〈개정 2008. 2. 29.〉
    1. 제20조에 따른 신고(변경신고는 제외한다)를 하지 아니하고 체육시설업(문화체육관광부령으로 정하는 소규모 업종은 제외한다)의 영업을 한 자
    2. 제24조 제1항에 따른 안전·위생 기준을 위반한 자
    3. 제32조 제2항에 따른 영업 폐쇄명령 또는 정지명령을 받고 그 체육시설업(제1호에 따라 문화체육관광부령으로 정하는 소규모 업종은 제외한다)의 영업을 한 자

  ③ 제1항 및 제2항에 따른 징역과 벌금은 병과(倂科)할 수 있다.

- 연혁 제39조(양벌규정) 법인의 대표자나 법인 또는 개인의 대리인, 사용인, 그 밖의 종업원이 그 법인 또는 개인의 업무에 관하여 제38조의 위반행위를 하면 그 행위자를 벌하는 외에 그 법인 또는 개인에게도 해당 조문의 벌금형을 과(科)한다. 다만, 법인 또는 개인이 그 위반행위를 방지하기 위하여 해당 업무에 관하여 상당한 주의와 감독을 게을리하지 아니한 경우에는 그러하지 아니하다.

[전문개정 2009. 3. 18.]

- 연혁 제40조(과태료)

  ① 다음 각 호의 어느 하나에 해당하는 자에게는 100만 원 이하의 과태료를 부과한다. 〈개정 2008. 2. 29., 2015. 2. 3.〉
    1. 제4조의 4 제3항에 따른 시설물의 보수·보강 등 필요한 조치에 대한 이행 및 시정 명령을 준수하지 아니한 체육시설의 소유자와 체육시설업자

2. 제19조 제1항에 따른 변경등록을 하지 아니하고 영업을 한 자

3. 제23조에 따른 체육지도자를 배치하지 아니하거나 체육지도자 자격이 없는 자를 배치한 자

4. 제26조에 따른 보험에 가입하지 아니한 자

5. 제20조에 따른 신고를 하지 아니하고 제38조 제2항 제1호에 따라 문화체육관광부령으로 정하는 소규모 업종의 체육시설업의 영업을 한 자

6. 제32조 제2항에 따른 영업 폐쇄명령 또는 정지명령을 받고 제38조 제2항 제1호에 따라 문화체육관광부령으로 정하는 소규모 업종의 체육시설업의 영업을 한 자

② 제1항에 따른 과태료는 대통령령으로 정하는 바에 따라 시·도지사, 시장·군수 또는 구청장이 부과·징수한다.

③ 삭제 〈2009. 3. 18.〉

④ 삭제 〈2009. 3. 18.〉

⑤ 삭제 〈2009. 3. 18.〉

1.3 체육시설의 설치·이용에 관한 법률 시행령

체육시설의 설치·이용에 관한 법률 시행령

[시행 2015. 1. 1.] [대통령령 제25840호, 2014. 12. 9., 타법개정]
문화체육관광부(체육진흥과), 044-203-3138

제1장 총칙

- 제1조(목적) 이 영은 「체육시설의 설치·이용에 관한 법률」에서 위임된 사항과 그 시행에 필요한 사항을 규정함을 목적으로 한다.

- 제2조(체육시설의 종류) 「체육시설의 설치·이용에 관한 법률」(이하 "법"이라 한다) 제3조에 따른 체육시설의 종류는 별표 1과 같다.

제2장 공공체육시설

- 연혁 제3조(전문체육시설의 설치·운영)

    ① 법 제5조 제1항에 따라 국가와 지방자치단체가 설치·운영하여야 하는 전문체육시설은 다음

각 호와 같다. 〈개정 2010. 4. 13.〉

  1. 특별시·광역시·도 및 특별자치도(이하 "시·도"라 한다) : 국제경기대회 및 전국 규모의 종합경기대회를 개최할 수 있는 체육시설

  2. 시·군 : 시·군 규모의 종합경기대회를 개최할 수 있는 체육시설

② 제1항에 따른 전문체육시설의 설치기준은 문화체육관광부령으로 정한다. 〈개정 2008. 2. 29.〉

연혁 **제4조(생활체육시설의 설치·운영)**

① 법 제6조에 따라 국가와 지방자치단체가 설치·운영하여야 하는 생활체육시설은 다음 각 호와 같다.

  1. 시·군·구 : 지역 주민이 고루 이용할 수 있는 실내·외 체육시설

  2. 읍·면·동 : 지역 주민이 고루 이용할 수 있는 실외체육시설

② 제1항에 따른 생활체육시설의 설치기준은 문화체육관광부령으로 정한다. 〈개정 2008. 2. 29.〉

제4조의 2(전문체육시설 및 생활체육시설의 사용료 감면) 지방자치단체는 법 제5조 제3항 및 제6조 제3항에 따라 전문체육시설 및 생활체육시설이 제1호에 따른 행사에 사용되는 경우에는 사용료의 전부를 면제할 수 있고, 제2호부터 제5호까지의 규정에 따른 행사에 사용되는 경우에는 100분의 80의 범위에서 해당 지방자치단체의 조례로 정하는 바에 따라 사용료의 일부를 감경할 수 있다.

1. 국가나 다른 지방자치단체가 주최하거나 주관하는 행사
2. 다음 각 목의 단체(해당 단체의 지역단체, 가맹 경기단체 또는 회원단체를 포함한다)가 주관하는 행사
　가. 「국민체육진흥법」 제33조에 따른 대한체육회
　나. 「국민체육진흥법」 제34조에 따른 대한장애인체육회
　다. 「민법」 제32조에 따라 문화체육관광부장관의 허가를 받아 설립된 국민생활체육회
3. 「국가유공자 등 예우 및 지원에 관한 법률」 제6조에 따라 등록된 국가유공자 및 그 유족 또는 가족을 위한 행사
4. 65세 이상의 사람, 장애인 및 「국민기초생활 보장법」에 따른 수급자를 위한 행사
5. 그 밖에 사용료 감경이 필요하여 지방자치단체의 조례로 정하는 행사

[본조신설 2012. 7. 17.]

□ 연혁 제5조(직장체육시설의 설치·운영)

① 법 제7조제1항에 따라 직장체육시설을 설치·운영하여야 하는 직장은 상시 근무하는 직장인이 500명 이상인 직장으로 한다. 다만, 문화체육관광부령으로 정하는 직장은 직장체육시설의 전부 또는 일부를 설치·운영하지 아니할 수 있다. 〈개정 2008. 2. 29.〉

② 제1항에 따른 직장체육시설의 설치 기준은 문화체육관광부령으로 정한다. 〈개정 2008. 2. 29.〉

③ 직장체육시설의 설치·운영에 관하여는 특별시장·광역시장·도지사 또는 특별자치도지사(이하 "시·도지사"라 한다)가 지도·감독한다. 다만, 군부대 직장체육시설의 설치·운영에 관하여는 국방부장관이 지도·감독한다. 〈개정 2010. 4. 13.〉

제3장 체육시설업

□ 제6조(체육시설업의 종류별 범위) 법 제10조 제2항에 따른 체육시설업의 종류별 범위는 별표 2와 같다.

□ 연혁 제7조(체육시설업의 세부 종류)

① 법 제10조 제2항에 따른 체육시설업의 세부 종류는 다음 각 호와 같다.

1. 회원제체육시설업 : 회원을 모집하여 경영하는 체육시설업
2. 대중체육시설업 : 회원을 모집하지 아니하고 경영하는 체육시설업

② 제1항 제2호에 따른 대중체육시설업 중 골프장업은 시설 규모에 따라 문화체육관광부령으로 그 종류를 세분한다. 〈개정 2008. 2. 29.〉

□ 제8조(시설물의 설치 및 부지면적의 제한) 법 제11조 제2항에 따른 체육시설업 시설물 설치 및 부지 면적의 제한 사항은 별표 3과 같다.

□ 제9조(둘 이상의 시·도에 걸치는 등록 체육시설업의 관할 관청)

① 법 제10조 제1항 제1호에 따른 등록 체육시설업의 체육시설 설치 장소가 둘 이상의 시·도에 걸치는 경우에는 그 체육시설의 부지면적을 기준으로 가장 넓은 부분이 속하는 지역을 관할하는 시·도지사가 관할 관청이 된다.

② 제1항의 경우에 관할 관청인 시·도지사가 체육시설업 사업계획의 승인·등록 등을 하려면 관계 시·도지사와 협의하여야 한다.

▫ 연혁 제10조(사업계획의 승인 신청 등)

① 법 제12조 전단에 따라 등록 체육시설업 사업계획의 승인을 받으려는 자는 사업계획 승인신청서에 문화체육관광부령으로 정하는 서류를 첨부하여 관할 시·도지사에게 제출하여야 한다. 〈개정 2008. 2. 29.〉

② 시·도지사는 사업계획을 승인하였을 때에는 그 승인 사항을 관할 시장·군수 또는 구청장(자치구의 구청장을 말한다. 이하 같다)에게 통보하여야 한다. 이 경우 체육시설의 설치 장소가 둘 이상의 시·군 또는 구(자치구를 말한다)의 행정구역에 걸쳐 있는 경우에는 해당 지역을 관할하는 각각의 시장·군수 또는 구청장에게 통보하여야 한다.

③ 사업계획의 변경승인 신청에 관하여는 제1항과 제2항을 준용한다.

▫ 연혁 제11조(경미한 사항의 변경) 법 제12조 후단에서 "대통령령으로 정하는 경미한 사항"이란 다음 각 호의 어느 하나에 해당하는 사항을 말한다. 〈개정 2008. 2. 29., 2008. 9. 3.〉

1. 사업계획의 승인을 받은 자가 법인인 경우 그 대표자의 성명·주소의 변경에 관한 사항(법 제27조 제3항에 따른 사업계획 승인의 승계의 경우는 제외한다)
2. 상호의 변경에 관한 사항
3. 문화체육관광부령으로 정하는 범위에서 시설물 설치를 변경하는 것에 관한 사항. 이 경우 사업계획의 승인을 받은 부지의 면적 및 경계는 변경(경계의 변경 없이 측량에 의하여 면적이 변경되는 경우는 제외한다)하지 아니하여야 한다.
4. 회원모집 예정 인원 및 입회금의 변경에 관한 사항
5. 시설 설치공사의 착공예정일 또는 준공예정일의 변경에 관한 사항

▫ 연혁위임행정규칙버튼 제12조(사업계획 승인의 제한) 시·도지사는 법 제13조 제1항에 따라 다음 각 호의 어느 하나에 해당하는 경우에는 체육시설업 사업계획의 승인 또는 변경승인을 할 수 없다. 〈개정 2007. 11. 30., 2008. 2. 29.〉

1. 대중골프장업으로 승인을 받은 사업계획이나 등록한 시설의 전부 또는 일부를 회원제 골프장업의 사업계획이나 시설로 전환하려는 경우
2. 골프장업에 있어서는 자연환경 보전을 위하여 문화체육관광부장관이 관계 중앙행정기관의 장과 협의하여 고시하는 골프장의 입지 기준 및 환경 보전에 관한 사항에 적합하지 아니한 경우. 다만, 부지면적이 늘어나지 아니하는 다음 각 목의 사업계획 변경승인은 제한하지 아니한다.
   가. 「수질 및 수생태계 보전에 관한 법률」 제2조 제7호에 따른 수질오염물질 각 항목의 배출량

을 증가시키지 아니하고 골프장업의 시설물을 고치거나 수리하는 경우

나. 골프장업 부지면적의 100분의 10의 범위에서 「자연환경보전법」 제2조 제14호에 따른 생태·자연도(「자연환경보전법」 제34조 제1항 제4호의 별도관리지역은 제외한다)의 등급이 높은 지역의 부지를 제외하고 낮은 지역의 부지를 편입시키거나, 「자연환경보전법 시행령」 제23조 제1항 제4호에 따른 녹지등급이 높은 지역의 부지를 제외하고 낮은 지역의 부지를 편입시키는 경우

3. 스키장업에 있어서는 부지 내 산림(「산림자원의 조성 및 관리에 관한 법률」 제2조 제1호에 따른 산림으로서 사업계획 승인 당시의 산림을 말하며, 사업부지가 변경되는 사업계획 변경의 경우에는 변경된 부지를 대상으로 한 사업계획 승인 당시 산림이었던 부분과 새로 부지가 된 부분의 산림을 합한 것을 말한다)의 면적에 대하여 원형이 보전(保全)되는 면적의 비율이 100분의 25 미만인 경우

위임행정규칙

□ 연혁 제13조(대중골프장의 병설 등) 법 제14조 본문에 따라 시·도지사는 회원제 골프장업을 하려는 자에게 다음 각 호의 기준에 따라 대중골프장을 직접 병설(竝設)하게 하여야 한다. 다만, 제1호에 해당하는 규모의 대중골프장을 이미 설치·운영하고 있는 자에 대하여는 그러하지 아니하다. 〈개정 2008. 2. 29.〉

1. 대중골프장의 규모

   가. 18홀인 회원제 골프장 : 6홀 이상의 대중골프장

   나. 18홀을 초과하는 회원제 골프장 : 6홀에 18홀을 초과하는 9홀마다 3홀을 추가하는 규모 이상의 대중골프장

2. 대중골프장의 준공기한

   회원제 골프장업을 등록하기 전까지 대중골프장의 설치공사를 마칠 것. 다만, 시·도지사는 회원제 골프장업의 등록을 신청하는 자가 그 등록신청 당시 병설할 대중골프장업에 대한 사업계획의 승인을 받은 경우에는 문화체육관광부령으로 정하는 바에 따라 대중골프장의 준공기한을 회원제 골프장업의 등록일부터 1년 6개월의 범위에서 연기할 수 있다.

□ 연혁 제14조(대중골프장 조성비의 예치금액 등)

① 시·도지사는 법 제14조 단서에 따라 대중골프장을 직접 병설하여야 할 자가 부득이한 사정으로 직접 병설이 곤란하다고 인정하는 경우에는 다음 각 호의 기준에 따라 대중골프장 조성비를

문화체육관광부령으로 정하는 대중골프장 조성비의 관리기관(이하 "대중골프장 조성비 관리기관"이라 한다)에 예치(豫置)하게 하여야 한다. 〈개정 2008. 2. 29.〉

1. 예치금액 : 제13조 제1호에 따라 병설하여야 할 대중골프장 1홀당 예치금액은 문화체육관광부령으로 정하는 금액 이상일 것
2. 예치시기 : 회원제 골프장업에 대한 사업계획 승인 시, 제1차 회원모집계획서 제출 시 및 등록 시에 각각 대중골프장 조성비 총액의 3분의 1씩을 현금으로 예치하게 할 것. 다만, 시·도지사는 제1차 회원모집계획서의 제출 또는 등록신청 당시 제1차분의 대중골프장 조성비를 사업계획 승인 시에 예치하였을 경우에는 문화체육관광부령으로 정하는 바에 따라 제2차 및 제3차분의 대중골프장 조성비의 예치기한을 그 회원제 골프장업의 등록일부터 1년 6개월의 범위에서 연기할 수 있으며, 이 경우 문화체육관광부령으로 정하는 이자율에 의한 이자를 함께 예치하게 하여야 한다.

② 시·도지사는 제13조 각 호 외의 부분 본문에 따라 대중골프장을 직접 병설하기로 한 자가 부득이한 사정으로 직접 병설이 곤란하다고 인정하는 경우 그가 신청을 하면 그 대중골프장의 전부 또는 일부를 병설하지 아니하고 대중골프장 조성비를 예치하게 할 수 있다. 이 경우 대중골프장 조성비의 예치금액과 예치시기에 관하여는 제1항을 준용하되, 신청할 때에 제1항제2호 본문에 따른 제1차분·제2차분 또는 제3차분의 대중골프장 조성비의 예치기한이 지났을 때에는 그 해당 분에 대하여 같은 항 같은 호 단서에 따른 이자율에 의한 이자를 함께 예치하게 하여야 한다.

□ 연혁 제15조(대중골프장 조성비의 관리 및 사용)

① 대중골프장 조성비의 예치자는 법 제15조 제1항에 따라 대중골프장 조성비를 예치자 공동으로 대중골프장의 설치·운영에 관한 사업에 투자하려면 문화체육관광부령으로 정하는 바에 따라 그 예치자가 공동으로 대중골프장의 설치·운영을 목적으로 하는 법인을 설립하여야 한다. 〈개정 2008. 2. 29.〉

② 제1항에 따른 법인은 제4항 제2호에 따라 대중골프장 조성비 관리기관으로부터 이관(移管)받은 대중골프장 조성비를 다음 각 호의 사업에 사용할 수 있다.

1. 대중골프장의 조성을 위한 부동산의 매입 또는 임차
2. 대중골프장시설의 설치·관리·운영 등
3. 법인의 설립·운영

③ 제1항에 따른 법인은 문화체육관광부령으로 정하는 바에 따라 대중골프장 조성비의 사용계획

서, 사업계획서, 수지예산서 및 잉여금처분계획서를 작성하여 문화체육관광부장관의 승인을 받아야 한다. 이를 변경하려는 경우에도 또한 같다. 〈개정 2008. 2. 29.〉

④ 대중골프장 조성비 관리기관과 제1항에 따른 법인은 대중골프장 조성비를 다음 각 호에 따라 관리하여야 한다. 〈개정 2008. 2. 29.〉

  1. 대중골프장 조성비 관리기관은 제14조 제1항에 따라 대중골프장 조성비를 예치받았을 때에는 지체 없이 문화체육관광부장관이 정하는 바에 따라 금융기관에 예입(預入)할 것

  2. 대중골프장 조성비 관리기관은 제1항에 따른 법인에 문화체육관광부장관이 정하는 바에 따라 그 법인에 참여한 예치자가 예치한 대중골프장 조성비(이자를 포함한다. 이하 이 항에서 같다)를 이관할 것

  3. 대중골프장 조성비 관리기관과 제1항에 따른 법인은 법 제31조에 따라 회원제 골프장업의 사업계획 승인이 취소된 경우 외에는 예치받거나 이관받은 대중골프장 조성비를 예치자(그의 지위를 승계한 자를 포함한다)에게 반환하지 말 것

  4. 대중골프장 조성비 관리기관은 예치된 대중골프장 조성비의 관리책임을 보장하기 위하여 보증보험에 가입하는 등 필요한 재정보증 조치를 할 것

⑤ 제1항에 따른 법인은 대중골프장의 설치 장소, 설치 규모, 이용료 및 이용 방법 등에 관하여 문화체육관광부령으로 정하는 사항을 지켜야 한다. 〈개정 2008. 2. 29.〉

⑥ 제1항에 따른 법인은 매 회계연도가 끝난 후 2개월 이내에 다음 각 호의 서류를 문화체육관광부장관에게 제출하여야 한다. 〈개정 2008. 2. 29.〉

  1. 전(前) 사업연도의 사업실적서 및 수지결산서 각 1부

  2. 전 사업연도 말의 재산목록(현금이 있는 경우에는 금융기관의 잔고증명서를 첨부한다) 1부

⑦ 제6항에 따른 서류를 받은 문화체육관광부장관은 「전자정부법」 제36조 제1항에 따른 행정정보의 공동이용을 통하여 법인 등기사항증명서를 확인하여야 한다. 〈개정 2010. 5. 4., 2010. 11. 2.〉

□ 연혁 제16조(등록 체육시설업의 시설설치공사의 착수 및 준공)

① 법 제16조에 따라 등록 체육시설업에 대한 사업계획의 승인을 받은 자가 사업시설의 설치공사에 착수할 때에는 그 공사에 착수하기 30일 전까지 착공계획서를 관할 시·도지사에게 제출하고, 그 공사를 준공하였을 때(제21조 제1항에 따른 조건부등록에 필요한 시설을 준공하였을 때를 포함한다)에는 준공보고서를 관할 시·도지사에게 제출하여야 한다.

② 법 제16조 제1항 단서에서 "대통령령으로 정하는 사유"란 다음 각 호의 어느 하나에 해당하는

사유를 말한다.

1. 천재지변으로 인한 경우
2. 법원 또는 행정기관으로부터 법령에 따라 공사중지명령 등을 받은 경우

③ 등록 체육시설업 사업계획의 승인을 받은 자가 제2항 각 호에서 정한 사유로 법 제16조 제1항 본문에 따른 준공기간 내에 설치공사를 준공할 수 없는 경우에는 준공기간이 끝나기 전에 문화체육관광부령으로 정하는 바에 따라 시·도지사에게 설치기간의 연장신청을 하여야 한다. 〈개정 2008. 2. 29.〉

④ 시·도지사는 제3항에 따라 설치기간의 연장신청을 받았을 때에는 10일 이내에 그 내용을 검토하여 연장승인 여부를 통보하여야 한다. 이 경우 그 신청이 타당하다고 인정되어 설치기간을 연장할 때에는 제2항 각 호의 사유로 공사를 진행하지 못한 기간만큼 연장하여야 한다.

▫ 연혁 제17조(회원모집 시기 등) 법 제17조 제1항에 따른 회원의 모집시기 및 모집방법 등은 다음 각 호와 같다. 〈개정 2008. 2. 29.〉

1. 회원모집 시기
    가. 등록 체육시설업 : 해당 체육시설업의 시설설치공사의 공정이 30퍼센트 이상 진행된 이후
    나. 신고 체육시설업 : 법 제20조에 따라 신고를 한 이후
2. 회원모집의 방법 및 절차
    가. 회원은 문화체육관광부령으로 정하는 바에 따라 공개로 모집할 것. 다만, 회원탈퇴 등으로 결원된 회원을 보충하는 경우나 공개모집 후 정원에 미달된 회원을 재모집하는 경우에는 비공개로 모집할 수 있다.
    나. 회원을 신청한 자가 모집하려는 인원을 초과하는 경우에는 공정한 추첨을 통하여 회원을 선정할 것
    다. 회원의 자격을 제한하려는 경우에는 구체적인 자격제한 기준을 미리 약관에 명시할 것
3. 회원모집 인원
    제1호가목의 경우 설치공사의 공정률이 50퍼센트 미만일 때에는 모집하려는 전체 회원의 입회금을 합한 금액이 제18조 제1항에 따른 회원모집계획서 제출 당시 사업시설의 설치에 투자된 금액을 초과하지 아니하는 범위에서 회원을 모집할 것

▫ 연혁 제18조(회원모집계획서의 제출 등) ① 법 제17조 제1항에 따라 체육시설의 회원을 모집하려는 자는 회원모집계획서에 다음 각 호의 서류를 첨부하여 등록 체육시설업은 시·도지사에게 제출하고, 신고 체육시설업은 특별자치도지사·시장·군수 또는 구청장에게 제출하여야 한다. 회원

모집계획서의 내용을 변경하려는 경우에도 또한 같다. 〈개정 2010. 4. 13.〉

1. 회원모집 총인원, 회원의 종류 및 금액별·시기별 모집계획을 적은 서류
2. 회원모집 약관(입회금의 반환 시기·절차 및 이용 조건 등이 명시된 것이어야 한다)
3. 「건축법」 제2조 제1항 제15호에 따른 공사감리자가 작성하는 시설설치 공정확인서(등록 체육시설업의 경우에만 첨부한다)
4. 투자 총금액(등록 체육시설업은 공정별 투자 금액)을 확인할 수 있는 서류
5. 「관광진흥법 시행령」 제25조 제1항에 따른 서류(관광사업시설과 통합하여 회원을 모집하는 경우에만 첨부한다)

② 시·도지사, 시장·군수 또는 구청장은 제1항에 따라 받은 회원모집계획서와 그 첨부서류를 검토하여 제출일부터 10일 이내에 그 결과를 상대방에게 통보하여야 한다.

③ 제1항에 따라 회원모집계획서를 제출한 자는 제2항에 따라 통보받은 회원모집계획에 따라 회원을 모집할 수 있으며, 회원모집이 끝난 경우에는 그 완료일부터 10일 이내에 회원모집결과를 시·도지사나 시장·군수 또는 구청장에게 보고하여야 한다.

④ 법 제17조 제2항에서 "대통령령으로 정하는 관광사업"이란 다음 각 호의 사업을 말한다.

1. 「관광진흥법」 제3조 제1항 제2호에 따른 관광숙박업
2. 「관광진흥법 시행령」 제2조 제1항 제3호나목2)에 따른 제2종 종합휴양업

□ 연혁 제19조(회원의 보호) 법 제18조에서 "대통령령으로 정하는 사항"이란 다음 각 호의 사항을 말한다. 〈개정 2008. 2. 29.〉

1. 회원자격의 양도·양수

   회원이 그 자격을 다른 사람에게 양도하려는 경우에는 양수하려는 자가 제17조 제2호다목에 따른 회원의 자격제한 기준에 해당하는 경우 외에는 이를 제한하여서는 아니 되며, 회원자격을 양수하는 자로부터 회원자격의 양도·양수에 따른 일체의 비용을 징수하는 경우 그 금액은 실비(實費)를 기준으로 한 금액이어야 한다.

2. 입회금액(회원으로 최초 가입하는 자가 회원자격을 부여받는 대가로 회원을 모집하는 자에게 지불하는 모든 금액을 말하되, 회원으로 최초 가입하는 자가 회원에 가입할 때 법률에 따라 설치된 기금에 기부한 금액은 제외한다)의 반환

   회원의 탈퇴 또는 탈퇴자에 대한 입회금액의 반환시기 등에 관하여는 회원을 모집한 자와 회원 간의 약정에 따르되, 회원으로 가입한 이후 회원 권익에 관한 약정이 변경되는 경우에는 기존 회원은 탈퇴할 수 있으며, 탈퇴자가 입회금의 반환을 요구하는 경우에는 지체 없이 이를 반환

하여야 한다.

3. 회원자격의 존속기한을 정한 회원(이하 "연회원"이라 한다)에 대한 입회금액의 반환

    연회원이 회원자격의 존속기한이 끝나 입회금의 반환을 요구하는 경우에는 요구한 날부터 10일 이내에 반환하여야 한다. 다만, 입회금의 반환 여부 등에 관한 약정이 있는 경우에는 그 약정에 따른다.

4. 회원증의 확인·발급

    회원이 입회한 날부터 30일 이내에 회원증을 작성하여 문화체육관광부령으로 정하는 바에 따라 회원에게 확인·발급하여야 한다. 회원자격을 양수한 회원의 경우에도 또한 같다.

5. 회원 대표기구

    회원이 회원을 대표하는 운영위원회를 구성할 것을 요구하는 경우 회원 10명 이상으로 구성하게 하여야 하고, 회원의 권익에 관한 사항은 그 운영위원회와 미리 협의하여야 한다.

□ 연혁 제20조(등록 신청)

① 법 제19조 제1항에 따라 체육시설업의 등록을 하려는 자는 체육시설업 등록신청서에 문화체육관광부령으로 정하는 서류를 첨부하여 관할 시·도지사에게 제출하여야 한다. 〈개정 2008. 2. 29.〉

② 시·도지사는 제1항에 따른 등록 신청이 다음 각 호의 어느 하나에 해당하는 경우를 제외하고는 등록을 해 주어야 한다. 〈개정 2011. 12. 6.〉

1. 법 제11조 제1항에 따른 시설 기준에 미달하는 경우
2. 법 제12조에 따른 사업계획의 승인을 받지 아니한 경우
3. 법 제31조 각 호의 어느 하나에 해당하여 사업계획의 승인이 취소된 경우
4. 그 밖에 법, 이 영 또는 다른 법령에 따른 제한에 위반되는 경우

③ 제1항에 따라 체육시설업의 등록을 하려는 자 중 회원제 골프장업의 등록을 하려는 자는 해당 골프장의 토지 중 다음 각 호에 해당하는 토지 및 골프장 안의 건축물을 구분하여 등록을 신청하여야 한다.

1. 골프코스(티그라운드·페어웨이·러프·해저드·그린 등을 포함한다)
2. 주차장 및 도로
3. 조정지(골프코스와는 별도로 오수처리 등을 위하여 설치한 것은 제외한다)
4. 골프장의 운영 및 유지·관리에 활용되고 있는 조경지(골프장 조성을 위하여 산림훼손, 농지전용 등으로 토지의 형질을 변경한 후 경관을 조성한 지역을 말한다)

5. 관리시설(사무실 · 휴게시설 · 매점 · 창고와 그 밖에 골프장 안의 모든 건축물을 포함하되, 수영장 · 테니스장 · 골프연습장 · 연수시설 · 오수처리시설 및 태양열이용설비 등 골프장의 용도에 직접 사용되지 아니하는 건축물은 제외한다) 및 그 부속토지

6. 보수용 잔디 및 묘목 · 화훼 재배지 등 골프장의 유지 · 관리를 위한 용도로 사용되는 토지

④ 시 · 도지사는 제2항에 따라 등록을 한 경우에는 체육시설업 등록부에 적고, 신청인에게 등록증을 발급하여야 한다. 〈신설 2011. 12. 6.〉

⑤ 체육시설업의 변경등록신청에 관하여는 제1항부터 제4항까지의 규정을 준용한다. 〈개정 2011. 12. 6.〉

- 연혁 제21조(조건부등록)

① 법 제19조 제2항에서 "대통령령으로 정하는 규모 이상의 시설"이란 다음 각 호의 시설과 그 시설의 이용에 필요한 시설로서 문화체육관광부령으로 정하는 시설을 말한다. 〈개정 2008. 2. 29.〉

1. 골프장업

   회원제골프장업의 경우에는 9홀 이상, 대중골프장업의 경우에는 6홀 이상

2. 스키장업

   3면 이상의 슬로프와 그 슬로프의 이용에 필요한 리프트

② 법 제19조 제2항에 따른 조건부등록을 한 자가 그 조건의 전부를 이행하였을 때에는 법 제19조 제1항에 따른 변경등록을 하여야 한다.

③ 조건부등록 신청 및 그 변경등록 신청에 관하여는 등록 신청에 관한 제20조를 준용한다. 이 경우 조건부등록 신청에 관하여는 제20조 제2항 제1호의 "법 제11조 제1항에 따른 시설 기준에 미달하는 경우"를 "제1항에 따른 시설을 갖추지 아니한 경우"로 본다. 〈개정 2011. 12. 6.〉

- 제22조(무도학원업자 · 무도장업자의 준수 사항) 법 제22조 제2항에 따라 무도학원업자 · 무도장업자가 준수하여야 할 사항은 다음 각 호와 같다.

1. 공연이나 무대연주를 위한 시설을 설치하지 아니할 것(무도장업자만 해당한다)
2. 업소에서 주류 또는 음식물을 판매하거나 제공하지 아니할 것. 다만, 자동판매기기에 의한 음료수의 판매는 제외한다.

- 제22조의 2(규제의 재검토) 문화체육관광부장관은 다음 각 호의 사항에 대하여 다음 각 호의 기준일을 기준으로 2년마다(매 2년이 되는 해의 기준일과 같은 날 전까지를 말한다) 그 타당성을 검토

하여 개선 등의 조치를 하여야 한다.

1. 제10조 제1항에 따른 사업계획 승인 신청 절차: 2015년 1월 1일
2. 제12조에 따른 사업계획 승인 제한: 2015년 1월 1일
3. 제23조 및 별표 4에 따른 과태료 부과기준: 2015년 1월 1일

[본조신설 2014. 12. 9.]

□ 연혁 제23조(과태료의 부과기준) 법 제40조 제1항에 따른 과태료의 부과기준은 별표 4와 같다.

[전문개정 2011. 3. 30.]

스/포/츠/시/설/경/영/론

연습문제

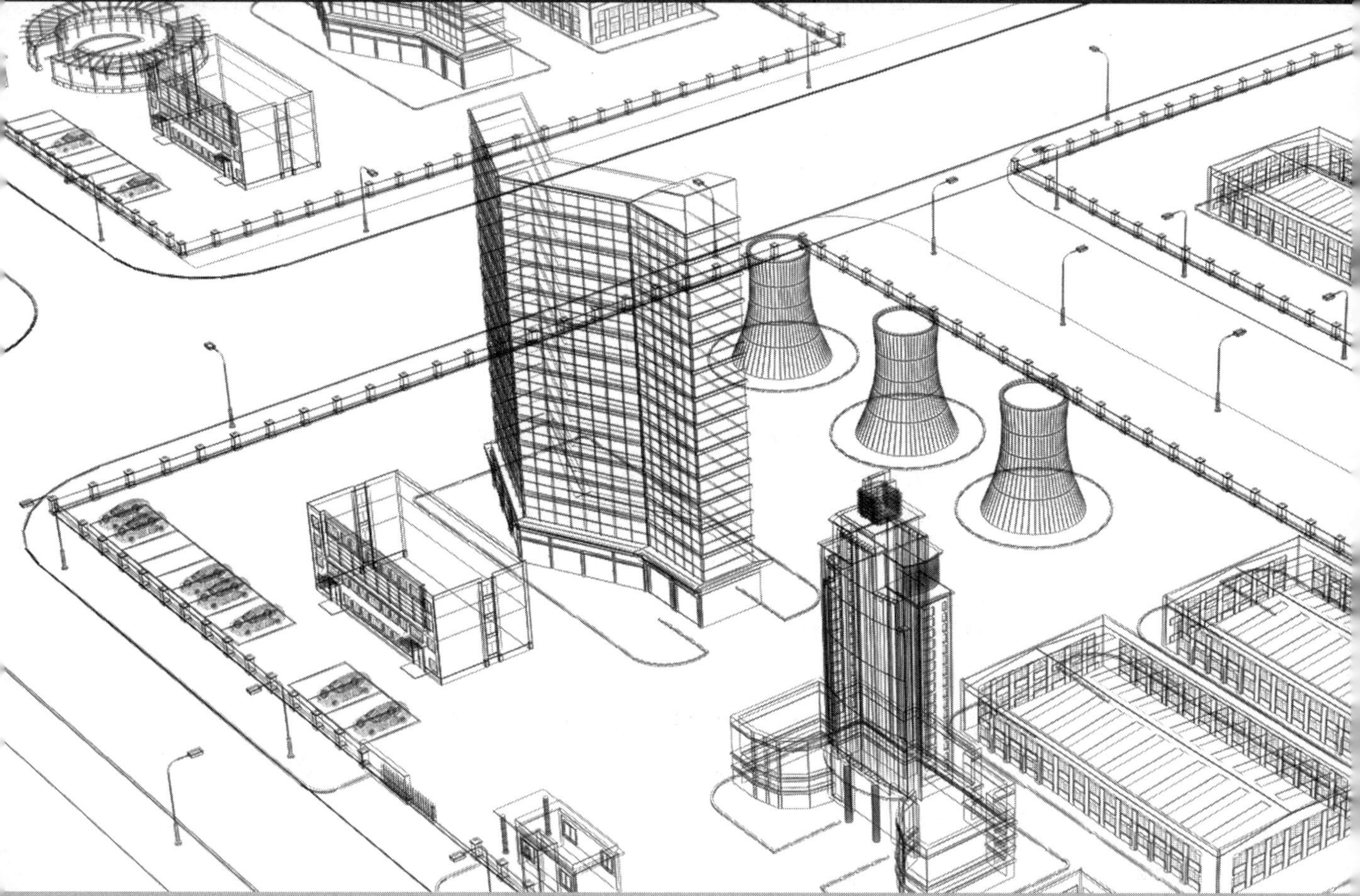

001 공공 스포츠시설 위탁 운영의 장점이 아닌 것은?
① 인건비 등 유지관리를 위한 경비가 절감될 수 있다.
② 행정기관측의 시설운영 방안 등을 직접 주민에게 전하는데 수월하다.
③ 이른 아침, 야간, 휴일 개관 등 업무의 탄력적인 운영으로 시설 설비의 효율적 이용을 할 수 있다.
④ 유경험자나 전문가가 갖는 뛰어난 지식이나 기술을 활용하기 쉽다.

002 스포츠시설의 스포츠 프로그램 개발과정이 바르게 나열된 것은?
① 계획 – 조직 – 수행 – 평가
② 조직 – 계획 – 수행 – 평가
③ 조직 – 수행 – 계획 – 평가
④ 수행 – 평가 – 계획 – 조직

003 효율적인 이용과 활용에 기본을 둔 스포츠시설 관리운영의 기본 원칙으로 틀린 것은?
① 능력 있는 관리인을 확보해야 한다.
② 스포츠시설 관리기술 향상에 대한 끊임없는 노력이 필요하다.
③ 철저한 시설관리는 해당 시설이 사용되는 기간 동안에 국한된다.
④ 스포츠시설의 바람직한 관리운영의 실천은 관리자 측의 노력만으로는 불가능하기에, 행정가와 시설관리자와의 긴밀한 인간관계의 유지가 필요하다.

004 스포츠센터를 운영형태에 따라 회원전용, 대중제, 복합형으로 구분할 때 회원전용 스포츠센터의 특징과 가장 거리가 먼 것은?
① 상품력의 대부분의 비중을 시설측면과 운영측면이 차지한다.
② 회원모집이 완료된 시점에서 수입원의 다양한 시도가 요구된다.
③ 투자비 회수가 빠른 편이다.
④ 수입의 대부분은 종목별 강습료 수입이 차지한다.

005 체육시설의 설치·이용에 관한 법률상 용어의 정의로 틀린 것은?
① 체육시설 – 체육활동에 지속적으로 이용되는 시설과 그 부대시설
② 체육시설업 – 영리를 목적으로 체육시설을 설치·경영하는 업
③ 체육시설업자 – 체육시설업을 등록하거나 신고한 자
④ 회원 – 1년 미만의 일정 기간을 정하여 체육시설의 이용료를 지불하고 그 시설을 이용하기로 체육시설업자와 약정한 자

006 종합 체육시설업의 구성에 있어서 반드시 포함되어야 할 체육시설은?
① 승마장   ② 체육도장   ③ 실내수영장   ④ 골프연습장

007 스포츠시설물 관리에 있어 안전관리상 주의해야 할 사항으로 적절하지 못한 것은?
① 운동장의 넓이와 이용인원의 밸런스를 잃지 않아야 한다.
② 사고가 발생했을 때의 처리대책을 미리 마련해야 한다.
③ 항상 이용자의 활동사항을 감지하고 사고를 미연에 방지할 수 있도록 주의한다.
④ 트레이닝 용구나 기계류를 사용할 때에는 지도자가 참석하지 않는다.

008 체육시설의 설치·이용에 관한 법률상 과태료에 관한 설명으로 틀린 것은?
① 과태료는 시·도지사, 시장·군수 또는 구청장이 부과·징수한다.
② 과태료 금액은 위반행위 정도 및 횟수를 고려하여 해당금액의 2분의 1의 범위에서 이를 경감하거나 가중할 수 있다.
③ 과태료를 부과하는 때에는 7일 이상의 기간을 정하여 처분대상자에게 전자문서를 포함한 서면으로 의견을 진술할 기회를 주어야 한다.
④ 과태료를 부과할 때에는 해당 위반행위를 조사·확인한 후 위반사실과 과태료 금액을 서면으로 명시하여 처분대상자에게 통지하여야 한다.

009 체육시설의 설치·이용에 관한 법령상 직장체육시설의 설치·운영에 관한 설명으로 틀린 것은?
① 군부대의 직장체육시설의 설치·운영에 관하여는 국방부장관이 지도·감독한다.
② 인구과밀지역인 도심지에 위치하여 직장체육시설의 부지를 확보하기 어려운 직장은 직장체육시설의 전부 또는 일부를 설치·운영하지 않을 수 있다.
③ 직장체육시설을 설치·운영하여야 하는 직장은 상시근무하는 인원이 500명 이상인 직장으로 한다.
④ 초·중등교육법 및 고등교육법에 따른 학교는 반드시 직장체육시설을 설치·운영해야 한다.

010 체육시설의 설치·이용에 관한 법규상 빙상장업의 시설기준으로 틀린 것은?
① 빙판면적은 900㎡ 이상이어야 한다.
② 빙판 외벽에 높이 1미터 이상의 울타리를 견고하게 설치하여야 한다.
③ 유해 냉각매체를 사용하지 않는 제빙시설을 설치하여야 한다.
④ 빙상장 전체를 조망할 수 있는 감시탑을 갖추어야 한다.

011 야외 운동장에 사용하는 겨울철 잔디로 가장 적합한 것은?
① 버뮤다 잔디   ② 조이시아 잔디
③ 세인트 오거스틴 잔디   ④ 켄터키 블루그래스

012 체육시설업자는 체육시설업을 등록 또는 신고한 날부터 몇 일 이내에 손해보험에 가입하여야 하는가?

① 7일　　　② 10일　　　③ 15일　　　④ 30일

013 체육시설 설치·이용에 관한 법규상 체력단련장업의 설치기준으로 틀린 것은?
① 운동시설의 운동전용면적은 50㎡ 이상이어야 한다.
② 기초체력단련기구 5종 이상을 갖추어야 한다.
③ 연습용구 10개 이상을 갖추어야 한다.
④ 신장기·체중기 등 필요한 기구를 갖추어야 한다.

014 체육시설 설치·이용에 관한 법령상 체육시설업자 또는 사업계획 승인을 받은 자의 회원모집에 관한 설명으로 틀린 것은?
① 등록 체육시설업의 회원모집 시기는 해당 체육시설업의 시설설치공사의 공정이 30% 이상 진행된 이후이다.
② 회원의 모집 후 정원에 미달된 회원을 재모집하는 경우에는 공개로 모집해야 한다.
③ 회원을 신청한 자가 모집하려는 인원을 초과하는 경우에는 공정한 추첨을 통하여 회원을 선정해야 한다.
④ 회원의 자격을 제한하려는 경우에는 구체적인 자격제한기준을 미리 약관에 명시해야 한다.

015 시설 이용 및 해당 시설의 유지·관리라는 측면에서 스포츠시설이 충족시켜야 할 기본 조건과 가장 거리가 먼 것은?
① 사용자들의 발육단계에 따라 다양한 시설 및 용구를 구비해야 한다.
② 견고하고 안전해야 한다.
③ 사용자나 지역사회의 요구도가 높아야 한다.
④ 높은 가격의 단일 목적 시설 및 용구를 우선적으로 구비해야 한다.

016 체육시설의 설치·이용에 관한 법규상 회원제 골프장업을 하려는 자의 대중골프장 병설기준으로 옳은 것은?
① 18홀인 회원제 골프장 - 3홀 이상의 대중골프장
② 18홀인 회원제 골프장 - 6홀 이상의 대중골프장
③ 18홀을 초과하는 회원제 골프장 - 3홀에 18홀을 초과하는 9홀마다 1홀을 추가하는 규모 이상의 대중골프장
④ 18홀을 초과하는 회원제 골프장 - 6홀에 18홀을 초과하는 18홀마다 3홀을 추가하는 규모 이상의 대중골프장

017 다음 중 연도별 스포츠시설업 관련 규제 개선내용으로 틀린 것은?
① 1999년 - 탁구장, 롤러스케이트장 자유업종화
② 2000년 - 운동장, 체육관, 수영장 등 체육시설의 입장료에 대한 부가금제도 폐지
③ 2006년 - 대중골프장, 스키장 세제 인하
④ 2007년 - 상수원보호구역 주변지역 골프장 숙박시설 설치요건 폐지

018 스포츠시설의 고객관리에 관한 설명과 가장 거리가 먼 것은?
① 스포츠시설업의 주 수입원은 고객이 납부한 시설 이용료이기 때문에 확보된 고객의 수는 경영에 직접적인 영향을 미친다.
② 스포츠시설업의 고객이 되었다고 할지라도 시설관리 및 제반 서비스 등의 만족도에 따라 향후 등록에 대한 변동이 일어날 수 있기에, 이를 사전에 방지할 수 있는 관리가 필요하다.
③ 고객의 수에 따라 수입의 증감이 좌우되므로 경영의 안정을 위해서는 다수의 고객을 확보해야만 한다.
④ 스포츠시설 이용자 특성상 한번 확보된 고객은 이탈 가능성이 적기 때문에 신규 고객의 창출에만 노력해야 한다.

019 다음 중 등록 체육시설업이 아닌 것은?
① 골프장업   ② 조정장업   ③ 스키장업   ④ 자동차 경주장업

020 다음 중 스포츠시설 설치 시 고려해야 할 사항과 가장 거리가 먼 것은?
① 건강의 유지 및 증진을 위한 프로그램 활용가치를 고려해야 한다.
② 스포츠시설 설치에 있어 예술적, 심미적 감각은 배제한다.
③ 스포츠시설은 '유익함, 편리함, 흥미'와 같은 요소를 지녀야 한다.
④ 스포츠시설의 설치 시에는 실용성, 가치성, 독특성을 충분히 고려해야 한다.

021 체육시설의 설치 · 이용에 관한 법률상 체육시설업자 중 무도학원업자 · 무도장업자의 준수사항이 아닌 것은?
① 무도장업자는 규정을 초과하는 소음 · 진동으로 지역주민의 주거 환경을 해치지 아니하도록 할 것
② 무도장업자는 체육시설 업소 안에서 하는 도박이나 그 밖의 사행행위를 조장하거나 묵인하지 아니할 것
③ 무도학원업자는 공연이나 무대연주를 위한 시설을 설치하지 아니할 것
④ 무도학원업자는 자동판매기기에 의한 음료수의 판매를 제외하고 업소에서 주류 또는 음식물을 판매하거나 제공하지 아니할 것

021 ③
020 ②
019 ②
018 ④
017 ④
016 ③
015 ④
014 ①
013 ①
012 ③

연습문제 스/포/츠/시/설/경/영/론

022 무도학원업 및 무도장업 시설기준에 관한 설명으로 옳은 것은?
① 바닥은 목재마루로 하고 마루 밑에 받침을 두어 탄력성 있게 하여야 한다.
② 무도학원업은 바닥면적이 86㎡ 이상이어야 하며, 무도장업은 특별시 및 광역시의 경우 231㎡ 이상이어야 한다.
③ 소음방지를 위한 방음시설은 설치하지 않아도 무방하다.
④ 업소 내의 조도는 무도학원업의 경우 30룩스 이상이어야 하며, 조명의 밝기를 조절하는 장치를 설치하여야 한다.

203 제품의 수명주기상 이익의 극대화와 시장점유율 방어를 마케팅의 목적으로 하는 단계는?
① 도입기　　　　　　　　　　② 성장기
③ 성숙기　　　　　　　　　　④ 쇠퇴기

024 스포츠시설의 입지 선정 시 고려해야 할 사항과 가장거리가 먼 것은?
① 특정한 제한 및 정부 규제　　② 소비자들의 접근성 및 편의성
③ 센터의 오픈 및 마감　　　　④ 인구통계학적인 특성

025 최적의 스포츠시설 입지 선정을 위한 고려사항이 아닌 것은?
① 시설물의 유연성
② 소비자의 접근 용이성
③ 주변지역에서 경쟁자의 위치
④ 주변지역 주민들의 인구통계학적 특성

026 다음 중 실내스포츠시설의 조영시설 설계시 고려사항이 아닌 것은?
① 경제성을 고려해야 한다.　　② 환기성을 고려해야 한다.
③ 사용목적이 명확해야 한다.　④ 환경적 요소를 고려해야 한다.

027 스포츠활성화를 위한 스포츠사업 홍보의 목표가 아닌 것은?
① 스포츠관련 신설 프로그램, 시설 확충, 비용, 계절별 프로그램 일정 등의 정보를 제공한다.
② 스포츠활동을 통한 사회적 공헌을 고무시킴으로써 모든 계층이 스포츠 프로그램에 적극적으로 참여하도록 한다.
③ 생활만족과 지역사회 발전에 미치는 스포츠의 기여도에 대한 공중의 이해를 강화한다.
④ 스포츠동호인 모임의 결성을 권장하여 직장 및 지역 사회 스포츠의 발전을 촉진한다.

028 체육시설 설치·이용에 관한 법령상 공공체육시설의 설치·운영에 대한 설명으로 틀린 것은?
① 직장체육시설을 설치·운영하여야 하는 직장은 상시 근무하는 직장인이 100인 이상인 직장으로 한다.
② 읍·면·동에는 지역주민이 고루 이용할 수 있는 실외 체육시설을 설치·운영하여야 한다.
③ 시·군에는 시·군 규모의 종합경기대회를 개최할 수 있는 체육시설을 설치·운영하여야 한다.
④ 군부대 직장 체육시설의 설치·운영에 관하여는 국방부장관이 이를 지도·감독한다.

029 현재 우리나라의 체육시설에 대한 설명으로 틀린 것은?
① 생활체육시설은 지방자치단체에 의하여 설치·관리되는 것이 대부분이다.
② 종합체육시설과 골프연습장은 감소하는 반면 볼링장과 에어로빅장 등 소규모 신고체육 시설은 증가하고 있다.
③ 신고체육시설은 운영의 영세성을 면치 못하고 있는 실정이다.
④ 신고체육시설의 대부분은 전근대적인 기업형태로 운영되고 있다.

030 다음 중 등록체육시설이 아닌 것은?
① 골프장   ② 승마장   ③ 스키장   ④ 자동차경주장업

031 다음 중 스포츠시설업에 대한 특징 중 맞지 않는 것은?
① 초기 투자비가 많은데 비하여 그 회수는 빠르다.
② 실물 경기 흐름에 많은 영향을 받는다.
③ 대규모 장치 사업으로 경영 구조상 비용의 70%가 고정비이므로 타 사업에 비해 S/W보다 H/W에 대한 지출이 높다.
④ 개장 후 초기 시설 계획이나 컨셉의 오류 발생 시 운영상에서 극복하는 것은 매우 어렵고 수정을 위해서는 막대한 위험이 따른다.

032 다음 중 체육시설업의 종류별 필수운동시설의 시설기준이 아닌 것은?
① 골프장업과 관련해서 회원제 골프장업 및 정규 대중골프장은 18홀 이상, 일반 대중 골프장업은 9홀 이상 18홀 미만의 골프코스를 갖추어야 한다.
② 요트장업은 5척 이상의 요트를 갖추어야 하며, 요트를 안전하게 보관 할 수 있는 계류장 또는 요트보관소를 설치하여야 한다.
③ 수영장업과 관련 수영조의 바닥면적은 200㎡(시·군은 100㎡)이상이어야 한다. 다만 호텔 등 일정범위 내의 이용자에게만 제공되는 수영장은 100㎡ 이상으로 할 수 있다.
④ 체육도장업의 운동전용면적은 96㎡ 이상으로 하되, 3.3m2당 수용인원이 3인 이하가 되어야 한다.

 스/포/츠/시/설/경/영/론

033 골프장업 스포츠시설의 설명으로 옳지 않은 것은?
① 수용인원에 적정한 탈의실, 샤워실 및 급수시설을 갖추어야 한다.
② 골프코스의 규격은 골프장의 총면적에 따라 길이와 홀수를 임의로 조정할 수 있다.
③ 수용인원에 적정한 주차장과 화장실을 갖추어야 한다.
④ 각 골프코스에는 티그라운드, 페어웨이, 그린, 러프, 홀컵 등 필요시설을 갖추어야 한다.

034 관람형 소비자 중 다량 구매자에 대한 설명으로 옳은 것은?
① 스포츠에 대해 관심이 많다.
② 스포츠 경기 관람을 대수롭지 않게 생각한다.
③ 특정 팀이나 선수에 관심이 없고 팬 활동을 할 가능성이 없다.
④ 스포츠 후원을 하지 않는다.

035 다음 중 체육시설의 설치·이용에 관한 법률에 의한 공공체육시설에 속하지 않는 것은?
① 전문체육시설   ② 생활체육시설
③ 직장체육시설   ④ 학교체육시설

036 다음 중 고객관계관리(CRM)의 특성으로 보기 어려운 것은?
① 핵심고객에 대한 관리를 더욱 중시
② 마케팅 중심을 교환 기능보다는 상대적 관계의 관점
③ 단기성 이익보다는 장기적이고 지속적인 관점을 중시
④ 정보화를 이용하여 고객의 신상에 대한 확실한 파악

037 다음 중 고객 유치에 영향을 주는 요인으로 거리가 먼 것은?
① 동기요인   ② 컨텐츠의 매력   ③ 지리적 요인   ④ 경쟁요인

038 스포츠시설 분야의 특성 중 맞지 않는 것은?
① 고객이 물리적 서비스 제공 장소에 존재하는 시간이 길수록 부수적 서비스 시설들을 많이 필요로 한다.
② 서비스 수요의 변동에 따른 시설과 수요의 관리가 매우 중요하다.
③ 정보기술을 이용하여 서비스를 제공할 수 있다.
④ 고객과 서비스의 접촉량을 확대함으로써 인적 자원의 부족 현상을 해결할 수 있다.

039 스포츠시설의 프로그램 개발의 개념으로 맞지 않는 것은?
① 활동적인 측면에서의 프로그램
② 시설적인 측면에서의 프로그램
③ 여가촉진 및 정보적 측면에서의 프로그램
④ 인적자원 측면에서의 프로그램

040 체육시설 설치·이용에 관한 법률 제 3조에 따르면 체육시설의 종류를 운동종목과 시설형태에 따라 누가 정하도록 되어 있는가?
① 문화관광부 장관
② 도지사 or 구청장
③ 대통령
④ 대한 체육회장

041 다음 중 스포츠시설의 기본 조건에 맞지 않는 것은?
① 사용자의 요구도가 높고 매력적이며 운동 효과가 있어야 한다.
② 견고하고 최신 시설을 갖추어야 한다.
③ 반드시 다목적 시설로 이용이 가능해야 한다.
④ 사용자의 발육 단계에 따라 시설, 용구를 구비해야 한다.

042 직장의 장이 직장인의 체육 활동을 위하여 설치하는 체육 시설로 2종 이상의 체육 시설을 설치해야 하는 직장인 규모로 맞는 것은?
① 100인 이상   ② 200인 이상   ③ 500인 이상   ④ 700인 이상

043 체육 시설업자는 보험에 가입한 사실을 증빙하는 서류를 지체 없이 제출하여야 한다. 맞지 않는 것은?
① 등록체육시설업자 – 도지사
② 등록체육시설업자 – 구청장
③ 신고 체육 시설업자 – 군수
④ 신고 체육 시설업자 – 시장

044 다음 중 스포츠 프로그램의 전개과정이 바르게 설명된 것은?
① 참가자의 평가 → 단계별 프로그램 개발 및 선택 → 스포츠 프로그램의 실행 → 스포츠 프로그램의 평가
② 스포츠 프로그램의 실행 → 참가자의 평가 → 단계별 프로그램 개발 및 선택 → 스포츠 프로그램의 평가
③ 단계별 프로그램 개발 및 선택 → 스포츠 프로그램의 실행 → 스포츠프로그램의 평가 → 참가자의 평가
④ 참가자의 평가 → 스포츠 프로그램의 실행 → 스포츠 프로그램의 평가 → 단계별 프로그램 개발 및 선택

044 ①
043 ②
042 ③
041 ②
040 ③
039 ④
038 ④
037 ③
036 ④
035 ④
034 ①
033 ②

045 스포츠시설 관리운영의 기본 원리로 보기 어려운 것은 어느 것인가?
① 능력있는 관리자 확보
② 사용하지 않을 때도 적절한 관리
③ 시설의 적절한 활용
④ 시설의 최대한 확보

046 스포츠시설 사업이 지역발전에 미치는 효과 중 간접효과가 아닌 것은?
① 입장료 수입, 광고 수입, 부대수입의 효과
② 지역민의 자긍심과 연결되는 상징적 효과
③ 개최도시에 생기는 새로운 역량인 사회·정치적인 효과
④ 지역개발이 효과적으지역개루어지는 경제적인 효과

047 체육시설의 설치 및 이용에 관한 법률 중 벌칙에 대한 설명으로 옳은 것은?
① 사업승인 없이 신고체육시설업의 시설을 설치한 자는 3년 이하의 징역 또는 1천만 원의 벌금에 처한다.
② 등록을 하지 아니하고 스포츠시설을 영업한 자는 2년 이하의 징역 또는 500만 원 이하의 벌금에 처한다.
③ 안전위생기준에 위반하였거나 영업의 폐쇄명령 또는 정지명령을 받고서도 영업을 한 자는 1년 이하의 징역 또는 300만 원 이하의 벌금에 처한다.
④ 시설의 종업원이 그 법인 또는 개인의 업무에 관하여 위반행위를 한 경우 그 법인은 벌금형을 받지 아니한다.

048 뉴스포츠의 개발 목적으로 적합하지 않는 것은?
① 특정인을 위한 개발
② 규칙에 얽매이지 않게
③ 참여형 프로그램이 되도록
④ 고령자 등의 참여가 수월하도록

049 다음의 뉴스포츠에 대한 설명으로 적합하지 않는 것은?
① 기존 스포츠가 대부분 엘리트 스프츠에 해당하고 이와 대조적 의미로 사용
② 새로 신설되는 국제적 규칙에 의한 스포츠
③ 기존 형식에 얽매이지 않고, 참가하는 사람들이 중심이 되는 형태의 스포츠
④ 간단하고 쉽게 즐길 수 있는 스포츠

050 현재의 참여정부가 체육활동 공간의 효율적 활용을 위한 정책으로 추진하고 있는 사업 내용이 아닌 것은?
① 공공체육시설 관리 운영의 합리화
② 공공체육시설 보완 및 이용절차 간편화
③ 공공체육시설의 전면적인 민간위탁 및 민영화
④ 공공체육시설의 활용도 제고를 위한 시책 개발과 운영

051 다음 중 연도별 스포츠 시설업의 규제 개선 현황과 관련하여 연결이 옳지 않은 것은?
① 1999년도 – 골프장내 숙박시설 설치의 제한적 허용
② 2000년도 – 등록체육시설업의 시설설치 기간의 6년 의무규정을 임의규정으로 완화
③ 2000년도 – 회원제 골프장을 제외한 체육시설에 대한 부가금제의 폐지
④ 2003년도 – 스키장 이용자에 대한 특별소비세 면제

052 체육시설의 설치·이용에 관한 법규상 스포츠시설업 설치기준으로 운동전용면적 66m² 이상, 바닥면은 운동 중 발생하는 충격흡수가 가능하게, 연습용구는 10점 이상을 갖추어야 하는 스포츠 시설은?
① 볼링장업
② 에어로빅장업
③ 무도학원업
④ 체력단련장업

053 체육시설의 설치·이용에 관한 법규상 위반행위에 대한 행정처분 대상이 아닌 것은?
① 병설 대중골프장 준공기한의 연기를 받고 그 연기된 기한 내에 준공하지 아니한 경우
② 회원모집에 관한 사항을 위반하였지만 시정명령을 받고 이를 이행한 경우
③ 회원제 골프장업과 병설 대중골프장업을 분리하여 운영하지 아니하여 시정명령을 받고 이를 이행하지 아니한 경우
④ 대중골프장 조성비 예치기한의 연기를 받고 그 연기된 기한 내에 예치하지 아니한 경우

054 다음 중 체육시설업 운영 시 고려할 사항이 아닌 것은?
① 대중이용의 효율성을 제공한다.
② 기본 이용시설에 대한 무료시설과 사용자 부담시설을 운영한다.
③ 회원시설과 복합시설을 단일화하여 운영하는 것이 바람직하다.
④ 이용자를 세분화하여 형평성을 유지하고 차별화를 시도한다.

054 ③
053 ②
052 ④
051 ④
050 ③
049 ②
048 ①
047 ③
046 ①
045 ④

055 체육시설의 종류별 안전 기준에 맞지 않는 것은?
① 18홀 이하인 골프장에는 코스관리요원을 1인 이상 배치해야 한다.
② 스키장에는 스키지도요원은 슬로프면적 5만 평방미터당 1인 이상, 스키구조 요원은 운영중인 슬로프별로 1인 이상을 각각 배치해야 한다.
③ 요트, 조정, 카누장의 구조용 선박에는 수상안전요원을, 감시탑에는 감시요원을 각 1인 이상을 배치해야 한다.
④ 개장 중인 실외수영장에는 의료법에 의한 간호사 또는 간호조무사 1인 이상을 배치해야 한다.

056 스포츠시설의 활용도를 제고하기 위한 방안으로 옳지 않은 것은?
① 스포츠시설 공간 확보와 부대시설의 개선
② 스포츠시설 설치 기준의 강화와 환경친화적 설계
③ 다목적으로 이용 가능한 시설 및 설비의 도입과 설치
④ 홍보활동 강화와 고객 유치를 위한 경영체제 도입 촉진

057 다음 중 체육 시설의 설치·이용에 관한 법률에서 정의한 체육시설이란?
① 체육활동에 지속적으로 이용되는 시설과 그 부대시설
② 체육활동의 터전으로써 운동을 통하여 건강과 즐거움을 추구하는 공간
③ 운동에 필요한 물적인 여러 가지 조건을 인공적으로 정비한 시설과 용기구
④ 운동학습을 위한 각종의 운동 공간

058 다음 스포츠시설업자 중 반드시 이용자를 위한 보험에 가입해야 하는 업자는?
① 에어로빅장업   ② 당구장업
③ 볼링장업   ④ 무도학원

059 대중 골프장업의 종류로 맞지 않는 것은?
① 정규 대중 골프장업   ② 일반 대중 골프장업
③ 실내 골프장업   ④ 간이 골프장업

060 스포츠시설의 민간 경영에 대한 설명으로 맞지 않는 것은?
① 수익 극대화
② 이윤 원리에 입각한 기업성 추구
③ 기업 회계 방식에 의한 수지 계산
④ 희생 원리 지배의 게마인샤프트

061 스포츠시설업의 구분에 대한 설명으로 옳지 않은 것은?
① 스포츠시설업은 크게 등록체육시설업과 신고체육시설업으로 구분된다.
② 수영장업, 빙상장업, 조정 및 카누작업, 승마장업은 등록체육시설업에 해당된다.
③ 요트장업, 체력단련장업, 당구장업 등은 신고체육시설업에 해당된다.
④ 골프장업은 등록체육시설업으로 골프연습장업은 신고체육시설업으로 구분된다.

062 관람 의사 결정에 대한 요소 중 팬 동기요소에 관한 설명으로 옳은 것은?
① 스포츠 관람은 고 수준의 자극을 제공한다.
② 스포츠 관람은 자아성취를 확대시킨다.
③ 스포츠 관람은 일상에서의 권태를 유지시킨다.
④ 스포츠 관람은 도박성이 없다.

063 스포츠 관람에 영향을 미치는 상황요소로서 맞지 않는 것은?
① 날씨   ② 교통수단   ③ 경기시간   ④ 경기내용

064 체육시설의 설치·이용에 관한 법률 제10조 제1항 제2호 규정에 의한 신고체육시설업이 아닌것은?
① 골프연습장   ② 수영장업   ③ 승마장업   ④ 볼링장업

065 체육시설의 설치·이용에 관한 법률 제10조 제1항 제2호 규정에 의한 신고체육시설업인 것은?
① 골프장업   ② 에어로빅장업   ③ 종합체육시설업   ④ 볼링장업

066 다음 중 프로그램을 계획하기 위한 과정에 포함되는 요소로 맞는 것은?
① 신상품 개발 능력   ② 일반 비즈니스 능력
③ 프로그램 적용   ④ 경영 관리 능력

067 공공체육시설의 민간위탁의 장점이 아닌 것은?
① 인건비 등 유지관리비를 절감할 수 있다.
② 전문가의 기술을 활용할 수 있다.
③ 시설 및 설비의 효율적인 운영이 가능하다.
④ 모든 지역주민들을 위한 다양한 프로그램을 제공할 수가 있다.

067 ④ 066 ③ 065 ③ 064 ③ 063 ② 062 ② 061 ② 060 ④ 059 ③ 058 ④ 057 ① 056 ② 055 ②

068 다음은 체육관의 설치기준에 대한 설명으로 옳은 것은?
① 바닥면적이 1,056㎡ 이상이고, 바닥에서 천정까지의 높이가 12.5미터 이상의 관람석을 갖출 것
② 바닥면적이 1,056㎡ 이상이고, 바닥에서 천정까지의 높이가 15미터 이상의 관람석을 갖출 것
③ 바닥면적이 1,500㎡ 이상이고, 바닥에서 천정까지의 높이가 12.5미터 이상의 관람석을 갖출 것
④ 바닥면적이 1,500㎡ 이상이고, 바닥에서 천정까지의 높이가 15미터 이상의 관람석을 갖출 것

069 인공적으로 기존 수영장 물을 인체의 체액내 염분농도와 비슷하게 만들어 이를 전기로 분해시켜 차염, 오존산소 등의 물질을 화학적 반응으로 만드는 시스템은?
① 고전압 방식시스템
② 인공해수풀 시스템
③ 인공오존풀 시스템
④ 저전압 방식시스템

070 다음은 체육시설의 설치·이용에 관한 법률을 설명하는 것으로 가장 적합한 것은?
① 체육시설의 설치·이용에 관한 법률의 목적은 스포츠시설을 설치하고, 이용을 장려하여 스포츠시설을 건전하게 발전시켜 국민의 여가선용과 건강증진에 이바지 하는 것이다.
② 체육시설의 설치·이용에 관한 법률은 엘리트 스포츠를 지원하기 위하여 제정되었다.
③ 체육시설의 설치·이용에 관한 법률은 스포츠산업진흥법이 제정되면 폐지될 예정이다.
④ 체육시설의 설치·이용에 관한 법률에 의하여 전국체육대회가 개최되고 있다.

071 스포츠시설의 회원관리에 대한 설명으로 적합하지 않은 것은?
① 회원이 그 자격을 양도하고자 할 경우 반드시 스포츠시설업자의 승인을 받아야 한다.
② 회원으로 가입한 이후 회원권익에 관한 약정이 변경되는 경우에는 기존 회원은 탈퇴할 수 있고, 이 때 입회금의 반혼을 요구하는 때에는 이를 반환하여야 한다.
③ 회원자격의 존속기간이 도래하여 입회금의 반환을 요구할 때는 그 요구일로부터 10일 이내 반환하여야 한다.
④ 회원의 입회일로부터 30일 이내 회원증을 작성하여 회원에게 교부하여야 한다.

072 다음중 축구장 시설의 내용이 틀린 것은?
① 경기장의 가로길이는 최소 90~120m이며 세로길이는 최소 45~90m이다.
② 센터서클의 반지름은 9.15m이다.
③ 페널티킥 지점과 골대까지의 거리는 11m이다.
④ 골대의 높이는 2m이며 포스트와 포스트의 거리는 6m이다.

073 스포츠시설에 대한 설명으로 가장 정확한 것은?
① 스포츠시설이란 종합운동장, 스키장, 골프장 등 대형시설을 말한다.
② 스포츠시설이란 수영장, 테니스장 등 소형시설을 말한다.
③ 스포츠시설이란 스포츠 활동에 이용되는 시설과 그 부대시설을 말한다.
④ 스포츠시설이란 수영장이 포함된 모든 시설을 말한다.

074 민간체육시설의 기능으로 적합하지 않은 것은?
① 일반 주민의 다양화 스포츠 욕구 충족
② 여가 선용의 기회 증대
③ 일반인의 스포츠 참여 기회 확대
④ 승리를 통한 성취감 확보

075 체육시설업자의 위반행위에 대한 벌칙으로 틀린 것은?
① 변경신고를 하지 아니하고 영업을 한 경우(법 제22조) 50만 원
② 변경등록을 하지 아니하고 영업을 한 경우(법 제21조 제1항) 100만 원
③ 체육지도를 배치하지 아니하거나 체육지도자 자격이 없는 자를 배치한 경우
   (법 제26조) 100만 원
④ 보험에 가입하지 아니한 경우 (법 제29조) 100만 원

076 스포츠 소비자 행동의 참여도에 대한 설명으로 맞지 않은 것은?
① 스포츠 소비자의 해동이나 심리적 상태나 태도를 의미한다.
② 스포츠 제품의 생산자나 소비자로서의 역할을 의미한다.
③ 스포츠에 관한 정보와 지식의 습득을 의미한다.
④ 소비자의 활동에 대한 태도와 느낌 그리고 감정을 의미한다.

077 체육시설 설치·이용에 관한 법률 시행규칙 제3장 제7조의 대중골프장업의 종류에 규정하고 있는 세분된 업종이 아닌 것은?
① 정규대중골프장업   ② 간이골프장업
③ 회원제골프장업   ④ 일반대중골프장업

078 체육시설의 설치·이용에 관한 법규상 수영장 물의 깊이에 대한 시설기준으로 맞는 것은?
① 0.9미터 이상 2.7미터 이하   ② 1.0미터 이상 2.5미터 이하
③ 1.0미터 이상 2.0미터 이하   ④ 0.9미터 이상 1.5미터 이하

078 ①
077 ③
076 ①
075 ①
074 ④
073 ③
072 ④
071 ①
070 ①
069 ②
068 ①

 스/포/츠/시/설/경/영/론

079 생활체육시설을 설명하는 것으로 가장 적합한 것은?
① 국민이 거주지에 쉽게 이용할 수 있는 체육시설
② 국내외 경기대회의 개최에 적합한 시설
③ 직장인의 체육활동을 위해 설치하는 시설
④ 국가대표선수의 훈련에 필요한 체육시설

080 공공체육시설에 대한 설명으로 가장 정확한 것은?
① 국가 또는 지방자치단체가 소속 지원 및 가족을 위하여 운영되는 시설
② 개인 또는 기업이 일반 대중을 상대로 설치하는 스포츠 시설
③ 전문체육시설, 생활체육시설, 직장체육시설 등으로 구분
④ 직장인을 대상으로 직장 대표자가 설치 운영하는 스포츠시설

081 전문체육시설의 종류로 옳지 않은 것은?
① 운동장   ② 체육관
③ 전국체육시설   ④ 프로골프 경기장

082 다음 중 무도장업의 범위에 대한 설명으로 가장 적합한 것은?
① 수강료를 받고 볼룸댄스 과정을 교습하는 업
② 입장료 등을 받고 볼룸댄스를 할 수 있게 장소를 제공하는 업
③ 검도 등의 무도를 수양하는 장소를 제공하는 업
④ 3명 이상의 플로워를 갖추고 무도 강습을 주로 하는 업

083 체육시설의 공통 시설기준으로 틀린 것은?
① 체육시설의 조도는 산업표준화법에 의한 조도기준에 적합해야 한다.
② 조도기준은 무도장업 및 무도학원업은 예외로 한다.
③ 적정한 환기시설을 갖추어야 한다.
④ 상병자 구호를 목적으로 의사 혹은 간호사가 상시 근무해야 한다.

084 직장체육시설의 설치 의무가 있는 직장의 장은 다음 중 어느 경우인가?
① 상시근로자 200인 이상의 직장의 장   ② 상시근로자 300인 이상의 작장인 장
③ 상시근로자 400인 이상의 직장의 장   ④ 상시근로자 500인 이상의 직장인 장

085 다음 중 스포츠시설의 기본 조건에 대한 설명으로 적합하지 않는 것은?
① 건강증진의 공간
② 수익창출 공간
③ 문화활동 공간
④ 생산성 공간

086 다음 중 체육시설업의 종류별 기준에서 당구장업의 필수시설에 적합한 것은?
① 5대 이상의 당구대를 설치해야 한다.
② 출입구가 2개소 이상이어야 한다.
③ 당구대 1대당 16m² 이상의 면적을 확보해야 한다.
④ 바닥면은 운동 중 발생하는 충격흡수가 가능해야 하다.

087 문광부령에 의한 시군의 전문체육시설 설치 기준 적용으로 틀린 것은?
① 혼합형
② 중도시형
③ 대도시형
④ 소도시형

088 다음 중 생활체육시설의 설치 운영해야 할 국가 및 지방자치단체의 중점상항에 포함되지 않는 것은?
① 농어민문화체육센터 건립
② 생활체육공원 조성
③ 게이트볼 전용구장 설치
④ 대중골프장 조성

089 다음의 생활체육시설의 설치기준에 대한 설명으로 적합한 것은?
① 시군구의 경우 지역주민이 고루 이용할 수 있는 실외 체육시설 설치
② 시군구의 경우 체육관, 수영장 등 지역주민 선호도와 입지여건을 고려해야 한다.
③ 읍면동의 경우 지역주민이 고루 이용할 수 있는 실외 체육시설의 설치
④ 읍면동의 경우 수영장 등 지역주민 선호도와 입지여건을 고려해야 한다.

090 골프장업을 하고자 할 때 정규대중골프장업 요건으로 적합한 것은?
① 9홀 이상
② 12홀 이상
③ 18홀 이상
④ 24홀 이상

091 다음 중 민간체육시설에 포함되지 않는 것은?
① 요트장
② 종합체육시설
③ 빙상장
④ 하키장

092 다음 중 민간체육시설의 설치 기준을 설명하고 있다. 잘못 표기된 것은?
① 등록체육시설업의 경우 수용인원에 적정한 주차장을 구비해야 한다.
② 체육시설 내의 조도는 산업표준화법에 의한 조도기준을 적용해야 한다.
③ 등록체육시설업은 매표소 등 해당 체육시설의 유지에 필요한 시설이 있어야 한다.
④ 등록체육시설업은 상병자를 위하여 응급조치 인력을 배치하여야 한다.

093 다음은 체육지도자에 대한 배치 기준으로 잘못 표현된 것은?
① 40타석의 골프연습장 2인 이상
② 운동전용면적 300m^2 이하의 에어로빅장 1인 이상
③ 말 20두 이하의 승마장업 1인 이상
④ 19척의 카누를 보유한 카누장의 경우 1인 이상

094 일반대중골프장의 골프코스 길이의 기준으로 적당한 것은?
① 6,000m   ② 3,000m   ③ 2,000m   ④ 1,000m

095 다음 중 체육지도자 배치기준이 바르게 연결된 것은?
① 골프코스 18홀 이상 36홀 이하는 2인 이상, 골프코스 36홀 초과는 3인 이상
② 수영조 바닥면적이 400제곱미터 이하인 실내수영장은 2인 이상, 수영조 바닥면적이 400제곱미터를 초과하는 실내수영장은 3인 이상
③ 빙판면적 1,500m^2 이상 3000m^2 이하는 1인 이상, 빙판면적 3,000m^2 초과는 2인 이상
④ 스키 슬로프 10면 이하는 2인 이상, 슬로프 10면 초과는 3인 이상

096 다음 중 스포츠시설이라고 할 수 없는 것은?
① 골프장
② 세팍타크로장
③ 벨로드롬
④ 국제적으로 행해지는 운동종목의 시설로 대한 체육회장이 정하는 것

097 다음 중 스포츠시설의 회원 보호에 대한 설명으로 올바른 것은?
① 사업계획의 승인을 얻은 자라해도 회원을 모집할 수는 없으며, 회원모집 개시일 30일 전까지 시 · 도지사 및 시장 · 구청장에게 회원모집계획서를 작성 제출하여야 한다.
② 회원의 종류, 회원수, 모집 시기, 모집방법 및 절차, 회원 모집총금액 등에 관하여 필요한 사항은 문화관광부령으로 정한다.

③ 스포츠시설업자 및 사업계획의 승인을 얻는 자는 회원 자격의 양도 양수 및 입회금액의 반환에 있어 회원의 권익보호를 위해 대통령이 정하는 사항을 준수해야 한다.
④ 회원모집에 앞서 시설업자 및 사업자는 그 시설 안에서 발생한 피해에 대한 보상을 위해 보험에 가입하여야 하며 소규모 시설업자의 경우에도 예외가 될 수 없다.

098 체육시설업의 종류별 시설기준으로 옳지 않은 것은?
① 정규대중 골프장업은 18홀 이상의 골프코스를 갖추어야 한다.
② 스키장업의 슬로프는 길이 300미터, 폴 30미터 이상을 구비하여야 한다.
③ 요트장업은 5척 이상의 요트를 갖추어야 한다.
④ 조정장 및 카누장업은 5척 이상의 조정(카누)을 구비하여야 한다.

099 스포츠시설의 서비스 속성의 요소가 아닌 것은?
① 금전적 속성   ② 인적 속성   ③ 물적 속성   ④ 시스템적

100 스키장업의 기준으로 적합한 것은?
① 슬로프의 길이는 100m 이상이고, 폭은 10m 이상
② 슬로프의 길이는 200m 이상이고, 폭은 20m 이상
③ 슬로프의 길이는 300m 이상이고, 폭은 30m 이상
④ 슬로프의 길이는 400m 이상이고, 폭은 40m 이상

101 체육도장업의 설치 기준으로 적합한 것은?
① 운동전용면적은 $33m^2$ 이상으로 하되, $1.1m^2$당 수용인원 1인 이하
② 운동전용면적은 $33m^2$ 이상으로 하되, $3.3m^2$당 수용인원 1인 이하
③ 운동전용면적은 $66m^2$ 이상으로 하되, $1.1m^2$당 수용인원 1인 이하
④ 운동전용면적은 $66m^2$ 이상으로 하되, $3.3m^2$당 수용인원 1인 이하

102 다음 중 종류별 필수시설 기준 원칙이 정해져 있지 않는 운동 종목은?
① 골프장업   ② 스키장업
③ 요트장업   ④ 야구장업

103 다음 중 부지면적의 제한을 받는 체육시설업에 해당하지 않는 것은?
① 골프장업   ② 스키장업
③ 에어로빅장업   ④ 골프연습장업

연습문제 스/포/츠/시/설/경/영/론

104 빙상장업의 경우 빙판 면적은 다음 중 어느 이상 되어야 하는가?
① 600m² ② 700m² ③ 800m² ④ 900m²

105 스포츠시설 이용자들에게 대하여 유사한 특징을 갖는 사람들을 그룹으로 나눈 후 그들을 위한 마케팅 전략으로 옳은 것은?
① 차별화 전략 ② 세분화 전략
③ 집중화 전략 ④ 무차별 전략

106 다음 중 체육시설의 입지 유형에 따른 분류 방법으로 적합하지 않은 것은?
① 도심형 시설 ② 주거지형 시설
③ 준주거지형 시설 ④ 공업지역형 시설

107 다음 설명 중 주거지형 스포츠시설의 특성으로 적합하지 않은 것은?
① 오전시간대에 이용고객이 대체적으로 많다.
② 고객 중에 전업주부가 주를 이룬다.
③ 단체수강이 많다.
④ 가격이 크게 영향을 미치지 않는다.

108 다음 설명 중 수요범위에 따른 스포츠시설이 분류 방법으로 적합하지 않은 것은?
① 근린권형 시설 ② 지역권형 시설
③ 광역권형 시설 ④ 전국권형 시설

109 고객관리 프로그램에 적합하지 않은 것은?
① 마일리지 제도 ② 회비 할인제도
③ 홍보용 도서발간 ④ 고객감동의 실현

110 기존 고객 유지의 특성으로 적합하지 않은 것은?
① 구전 효과를 통해 신고객 유치 가능
② 광고비용의 절감이 가능
③ 고정고객화가 가능
④ 가격 인상이 가능

연습문제

111 스포츠시설을 수요 범위에 따라 분류할 경우 잘못된 것은?
① 근린권형 시설　② 광역권형 시설
③ 지역권형 시설　④ 생활권역 시설

112 스포츠시설의 시설 형태에 따른 분류로 적합하지 않은 것은?
① 개별시설　② 통합형시설
③ 복합형 시설　④ 종합형 시설

113 다음 중 고객 관리를 위한 프로그램으로 가장 거리가 먼 것은?
① 홍보용 도서 발간　② 회비할인 제도
③ 초청 이벤트 개최　④ 마일리지 제도

114 스포츠산업의 고객을 분류하는 방법에 포함되기 어려운 것은?
① 관람형 고객　② 스포츠용품 구매 고객
③ 참여형 고객　④ 스폰서 고객

115 다음 중 기존 고객 유지의 특성으로 보기 어려운 것은?
① 고정고객화가 가능
② 광고 및 홍보비용 절감
③ 초청 이벤트 개최
④ 마일리지 제도

116 스포츠시설의 입지 유형에 따른 분류로 적합하지 않은 것은?
① 도심형 시설　② 주거지형 시설
③ 준주거지형 시설　④ 상업형 시설

117 다음 중 도심형 스포츠시설의 특성으로 가장 거리가 먼 것은?
① 고객 확보가 비교적 용이한 장점이 있다.
② 고객 몰림 시간대 이외에는 한산한 편이다.
③ 고객의 특성이 30~40대의 전업주부가 주류를 이룬다.
④ 고객 몰림 현상으로 인해 충분한 서비스 제공이 어렵다.

정답 104 ④　105 ②　106 ④　107 ④　108 ④　109 ④　110 ④　111 ④　112 ②　113 ③　114 ④　115 ③　116 ④　117 ③

118 다음 중 고객관리의 역할에 대한 설명으로 잘못된 것은?
① 기존고객의 이탈을 방지한다.
② 잠재고객을 파악한다.
③ 신규고객의 소득을 조사한다.
④ 고객관계관리를 강화하여 프로그램에 반영한다.

119 스포츠산업에서 최근 고객관리의 중요성이 대두되고 있다. 다음 중 스포츠산업의 고객관리의 역할과 가장 거리가 먼 것은?
① 기존고객의 유지
② 관계발전 단계로 유도
③ 신규고객 유치
④ 고객 신상정보 확보

120 다음 중 고객유지관리의 단계가 아닌 것은?
① 고객유치단계
② 관계발전단계
③ 고객발굴단계
④ 관계유지단계

121 다음 중 기존 고객을 유지시키므로 발생하는 장점으로 보기 어려운 것은?
① 반복구매와 고정고객화가 가능
② 광고 및 홍보비 절감이 가능
③ 고객 연고 활동이 가능
④ 비교적 가격이 관대

122 커뮤니티 활성화 방법으로 적합하지 않는 것은?
① 스포츠스타 발굴   ② 서포터즈 활용   ③ 팬클럽 운영   ④ 연예 사이트 개발

123 다음 중 신고객 유치기법으로 가장 거리가 먼 것은?
① 이벤트 개최   ② 인적판매   ③ 신설을 위한 투자   ④ 마일리지 제도

124 다음 중 고객 예측에 대한 설명으로 타당성이 결여된 것은?
① 수요예측이란 해당 시장 전체의 판매를 예측하는 것이다.
② 고객 예측은 직관에 의존하는 예측을 의미한다.
③ 판매 예측은 자사 제품의 판매를 예측하는 것을 말한다.
④ 고객 예측은 과학적 방법에 의한 예측을 의미한다.

125 다음 중 고객 예측을 위한 환경 변화 요인으로 보기 어려운 것은?
① 인구 ② 규제
③ 소비 트렌드 ④ 스포츠 경기

126 다음은 고객 예측 방법을 설명하는 것으로 가장 거리가 먼 것은?
① 추세분석법 ② 상관관계법
③ 델파이법 ④ 직관법

127 고객의 일반적 구매 행동을 가장 적합하게 설명된 것은 다음 중 어느 것인가?
① 고관여 상품의 구매 형태는 욕구 인식 → 정보 탐색 → 정보 처리 → 구매로 진행된다.
② 저관여 상품의 경우 욕구 인식 → 정보 처리 → 구매의 순으로 전개된다.
③ 자극에 따라 욕구가 인식된다.
④ 정보 처리 과정에서 가부가 결정되지 않으면 구매를 하게 된다.

128 스포츠시설의 서비스 속성 중 바르게 설명되지 않는 것은 다음 중 어느 것인가?
① 장소의 크기, 넓이, 운동기구의 다양성 등은 시스템적 속성이다.
② 물적, 인적 속성을 제외한 속성을 시스템적 속성이라 볼 수 있다.
③ 청결성, 주차장, 편의시설 등은 물적 속성에 속한다.
④ 반 편성, 간평성, 기타 정보제공 등은 시스템적 속성이라 볼 수 있다.

129 스포츠시설의 수요 예측방법으로 가장 적합하게 설명된 것은?
① 델파이법을 가장 많이 사용한다.
② 추세분석법은 인구통계학적 변수를 이용한다.
③ 상관관계법은 시설이용료가 가장 중요한 변수로 작용한다.
④ 스포츠시설의 수요 예측 방법은 직관법을 가장 중요시 한다.

130 다음 중 스포츠시설 소비자의 욕구와 해당 시설 이용고객의 만족을 위해 고려해야 할 요소가 아닌 것은?
① 시설 제공자 및 프로그램 공급자 위주의 가격 책정과 적용
② 이용 공간의 충분한 확보
③ 이용고객의 목적에 따른 프로그램 및 지도자 배치
④ 다양한 운동 시설의 구비

131 다음 중 스포츠 프로그램 참가자의 프로그램 개발 및 선택을 위한 사진평가항목이 아닌 것은?

① 건강상태 검사　　② 운동수준 검사
③ 의학 검사　　　　④ 체력수준 검사

132 체육시설의 설치·이용에 관한 법규상 일반 대중골프장업의 골프코스 시설기준은?

① 3홀 이상　　　　　② 18홀 이상
③ 9홀 이상 18홀 미만　④ 3홀 이상 9홀 미만

133 인공적으로 기존 수영장 물을 인체의 체액 내 염분농도와 비슷하게 만들어 이를 전기로 분해시켜 차염, 오존산소 등의 물질을 화학적 반응으로 만드는 시스템은?

① 고전압 방식시스템　　② 인공해수풀 시스템
③ 인공오존풀 시스템　　④ 저전압 방식시스템

134 체육시설의 개념 등에 관한 설명으로 틀린 것은?

① 체육시설은 중요한 사회간접자본이자 직접생산재로서의 가치를 가진다.
② 체육시설은 포괄적인 개념으로 운동학습을 위한 각종의 장소로 규정함으로써 체육시설의 공간적 개념을 좀 더 부각시키고 있다.
③ 체육시설의 법적 개념은 건전한 신체, 정신 함양과 여가 선용을 목적으로 운동경기, 야외 운동 등의 신체활동에 지속적으로 이용되는 시설과 그 부대시설로 정의할 수 있다.
④ 체육시설의 설치·이용에 관한 법률에는 운동종목에 따른 체육시설의 종류를 규정함으로써 법적 보호와 규제가 필요한 운동종목과 체육시설의 종류를 한정하고 있다.

135 스포츠시설의 프로그램 개발과정이 올바른 것은?

① 계획 – 조직 – 수행 – 평가
② 조직 – 계획 – 수행 – 평가
③ 조직 – 수행 – 계획 – 평가
④ 수행 – 평가 – 계획 – 조직

136 다음 중 스포츠시설의 입지선정 방법의 항목을 포함할 수 없는 것은?

① 입지 고려요인 파악　　② 입지의 대안평가
③ 입지결정　　　　　　　④ 시장조사

137 스포츠시설의 입지선정 때의 고려사항이 아닌 것은?
① 인구통계학적 특성
② 소비자의 접근 용이성
③ 소비자 안전성
④ 경쟁자 위치

138 스포츠시설의 입지선정 방법에 활용할 수 있는 기법은 다음 중 어느 것인가?
① 지수결정법
② EPB방식
③ 중력모델법
④ 경제성평가 방식

139 고객이 기다리는 시간 낭비를 줄이기 위해 과학적 방법을 적용하여 분석하는 이론은 다음 중 어느 것인가?
① 대기행렬이론
② 응용행렬이론
③ 대기시간평가이론
④ 대기분석이론

140 스포츠시설의 배치의 원칙으로 보기 어려운 것은?
① 이용자 편리성
② 이용자 안전성
③ 업무처리 효율성
④ 원가생성성

141 스포츠시설 관리운영의 목표로 가장 적합한 것은 다음 중 어느 것인가?
① 업무의 효율적 처리
② 이용자 편리성 강구
③ 이용자 안전성 확보
④ 시설 기능의 최대한 발휘

142 스포츠시설의 안전관리 주요 내용이라고 보기 어려운 것은?
① 시설 및 설비의 정기 안전검사
② 안전담당 직원 배치
③ 유사시 응급조치 시스템구축
④ 경영성과의 안정성 확보

143 직장스포츠시설의 관리운영의 주안점으로 거리가 가장 먼 것은?
① 직장인의 참여 기회 확대
② 직장인의 인간관계 형성 기회 제공
③ 다양한 욕구의 충족 공간화
④ 종업원의 모티베이션 향상 공간화

143 ④
142 ④
141 ④
140 ④
139 ①
138 ③
137 ③
136 ④
135 ①
134 ②
133 ②
132 ③
131 ②

144 뉴스포츠를 분류하는 방법으로 적합하지 않은 것은?
① 수출형 ② 개량형 ③ 개발형 ④ 수입형

145 다음 중 뉴스포츠 프로그램 개발의 목적으로 보기 어려운 것은?
① 새로운 라이프스타일을 창조하는 중요한 사회적 계기 마련
② 여가의 선용과 함께 도박으로도 발전이 가능
③ 자원봉사 의식이 고조와 여성의 사회 진출의 분위기 마련이 가능
④ 관광 상품화가 가능

146 다음 중 스포츠 프로그램 전개 절차의 단계에 포함되지 않는 것은?
① 시장조사 ② 욕구조사
③ 프로그램 실행 ④ 프로그램 평가

147 다음 중 스포츠 프로그램 개발을 위한 사전평가의 항목으로 보기 어려운 것은?
① 건강진단 ② 운동검사
③ 체력검사 ④ 본인의 욕구

148 대규모 시설업의 홍보 방법으로 적합하지 않은 것은?
① 보도자료 제공 ② 이미지 제고 방안 모색
③ 종업원의 친절성 제고 ④ 참여형 홍보

149 운동장 시설 설계 시 기본적인 고려사항이 아닌 것은?
① 스포츠시설의 중심이 되는 육상경기장은 장축이 남북이 되도록 방위를 택하여야 한다.
② 부지는 경기에 필요한 넓이에 따라 결정하지만, 전면은 반드시 편한곳으로 하여야 한다.
③ 햇빛 등을 고려하여 건물의 남쪽에 설치하는 것이 좋다.
④ 건물보다는 낮은 부지에 설치해야 관리나 운영상 편리하다.

150 스포츠시설의 활용도를 제고하기 위한 방안으로 옳지 않은 것은?
① 스포츠시설공간 확보와 부대시설의 개선
② 스포츠시설 설치 기준의 강화와 환경친화적 설계
③ 다목적으로 이용 가능한 시설 및 설비의 도입과 설치
④ 홍보활동 강화와 고객 유치를 위한 경영체제 도입 촉진

151 다음 중 스포츠시설업 분류에 포함되기 어려운 것은?
① 시설건설업   ② 경기장운영업
③ 프로스포츠구단   ④ 시설운영업

152 체육시설의 설치·이용에 관한 법규상 수영조의 욕수 수질기준으로 틀린 것은?
① 유리잔류염소농도는 0.4mg/l 내지 1.0mg/l를 유지하도록 하여야 한다.
② 수소이온농도는 5.8 내지 8.6이 되도록 하여야 한다.
③ 탁도는 2.8 NTU 이하로 하여야 한다.
④ 과망간산칼륨의 소비량은 20mg/l 이하로 하여야 한다.

153 스포츠시설의 효율적 활용 방안으로 볼 수 없는 것은?
① 다양한 프로그램의 개발과 운영
② 접근이 용이한 스포츠시설 건설
③ 상시 이용이 가능한 스포츠시설 건설
④ 스포츠 복표사업의 강화

154 경남 남해의 스포츠파크산업과 거리가 먼 것은?
① 프로스포츠구단 창단
② 스포츠 팀의 동계 훈련장 제공
③ 잔디의 상품화
④ 관관해양호텔 건립

155 체육시설업 변경신고를 하지 않고 신고사항을 변경하여 영업을 한 때 행정처분기준으로 틀린것은?
① 1차 : 경고   ② 2차 : 영업정지 7일
③ 3차 : 영업정지 10일   ④ 4차 : 영업정지 20일

156 다음 중 테니스 코트의 시설설치에 관한 설명으로 옳지 않은 것은?
① 코트 규격은 복식의 경우 가로 11m, 세로 23.77m이며 단식의 경우는 가로 8.23m 세로는 복식과 동일하다.
② 네트는 공이 빠지지 않을 정도의 좁은 그물로 높이는 0.91m이어야 한다.
③ 관중석과 휴식공간은 반드시 있어야 한다.
④ 양쪽 세로선과 휀스와의 거리는 3m 이상 거리를 두어야 한다.

157 체육시설업자는 보험에 가입한 사실을 증빙하는 서류를 제출할 때 잘못 연결된 것은?
① 등록체육시설업자 – 구청장
② 신고체육시설업자 – 군수
③ 등록체육시설업자 – 도지사
④ 신고체육시설업자 – 시장

158 체육시설의 설치·이용에 관한 법률에서 회원을 모집할 경우 언제까지 관련 행정관서장에게 제출해야 하는가?
① 회원모집 10일 전
② 회원모집 7일 전
③ 회원모집 15일 전
④ 회원모집 30일 전

159 관할 행정관서장이 100만 원 이하의 과태료 처분을 할 수 없는 경우는?
① 변경 등록 혹은 신고를 하지 않고 영업을 한 경우
② 보험을 가입하지 않은 경우
③ 체육지도자의 미배치 또는 미자격자의 배치
④ 신고를 하고 소규모 체육시설의 영업을 한 경우

160 다음 중 상해의 발생원인이 아닌 것은?
① 운동 과다
② 잘못된 운동방법
③ 준비운동의 부족
④ 지병의 재발

161 상해를 예방하는 방법으로 적합하지 않은 것은?
① 사전 준비운동 실시
② 사후 정리 운동의 실시
③ 장비와 시설의 점검
④ 집중력 강화

162 체육시설을 운영하면서 반드시 보험에 가입하지 않아도 되는 소규모 체육시설업이 아닌 것은?
① 체육도장업
② 테니스장업
③ 골프연습장업
④ 썰매장업

163 체육시설업자의 위반행위에 대한 과태료 부과액 중 바르게 설명된 것은?
① 변경 신고를 하지 않고 영업을 한 경우 과태료 100만 원
② 무자격 체육지도자를 배치한 경우 과태료 50만 원
③ 보험에 가입하지 않은 경우 과태료 50만 원
④ 변경 등록을 하지 않고 영업을 한 경우 과태료 50만 원

164 다음 중 상해의 예방 방법으로 거리가 먼 것은?
① 사전 준비운동의 철저
② 체력강화
③ 장비의 점검
④ 보험가입

165 다음 중 체육시설의 설치 및 이용에 관한 법률에서 정의한 체육시설이란?
① 체육활동에 지속적으로 이용되는 시설과 그 부대시설
② 체육활동의 터전으로써 운동을 통하여 건강과 즐거움을 추구하는 공간
③ 운동에 필요한 물적인 여러 가지 조건을 인공적으로 정비한 시설과 용기구
④ 운동학습을 위한 각종의 운동 공간

166 체육시설의 설치 이용에 관한 법률 제10조 제1항 제2호의 규정에 의한 신고체육시설업이 아닌 것은?
① 골프연습장
② 수영장업
③ 승마장업
④ 볼링장업

167 체육시설의 설치·이용에 관한 법규상 스포츠시설업 설치기준으로 운동전용면적 66m² 이상, 바닥면은 운동 중 발생하는 충격흡수가 가능하게, 연습용구는 10점 이상을 갖추어야 하는 스포츠시설업은?
① 볼링장업
② 에어로빅장업
③ 무도학원업
④ 체력단련장업

168 현재의 참여정부가 체육활동 공간의 효율적 활용을 위한 정책으로 추진하고 있는 사업내용이 아닌것은?
① 공공체육시설 관리 운영의 합리화
② 공공체육시설 보완 및 이용절차 간편화
③ 공공체육시설의 전면적인 민간위탁 및 민영화
④ 공공체육시설의 활용도 제고를 위한 시책 개발과 운영

168 ③
167 ④
166 ③
165 ①
164 ④
163 ①
162 ④
161 ④
160 ④
159 ④
158 ③
157 ①

연습문제 스/포/츠/시/설/경/영/론

169 다음 중 스포츠시설 소비자의 욕구와 해당시설 이용 고객의 만족을 위해 고려해야 할 요소가 아닌 것은?
① 시설 제공자 및 프로그램 공급자 위주의 가격 책정과 적용
② 이용 공간의 충분한 확보
③ 이용고객의 목적에 따른 프로그램 및 지도자 배치
④ 다양한 운동 시설의 구비

170 체육시설 설치·이용에 관한 법규상 수영장 물의 깊이에 대한 시설기준으로 맞는 것은?
① 0.9미터 이상 2.7미터 이하
② 1.0미터 이상 2.5미터 이하
③ 1.0미터 이상 2.0미터 이하
④ 0.9미터 이상 1.5미터 이하

171 스포츠시설의 고객관리에 관한 설명으로 틀린것은?
① 스포츠시설업의 주 수입원은 고객이 납부한 시설 이용료이기 때문에 확보된 고객의 수는 경영에 직접적인 영향을 미친다.
② 스포츠시설업의 고객이 되었다고 할지라도 시설관리 및 제반 서비스 등의 만족도에 따라 향후 등록에 대한 변동이 일어날 수 있기에, 이를 사전에 방지할 수 있는 관리가 필요하다.
③ 고객의 수에 따라 수입의 증감이 좌우되므로 경영의 안정을 위해서는 다수의 고객을 확보해야만 한다.
④ 스포츠시설 이용자 특성상 한번 확보된 고객은 이탈 가능성이 적기 때문에 신규 고객의 창출에만 노력해야 한다.

172 손해보험에 가입한 등록체육시설업자는 손해보험 가입 사실을 증명하는 서류를 누구에게 제출하여야 하는가?
① 군수　　② 시장　　③ 구청장　　④ 시·도지사

173 다음 중 체육시설의 정의에 대한 설명으로 가장 거리가 먼 것은?
① 포괄적으로 운동에 필요한 물적인 여러 가지 조건을 인공적으로 정비한 시설과 용기구 및 용품을 포함한 조형물로 정의함으로써 운동장소로서의 공간적 개념뿐 아니라 용기구와 용품을 포함한 조형물까지도 그 의미를 확장하고 있다.
② 협의의 개념으로는 운동학습을 위한 각종의 장소로 규정함으로써 체육시설의 공간적 개념을 좀 더 부각시키고 있다.

③ 체육시설은 효과적이며, 보다 쾌활하고, 적합하며, 안전한 운동활동을 전재로 설치 관리되는, 일정한 공간적 범위를 가지는 물적 환경으로 정의하는 것이 보다 보편적인 것으로 보인다.
④ 체육시설의 설치·이용에 관한 법률에서는 체육시설의 정의 및 운동종목에 따른 체육시설의 종류를 규정하고 있지 않아 이에 대한 명확한 규정이 필요하다.

174 체육시설의 설치·이용에 관한 법규상 체육시설업자는 체육시설업을 등록 또는 신고한 날부터 며칠 이내에 손해보험으로 가입해야 하는가?

① 5일　　　② 10일　　　③ 15일　　　④ 30일

175 스포츠시설 관리시 고려해야 할 사항이 아닌 것은?
① 시설의 다양한 활용
② 능력 있는 관리자의 확보
③ 시설 내 입점 업소들의 수익 보장
④ 관리자와 시설담당자의 긴밀한 관계

176 스포츠시설 광고 PR에 있어서 FRC Grid 모델 4개 공간 중 소비자들이 구매시 많은 정보를 탐색하는 특징을 지니고 있으며 엄격한 회원관리가 이루어지는 고가의 골프장회원권, 다기능 휘트니스 기구 광고 및 홍보 등이 포함되는 공간은?
① 고관여/이성 공간　　　② 고관여/감성 공간
③ 저관여/이성 공간　　　④ 저관여/감성 공간

177 체육시설의 설치·이용에 관한 법규상 체육지도자 배치 기준으로 틀린 것은?
① 테니스장 코트 16면 초과 : 1인 이상
② 골프코스 18홀 이상 36홀 이하 : 1인이상
③ 체육도장업의 운동전용면적 300m² 초과 : 2인 이상
④ 수영조 바닥 면적이 400m² 초과하는 실내수영장 : 2인 이상

178 다음 중 스포츠시설에 대한 설명으로 맞지 않는 것은?
① 체육활동의 주체인 인간이 그 활동을 하게 되는 객체 또는 터전이다.
② 운동 활동을 통하여 건강과 즐거움을 추구하는 공간이다.
③ 구성원들은 스포츠 프로그램을 통해 스포츠를 생활화하는 동기를 부여 받는다.
④ 각종 스포츠 프로그램을 효율적으로 운영하기 위한 필수 요건이다.

연습문제 스/포/츠/시/설/경/영/론

179 체육 시설을 분류하는 기준으로 맞지 않는 것은?
① 운동 종목별 분류
② 위치별 분류
③ 설치 운영 주체에 따른 분류
④ 시설 형태별 분류

180 공공 체육시설로 맞지 않는 것은?
① 전문 체육 시설
② 생활 체육 시설
③ 학교 체육 시설
④ 직장 체육 시설

181 체육 시설의 시설 형태별 구분으로 맞지 않는 것은?
① 체육 공간
② 운동장
③ 체육관
④ 종합 체육 시설

182 체육 시설의 운동 종목별 분류 중 체육 시설로 맞는 것은?
① 경마장
② 썰매장
③ 경정장
④ 경륜장

183 다음 중 등록 체육 시설업의 분류로 맞는 것은?
① 수영장
② 볼링장
③ 빙상장
④ 무도장

184 다음 중 신고 체육 시설업으로 맞는 것은?
① 골프장
② 스키장
③ 승마장
④ 당구장

185 스포츠시설의 서비스 품질을 결정 짓는 주요 차원으로 맞지 않는 것은?
① 유형성
② 신뢰성
③ 응답성
④ 신속성

186 공공재에 있어서 강조되는 형평성의 기준으로 맞지 않는 것은?
① 목표의 달성도
② 동등한 기회
③ 시장 형평성
④ 동등한 참여

187 다음 중 민간 스포츠시설에 대한 설명으로 맞는 것은?
① 국가 및 지방 자치 단체의 기관이나 국·영 또는 투자 관리 기업체, 공공단체, 민간기업체 등 각급 직장에서 해당 직장인의 건강 증진 및 여가 선용을 위한 스포츠 활동에 이용할 수 있도록 설치 운영되는 시설이다.
② 개인 또는 기업, 사회단체, 체육단체 등이 영리 또는 비영리를 목적으로 설치한 시설이다.
③ 정규 체육 교과의 교육과정과 과외 및 교내 체육 활동 등 체육 프로그램을 효율적으로 운영하기 위하여 설치되는 시설을 말한다.
④ 전 국민의 적극적이고 건전한 스포츠 활동을 장려하기 위하여 국가 또는 지방 자치 단체가 설치하여 직적 관리·운영하고 있거나 법령, 조례 등에 의해 그 관리 운영을 다른 단체에 위탁하고 있는 스포츠시설이다.

188 공공 체육 시설에 관한 설명으로 맞지 않는 것은?
① 법률상 명시되는 수가 많기 때문에 그 효율성이 다른 시설보다 높아야 한다.
② 민간 체육 시설보다 성장 속도가 느리다.
③ 일반 대중에게 지역적, 시간적으로 균등한 혜택을 부여하는 공공성을 최대한 보장하는 시설이 되어야 한다.
④ 시설 이용에 대한 체육 단체와 일반 시민의 형평성이 확보되어야 한다.

189 다음 중 공공 스포츠시설을 시설 혼합에 따라 분류할 때 포함되는 것으로 맞는 것은?
① 도시형 시설
② 지구권형 시설
③ 순수 복합형 시설
④ 준거지형 시설

190 공공 체육 시설의 시설 관리가 잘 되지 않고 있는 원인으로 맞지 않는 것은?
① 계획적인 개조 공사나 시설 현대화 같은 사업소의 중장기적 발전을 위한 기간 투자는 예산이 크게 뒷받침되고 있다.
② 체육 시설의 관리에 대한 장기적 비전과 계획이 마련되어 있지 않다.
③ 심각한 문제가 제기되는 시설에 대한 임시 방편적 보수에만 치중한다.
④ 체육 시설에 근무하는 일반직 공무원은 빈번한 인사로 인해 시설에 대한 장기적인 이해 관계가 없다.

190 ①
189 ③
188 ②
187 ②
186 ①
185 ④
184 ④
183 ③
182 ②
181 ①
180 ③
179 ②

연습문제 스/포/츠/시/설/경/영/론

191 생활 체육 시설의 활성화 방안으로 맞는 것은?
① 생활 체육에 대한 사회적인 욕구의 증대에 부응하기 위해서는 양적으로 확대만 되면 된다.
② 학교체육 시설의 이용자는 학생들로 국한시키고 일반 시민은 공공체육 시설을 이용하게 해야 한다.
③ 모두 통일적인 생활 체육 프로그램을 운영해야 한다.
④ 계속해서 늘어나는 신도심 내에 실질적인 체육활동을 할 수 있는 체육공원이 확보되어야 한다.

192 다음 중 순수 복합형 시설에 관한 설명으로 맞는것은?
① 수영장, 볼링장, 에어로빅장 등 체육 시설이 개별 단위로 설치된 유형의 시설이다.
② 다수의 스포츠시설로만 복합 설치되어 있는 유형의 시설이다.
③ 수요범위가 2~3개 구권에 미치는 유형의 시설이다.
④ 쇼핑센터나 호텔 등과 같이 비체육 시설과 복합하여 종합적인 시설을 갖춘 유형의 시설이다.

193 일반적인 스포츠시설의 분류에 맞지 않는 것은?
① 스포츠 영역에 의한 분류
② 운동 시간과 취향에 의한 분류
③ 운동 장소에 의한 분류
④ 연령에 의한 분류

194 다음 중 공공 스포츠시설로 맞는 것은?
① 학교 스포츠시설
② 직장 스포츠시설
③ 혼합 스포츠시설
④ 근린 스포츠시설

195 기능적인 측면에서 스포츠시설의 정의 중 맞는 것은?
① 스포츠시설은 스포츠 활동을 위해 건설된 또는 정리된 실내 실외의 장소이다.
② 스포츠시설은 유형의 자산이다.
③ 체육활동에 지속적으로 이용되는 시설과 그 부대 시설이다.
④ 경기를 하기 위한 목적으로서의 시설 뿐 아니라, 신체 휴식의 장소처럼 느낄 수 있는 기분과 즐길 수 있는 가능성이 있는 공간이다.

196 광고효과 측정 및 경기장광고 가격 산정에 활용되는 NTIV(Net Tv Impact Value)란 무엇인가?
① TV중계프로그램의 도달범위를 감안한 광고가치
② 시청률을 감안한 광고가치
③ 시청인구를 감안한 광고가치
④ TV노출을 광고료로 환산한 가치

197 스포츠 또는 체육 시설에 관한 설명으로 틀린 것은?
① 스포츠시설공간은 각종 스포츠프로그램을 효율적으로 운영하기 위한 필수요건이다.
② 스포츠시설공간은 스포츠를 생활화하도록 하는 동기유발의 기능을 담당한다.
③ 스포츠시설은 중요한 사회간접자본이자 경제적 생산요소로서의 가치를 지니고 있다.
④ 스포츠시설의 광의의 개념으로는 운동학습을 위한 각종 장소로 규정한다.

198 스포츠시설업의 소비자가 서비스나 프로그램을 구매함으로써 얻고자 하는 혜택을 세분화 기준으로 삼는 시장세분화는?
① 행위적세분화
② 심리묘사적 세분화
③ 편익세분화
④ 충성도에 따른 세분화

199 스포츠센터의 확장제품은?
① 프로그램
② 지도자
③ 주 시설
④ 사후서비스

200 다음 중 등록 체육시설업이 아닌 것은?
① 스키장업
② 골프장업
③ 자동차경주장업
④ 체력단련장업

201 스포츠시설업 가격정책 중 단기적 이익을 목적으로 고가격으로 고소득층을 대상으로 가격을 결정하고 차후에 가격을 내리는 것은?
① 흡수가격정책
② 침투가격정책
③ 차별화가격정책
④ 시장가격정책

정답
191 ④
192 ②
193 ②
194 ④
195 ①
196 ④
197 ④
198 ③
199 ④
200 ④
201 ①

202. 다음 중 체육시설의 설치·이용에 관한 법규상 손해보험에 가입해야 하는 사업자는?
① 체육도장업
② 골프연습장업
③ 체력단련장업
④ 수영장업

203. 입지별 스포츠시설이 짝지어진 것으로 가장 적합하지 않은 것은?
① 광역권형 시설 : 전국대회가 가능한 종합체육시설 및 복합적대규모의 복합시설
② 지역권형 시설 : 약 1만~10만의 인구규모를 대상으로 설치된 공공, 민간시설
③ 지구권형 시설 : 한 개의 중·고등학교를 대상으로 하는 옥외·옥내 소규모 시설로 회관, 학교체육시설, 소규모 민간시설
④ 근린권형 시설 : 한 개의 초등학교 지역내 주민들이 이용하는 학교 및 인근 체육시설

204. 체육시설의 설치·이용에 관한 법률상 체육시설업자 또는 사업계획의 승인을 얻은 자가 회원을 모집하고자 할 때에 회원모집계획서를 작성·제출해야 하는 시기는 회원모집 개시일 며칠 전인가?
① 7일
② 10일
③ 15일
④ 30일

205. 체육시설의 설치·이용에 관한 법령상 종합체육시설업에 대한 정의로 가장 적합한 것은?
① 두 종류 이상의 단위체육시설을 같은 사람이 한 장소에 설치하여 하나의 단위체육시설로 경영하는 업
② 3종류 이상의 단위체육시설을 같은 사람이 한 장소에 설치하여 하나의 단위체육시설로 경영하는 업
③ 실내수영장을 포함한 두 종류 이상의 신고체육시설을 같은 사람이 한 장소에 설치하여 하나의 단위 체육시설로 경영하는 업
④ 트랙을 포함한 두 종유 이상의 단위체육시설을 같은 사람이 한 장소에 설치하여 하나의 단위체육시설로 경영하는 업

206. 체육시설의 설치·이용에 관한 법규상 체육시설업의 공통기준으로서 제시된 등록체육시설업의 필수시설로 설치되어야 하는 것이 아닌 것은?
① 수용인원에 적합한 주차장
② 수용인원에 적합한 관람석
③ 매표소, 사무실, 휴게실
④ 수용인원에 적합한 탈의실 및 급수시설

207 체육시설의 설치·이용에 관한 법규상 수영장업의 물의 깊이에 대한 시설기준으로 옳은 것은?

① 0.9미터 이상 2.4미터 이하
② 0.9미터 이상 2.7미터 이하
③ 0.7미터 이상 2.4미터 이하
④ 0.9미터 이상 2.7미터 이하

208 스포츠시설에서 높은 고객만족도 유지로 기대할 수 있는 효과와 가장 거리가 먼 것은?

① 기존 고객의 충성도를 높인다.
② 가격민감도를 높인다.
③ 경쟁적 노력으로부터 기존 고객을 보호한다.
④ 미래 거래비용을 낮춘다.

209 최적의 스포츠시설 입지 선정을 위한 고려사항과 가장 거리가 먼 것은?

① 시설물의 유연성
② 소비자의 접근 용이성
③ 주변지역에서 경쟁자의 위치
④ 주변지역 주민들의 인구통계학적 특성

210 체육시설의 설치·이용에 관한 법규상 4륜 자동차 경주장업의 시설기준으로 틀린 것은?

① 트랙은 길이 2킬로미터 이상으로서 출발지점과 도착지점이 연결되는 순환형태여야 한다.
② 트랙의 폭은 11미터 이상 15미터 이하이어야 한다.
③ 출발지점에서 첫 번째 곡선 부분 시작지점까지는 250미터 이상의 직선구간이어야 한다.
④ 트랙의 바닥면은 반드시 포장이어야 한다.

211 프로구단의 매점사업 계약 유형을 전통적인 위탁계약과 관리대행 수수료계약으로 구분할 때 관리대행 수수료계약의 장점으로 옳은 것은?

① 구장측의 재정적인 부담을 덜게 된다.
② 매점운영에 대한 감사업무가 단순해진다.
③ 구장측의 수입이 늘어날 가능성이 있다.
④ 구장측이 일일운영 계획을 할 필요가 없다.

211 ③ 210 ④ 209 ① 208 ② 207 ② 206 ② 205 ③ 204 ③ 203 ③ 202 ④

212 새로운 스포츠의 개발 및 보급을 위해 고려해야 할 사항과 가장 거리가 먼 것은?
① 참가대상이나 지역특성에 맞는 규칙
② 쉽고 간단한 장비로 즐길 수 있는 프로그램
③ 비용절감을 위한 운영자 중심의 규칙
④ 프로모션 수단의 다각화 가능성

213 국내 프로스포츠 구단 중 구장명칭권(Naming Rights) 활용의 일환으로 역명부기권을 계약하여 사용한 최초의 구단은?
① 롯데 자이언츠   ② LG 트윈스
③ SK 와이번스   ④ FC 서울

214 참여스포츠산업의 환경변화에 대응하기 위해서 스포츠시설업체가 이미지 제고 및 변모를 시도하려고 할때 우선적으로 중점을 두어야 할 활동으로 가장 적합한 것은?
① PR(Public Relations) 활동   ② SP(Sales Promotion) 활동
③ 내부 프로모션(Inter Promotion) 활동   ④ 스폰서십 유치 활동

215 스포츠시설 이용자들을 유사한 특징을 갖는 집단을 구분하여 전개하는 마케팅 전략은 무엇인가?
① 차별화 전략   ② 세분화 전략
③ 집중화 전략   ④ 무차별 전략

216 사회체육시설이나 문화복지시설과 같은 도시공공시설의 일반적인 공급 및 수요 분석방법 중 이용자와 시설간 거리에 따른 이용률 분석을 통한 이용권역 분석방법과 가장 거리가 먼 것은?
① 곡선거리에 의한 방법   ② 직선거리에 의한 방법
③ 중력모형에 의한 방법   ④ 시간개념에 의한 방법

217 다음 중 FCB Grid 모델에서 엄격히 회원관리가 이루어지는 고가의 골프장 회원권, 고가의 다기능 휘트니스 기구 등이 해당하는 공간은?
① 고관여/이성 공간   ② 고관여/감성 공간
③ 저관여/이성 공간   ④ 저관여/감성 공간

218 다음 중 스포츠에 대한 간접소비에 해당하는 것은?
① 헬스클럽에 가서 역기운동을 하였다.
② 수영장의 어머니반 프로그램에 참가하였다.
③ 골프장연습장에 가서 스윙연습을 하였다.
④ 축구장에 가서 축구를 관람하였다.

219 생활체육시설의 설치기준에 대한 설명으로 틀린 것은?
① 시, 군, 구 : 지역주민이 고루 이용할 수 있는 실내체육 시설
② 읍, 면, 동 : 지역주민이 고루 이용할 수 있는 실외체육 시설
③ 시, 군, 구 : 체육관, 수영장, 볼링장, 체력단련장, 테니스장, 에어로빅장, 탁구장, 골프연습장, 게이트볼장 등의 실내, 외 체육시설 중 지역주민의 선호도, 입지연건 등을 고려하여 설치
④ 읍, 면, 동 : 테니스장, 배드민턴장, 운동장, 골프연습장, 게이트볼장, 롤러스케이트장, 체력단련장 등의 실외체육시설 중 지역주민의 선호도, 입지여건 등을 고려하여 설치

220 인공적으로 기존 수영장 물을 인체의 체액내 염분농도와 비슷하게 만들어 이를 전기로 분해시켜 차염, 오존산소 등의 물질을 화학적 반응으로 만드는 시스템은 무엇인가?
① 고전압 방식시스템
② 인공해수풀 시스템
③ 저전압 방식시스템
④ 인공오존풀 시스템

221 체육시설의 설치 · 이용에 관한 법률상 공공 스포츠시설의 분류에 해당하지 않는 것은?
① 전문체육시설
② 생활체육시설
③ 직장체육시설
④ 학교체육시설

222 근린체육 시설이 아닌 것은?
① 놀이터
② 주변운동장
③ 지역 운동장
④ 종합운동장

223 골프연습장의 타석간의 간격 기준은?
① 1.5미터 이상
② 2미터 이상
③ 2.5미터 이상
④ 3미터 이상

212 ③ 213 ③ 214 ① 215 ② 216 ① 217 ① 218 ④ 219 ① 220 ② 221 ④ 222 ④ 223 ③

224 스포츠시설장비 구입상의 조건이 아닌 것은?
① 대량구입시 가능한 소매점을 이용하여라
② 가능한 가격차이가 적다면 메이커를 구입하여라
③ 가능한 가까운데에서 구입하는 것이 서비스를 받는데 좋다.
④ 반품이나 교환에 대한 정보 서비스를 고려하여라.

225 다음 중 공공스포츠시설에 대한 일반적인 설명으로 가장 적합하지 않은 것은?
① 일반대중의 이용도를 높이기 위해 이용자의 요구에 부응하는 시설이다.
② 공공성을 최대한 보장한다는 의미에서 일반대중에서 위치선정, 사용시간 등에 있어 균등한 혜택을 부여한다.
③ 수익의 극대화에 우선순위를 둔 복합 스포츠문화 공간이다.
④ 사회구성원의 적극적이고 건전한 스포츠 활동을 장려하기 위해 일반 대중들을 대상으로 설치하는 시설을 의미한다.

226 시설계획 시 고려해야할 점이 아닌 것은?
① 조직의 청사진에 의거해 계획을 세워라.
② 장기적인 안목보다는 현재 또는 단기적인 목적에 의해 계획을 세워라.
③ 다양한 스포츠행사에 대한 유연성을 확보하여야 한다.
④ 안전하고 접근성을 고려하여 계획을 세워라.

227 회원제시설업에 대한 설명이다 틀린 것은?
① 회원을 신청한 자가 모집하고자 하는 인원을 초과하는 경우 : 비공개로 모집
② 등록체육시설업 회원모집시기 : 당해 체육시설업의 사업 시설 설치공사의 공정이 30퍼센트 이상 진행된 이후
③ 신고체육시설업 회원모집시기 : 신고를 한 이후
④ 회원모집 : 공개로 모집

228 다음 중 FCB Grid모델의 4가지 공간 구성으로 맞지 않는 것은?
① 정보적   ② 정서적   ③ 인간관계   ④ 자아 만족

229 FCB Grid모델의 구매 의사 결정 단계에 맞지 않는 것은?
① 고관여 - 이성   ② 중관여 - 감성
③ 저관여 - 이성   ④ 저관여 - 감성

230 다음은 사회변화(산업사회 ⇒ 정보사회)에 따른 스포츠시설의 변화로 맞는 것은?

① 특성화 ⇒ 집중화 ② 거대화 ⇒ 소형화
③ 차별화 ⇒ 표준화 ④ 분권화 ⇒ 집권화

231 다음 중 프로그램에 대한 설명으로 맞지 않는 것은?

① 창조적이고 헌신적인 서비스를 의미한다.
② 한번 개발한 프로그램은 계속 유지해야 한다.
③ 스포츠 전문가들에게 프로그램은 서비스를 제공하는 수단이고, 도구적 방법이 된다.
④ 프로그램의 체계적 과정을 통해서만 사람들에게 제공되는 서비스의 질적 · 양적가치가 형성된다.

232 시설적인 측면에서의 프로그램에 대한 설명으로 맞는 것은?

① 자신의 경험에 의해서 이미 구조화된 측면의 프로그램이다.
② 스포츠 서비스 조직을 일반 대중들에게 알리는 역할을 하고 있다.
③ 사람들에게 여가 활동에 대한 서비스 제공을 위하여 최대한 전념할 수 있도록 배려하여 계획되고 있다.
④ 스포츠 서비스 제공을 위해 사용되고 요구되는 시설의 면적과 건물, 시설형태 그리고 그에 따른 장비 등을 이용한 프로그램을 말한다.

233 스포츠 프로그램을 구성할 때 반드시 고려해야 할 요소로 맞지 않는 것은?

① 프로그램의 평가 ② 프로그램의 분야
③ 시설 및 장비 ④ 비용

234 스포츠시설의 프로그램 개발의 목표로 맞지 않는 것은?

① 역동적 프로그래밍
② 참가자에 대한 책임감
③ 참가자에 대한 적합성
④ 참가자에 대한 활동성

235 프로그램 계획 과정에서의 필수적인 요소로 맞지 않는 것은?

① 욕구 분석 ② 목표 개발
③ 프로그램 적용 ④ 경영관리

236 스포츠시설 서비스업의 특성으로 맞지 않는 것은?
① 결정적인 순간은 서비스품질의 일부분이다.
② 오늘날 치열한 경쟁 속에서 고객이 다변화되어 가는 것에 맞추어 전략적 접근이 요구된다.
③ 서비스의 창출 과정에서는 고객의 개별적인 특성에 대한 대응이 중요한 것은 아니다.
④ 다양한 제품과 서비스의 요소로 구성되어져 있다.

237 광고 전략 모델이 갖추어야 하는 전제 조건으로 맞지 않는 것은?
① 현실성이 있어야 한다.
② 효율적이어야 한다.
③ 개성적이어야 한다.
④ 과학적이어야 한다.

238 스포츠 프로그램 구성 시에 반드시 고려해야 할 요인으로 맞지 않는 것은?
① 프로그램 형태
② 프로그램 강사
③ 프로그램 기간 및 시간
④ 비용

239 스포츠시설의 회원 모집 방법 및 절차 중 맞지 않는 것은?
① 회원은 어떠한 경우라도 비공개로 모집해서는 안된다.
② 등록 체육 시설업의 경우 설치 공사의 공정이 30% 이상 신행된 후 회원을 모집할 수 있다.
③ 회원 모집 인원이 초과된 경우에는 추첨을 통하여 회원을 선정하여야 한다.
④ 회원의 자격을 제한하고자 하는 경우에는 구체적인 자격 제한 기준을 미리 약관에 명시하여야 한다.

240 한국 스포츠시설의 현황에 대한 설명으로 맞지 않는 것은?
① 1960년대 세계적인 흐름을 타고 경기용 위주의 시설이 만들어졌다.
② 86 아시안 게임과 88 올림픽을 계기로 상당 수의 스포츠시설이 건설되었고 많은 국가적 유산을 소유하게 되었다.
③ 현재 우리나라의 체육시설은 꾸준히 증가하고 있으며, 인구 만명당 체육 시설 면적 또한 증가추세이다.
④ 민간 스포츠시설이 공공 스포츠시설에 비해 압도적으로 많은 비중을 차지하고 있다.

241 한국의 스포츠시설 조정 정책에 대한 설명으로 맞지 않는 것은?
① 1950년대까지는 정부를 중심으로 역할을 수행해 왔다.
② 국민 체육 진흥법을 계기로 1960년대부터는 상당부분 정부에 의해 정책적으로 주도되어 왔다.
③ 1966년 우수 선수 양성을 통한 국위 선양을 목적으로 태릉 선수촌이 세워졌다.
④ 1981년 서울 올림픽 개최가 확정되고, 1982년 체육부가 발족하며 체육시설이 획기적으로 확충되게 되었다.

242 스포츠시설의 공공 경영에 대한 설명으로 맞지 않는 것은?
① 복지 극대화
② 수요 충족 원리에 의한 공공성 추구
③ 예산 배분 방식에 입각한 합희 형성
④ 보상 원리 지배의 게젤 샤프트

243 스포츠시설 사업을 통한 지역 발전 효과 중 간접 효과에 맞지 않는 것은?
① 경제적 효과
② 상징적 효과
③ 사회 · 정치적 효과
④ 문화적 효과

244 스포츠시설 서비스업의 특성으로 맞지 않는 것은?
① 결정적 순간은 서비스 품질의 일부분이다.
② 오늘날 치열한 경쟁 속에서 고객이 다변화되어 가는 것에 맞추어 전략적 접근이 요구된다.
③ 서비스 창출 과정에는 고객의 개별적인 특성에 대한 대응이 중요한 것은 아니다.
④ 제품과 서비스가 많은 요소로 이루어져 번들로 구입하는 경우 발생한다.

245 다음 중 스포츠시설의 부가서비스에 맞지 않는 것은?
① 건강 유지
② 프로그램
③ 시설
④ 가격 할인

246 체육 시설의 설치 · 이용에 관한 법률에서 체육 시설업은 등록 체육 시설업과 신고 체육 시설업으로 분류하고 있다. 등록 체육 시설로 맞지 않는 것은?
① 골프장업
② 스키장업
③ 자동차경주업
④ 수영장업

246 ④
245 ①
244 ③
243 ④
242 ④
241 ①
240 ③
239 ①
238 ②
237 ③
236 ③

연습문제 스/포/츠/시/설/경/영/론

247 체시법상 공공체육시설로 맞지 않는 것은?
① 전문체육시설　　　　　② 생활체육시설
③ 직장체육시설　　　　　④ 학교체육시설

248 체육 시설업자는 보험에 가입한 사실을 증빙하는 서류를 지체없이 제출하여야 한다. 맞지 않는 것은?
① 등록체육시설업자 – 도지사
② 등록체육시설업자 – 구청장
③ 신고 체육 시설업자 – 군수
④ 신고 체육 시설업자 – 시장

249 체육 시설업자는 당해 체육 시설의 설치·운영과 관련되거나 그 체육 시설 안에서 발생한 피해에 대한 보상을 위하여 (　)령이 정하는 바에 따라 보험에 가입하여야 한다. (　)안에 들어갈 말로 맞는 것은?
① 문화관광부　　② 대통령　　③ 보건복지부　　④ 시·도지사

250 다음 중 법률적 의미에서 스포츠시설로 맞는 것은?
① 체육 활동에 지속적으로 이용되는 시설과 그 부대시설
② 스포츠시설은 스포츠 활동을 위해 건설된 또는 정리된 실내·실외의 장소
③ 신체활동을 가능하게 하는 넓은 의미의 생산적인 수단
④ 스포츠시설은 유형의 자산을 의미한다.

251 체육진흥법의 목적으로 맞지 않는 것은?
① 국민의 체력증진　　　　② 건전한 정신을 함양
③ 국위선양　　　　　　　④ 각종 국제 대회 상위 입상

252 소유자와 경영자가 다른 간접경영 형태를 말하며, 일반적으로 정부 또는 지방자치단체가 투자하여 소유하고, 경영은 다른 사람에게 위탁하므로 투자자는 직접 경영에 참여하지 않는 형태의 경영방법은?
① 직접경영　　　　　　　② 위탁경영
③ 임대경영　　　　　　　④ 제3경영

253 체육시설업 협회에 관한 내용으로 맞지 않은 것은?
① 체육 시설업자는 체육 시설업의 건전한 발전을 위하여 체육 시설업의 종류별로 협회를 설립할 수 있다.
② 협회는 법인으로 한다.
③ 협회는 지회 또는 분회를 둘 수 없다.
④ 협회에 관하여 이 법에 규정한 것을 제외하고는 민법 중 사단 법인에 관한 규정을 준용한다.

254 다음 중 실내 스포츠시설의 조명시설 설계시 고려사항이 아닌 것은?
① 경제성을 고려해야 한다.
② 환기성을 고려해야 한다.
③ 사용목적이 명확해야 한다.
④ 환경적요소를 고려해야 한다.

255 국내 프로구단의 경기장 내 수입원과 가장 거리가 먼 것은?
① 입장수입
② 식음료 판매 수입
③ PSL(Personal Seat Licensing) 판매 수입
④ 라이센싱 및 머천다이징 판매 수입

256 다음 중 체육 시설업의 종류별 필수 운동시설의 시설기준이 아닌 것은?
① 골프장업과 관련해서 회원제 골프장업 및 정규 대중 골프장은 18홀 이상, 일반대중 골프장은 9홀 이상 18홀 미만의 골프코스를 갖추어야 한다.
② 요트장업은 5척 이상의 요트를 갖추어야 하며, 요트를 안전하게 보관할 수 있는 계류장 또는 요트 보관소를 설치하여야 한다.
③ 수영장업과 관련해서 수영조의 바닥면적은 200제곱미터(시, 군은 100제곱미터) 이상이어야 한다. 다만, 호텔 등 일정 범위 내의 이용자에게만 제공되는 수영장은 100제곱미터 이상으로 할 수 있다.
④ 체육도장업의 운동전용면적은 96㎡ 이상으로 하되, 3.3㎡당 수용인원이 3인 이하가 되어야 한다.

257 체력단련장의 운동기구 배치에 있어서 가장 먼저 고려해야 할 사항은?
① 운동기구의 수량과 유형
② 이용자의 접근 용이성
③ 안전 완충 및 확보 공간
④ 시설 이용자 수의 규모

247 ④ 248 ② 249 ① 250 ① 251 ④ 252 ② 253 ③ 254 ② 255 ③ 256 ④ 257 ③

258 스포츠시설 관리의 기본 원리로 거리가 먼 것은?
① 능력 있는 관리자를 확보해야 한다.
② 시설의 적절한 활용이 수반되어야 한다.
③ 비 사용기간에도 철저한 관리가 이루어져야 한다.
④ 시설관리 실무자가 행정적 업무를 담당해야 한다.

259 다음 중 고객관계관리(CRM)의 중요성과 가장 거리가 먼 것은?
① 신규고객을 만족시키기 위해서는 기존고객보다 더 많은 비용이 소모된다.
② 장기적인 이익보다는 단기적이익에서 큰 효과를 볼 수 있다.
③ 곡정고객은 반복구매는 물론 호의적 구전효과를 기대할 수 있다.
④ 매출의 80%는 20%의 단골고객에게서 발생한다.

260 다음 중 등록체육시설업에 속하지 않는 것은?
① 자동차 경주장업   ② 스키장업
③ 수영장업   ④ 골프장업

261 참여 스포츠 시설업의 특징에 대한 설명으로 틀린 것은?
① 사업의 특성상 초기 투자비가 많음에도 불구하고 그 회수는 장기간 소요된다.
② 대규모 장치사업으로 타 사업에 비해 해당 시설 및 설비 등과 관련된 하드웨어에 대한 지출 비중이 높다.
③ 개장 후 초기 시실계획이나 운영 컨셉트의 오류 발생시 쉽게 이를 수정할 수 있으며, 다른 프로그램 운영을 위한 시설로의 변환이 용이하다.
④ 스포츠 시설업은 초기 시설 운영에 있어서 오류가 발생하는 경우 이를 수정하기 위해 막대한 위험과 비용 지출이 수반된다.

262 다음 중 체육지도자 배치기준에 바르게 연결된 것은?
① 골프코스 18홀 이상 36홀 이하는 4인 이상, 골프코스 36홀 초과는 5인 이상
② 수영조 바닥면적이 400m^2 이하인 실내수영장은 2인 이상, 수영조 바닥면적이 400m^2를 초과하는 실내수영장은 3인 이상
③ 테니스 코트 6면 이상 16면 이하는 1인 이상, 코트 16면 초과는 2인 이상
④ 스키 슬로프 10면 이하는 3인 이상, 슬로프 10면 초과는 4인 이상

263 스포츠(체육) 시설계획 및 소비자 관리를 위해서는 자재수요 규모가 추정되어야 한다. 일반적으로 사회체육시설이나 문화복지시설과 같은 도시 공공시설의 공급 및 수요의 분석은 주로 이용자와 시설 간 거리에 따른 이용률 분석을 통한 이용권역 분석을 기초로 하는 데 이 설정방법으로 거리가 먼 것은?

① 곡선거리에 의한 방법
② 직선거리에 의한 방법
③ 중력모형에 의한 방법
④ 시간개념에 의한 방법

264 다음 (　) 안에 알맞은 것은?

> 체육시설의 설치·이용에 관한 법규상 전문체육시설의 설치기준 중 특별시, 광역시 및 도의 체육관은 바닥에서 천장까지의 높이가 (　)미터 이상의 관람석을 갖추어야 한다.

① 8　　　　　　　　　　　② 10
③ 11.5　　　　　　　　　 ④ 12.5

265 체육시설의 설치·이용에 관한 법령상 공공체육시설의 설치·운영에 대한 설명으로 틀린 것은?

① 직장체육시설을 설치·운영하여야 하는 직장은 상시 근무하는 직장인이 100인 이상인 직장으로 한다.
② 읍·면·동에는 지역주민이 고루 이용할 수 있는 실외 체육시설을 설치·운영하여야 한다.
③ 시·군에는 시·군 규모의 종합종합기대회를 개최할 수 있는 체육시설을 설치·운영하여야 한다.
④ 군부대 직장 체육시설의 설치·운영에 관하여는 국방부 장관이 이를 지도·감독한다.

266 다음 중 스포츠시설 소비자의 욕구와 해당시설 이용고객의 만족을 위해 고려해야 할 요소가 아닌 것은?

① 시설 제공자 및 프로그램 공급자 위주의 가격 책정과 적용
② 이용 공간의 충분한 확보
③ 이용고객의 목적에 따른 프로그램 및 지도자 배치
④ 다양한 운동 시설의 구비

266 ①　265 ①　264 ④　263 ①　262 ③　261 ③　260 ③　259 ②　258 ④

267 현재 우리나라 체육시설에 대한 설명으로 틀린 것은?
① 생활체육시설은 지방자치단체에 의하여 설치·관리되는 것이 대부분이다.
② 종합체육시설과 골프연습장은 감소하는 반면 볼링장과 에어로빅장 등 소규모 신고체육시설은 증가하고 있다.
③ 신고체육시설은 운영의 영세성을 면치 못하고 있는 실정이다.
④ 신고체육시설의 대부분은 전근대적인 기업형태로 운영되고 있다.

268 스포츠시설의 구분에 대한 설명으로 옳지 않은 것은?
① 스포츠시설업은 크게 등록체육시설과 신고체육시설업으로 구분된다.
② 수영장업, 빙상장업, 조정 및 카누장업, 승마장업은 등록체육시설에 해당한다.
③ 요트장업, 체력단련장업, 당구장업 등은 신고체육시설업에 해당한다.
④ 골프장업은 등록체육시설업으로, 골프연습장업은 신고체육시설업으로 구분된다.

269 체육시설의 설치·이용에 관한 법규상 체육시설업자는 체육시설업을 등록 또는 신고한 날로부터 몇일 이내에 손해보험에 가입해야 하는가?
① 5일 ② 10일 ③ 15일 ④ 30일

270 스포츠시설 관리시 고려해야 할 사항이 아닌 것은?
① 시설의 다양한 활용
② 능력있는 관리자의 확보
③ 시설 내 입점 입소들의 수익 보장
④ 관리자와 시설담당자의 긴밀한 관계

271 스포츠시설업 고객 유지관리 프로그램의 장점으로 옳은 것은?
① 고객과의 대면 접촉이 가깝고 지속적으로 이루어진다.
② 확실한 유대관계가 생기지 않는다.
③ 고객의 불편사항이나 불만을 처리할 수 없다.
④ 소비자 보다 경영자에 맞추어진 프로그램이다.

272 체력단련장업의 설치기준으로 적합하지 않은 것은?
① 전용면적이 33m^2 이상
② 기초체육단체기구 5종 이상 구비
③ 연습용구는 10점 이상 구비
④ 신장기 및 체중기 구비

273 체육시설의 설치·이용에 관한 법령상 18홀인 회원제 골프장의 대중골프장 병설 기준으로 옳은 것은?
① 3홀 이상의 대중골프장   ② 6홀 이상의 대중골프장
③ 9홀 이상의 대중골프장   ④ 12홀 이상의 대중골프장

274 국민체육진흥법 상의 생활체육의 설명으로 올바른 것은?
① 규정에 따라 선수 등록을 한 사람의 체육 활동
② 건강과 체력 증진을 위한 자발적이고 일상적인 활동
③ 체육지도자의 자격을 소지하고 하는 체육 활동
④ 경기단체의 규정에 따라 선수등록을 필한 사람들이 체육 활동

275 다음은 체육시설업 중 골프장업의 필수시설에 대한 설명이다. 옳지 못한 것은?
① 골프장업에서 골프코스 주변, 러프지역, 절토지 및 성토지의 법면 등의 조경시설물 설치는 임의시설이다.
② 회원제골프장업 및 정규대중골프장업은 18홀 이상의 골프코스를 갖추어야 한다.
③ 일반대중골프장업은 9홀 이상 18홀 미만, 간이골프장업은 3홀 이상 9홀 미만의 골프코스를 갖추어야 한다.
④ 골프장 각 골프코스의 사이 중 이용자의 안전사고 위험이 있는 곳은 20미터 이상의 간격을 두어야 한다.

276 경기 관람 의사 결정에 영향을 미치는 경제 요소 중 통제불가능요소로 옳은 것은?
① 입장가격   ② 팬 동기요소   ③ 국민 소득   ④ 경기시간

277 체육시설의 설치·이용에 관한 법률 제10조 제1항 제2호의 규정에 의한 신고 체육시설업이 아닌 것은?
① 골프연습장   ② 수영장업   ③ 승마장업   ④ 볼링장업

278 체육관 바닥 제질을 단풍나무로 시공한 경우 이에 대한 설명으로 틀린 것은?
① 품위가 있고 고품격스럽고 면적이 넓어 보인다.
② 고가의 시설비가 소요된다.
③ 바닥표면 보호에 어려움이 있다.
④ 개별보수가 매우 용이하다.

267 ②　268 ②　269 ②　270 ③　271 ①　272 ①　273 ②　274 ②　275 ①　276 ③　277 ③　278 ④

연습문제 스/포/츠/시/설/경/영/론

279 스포츠시설 이용자들에 대하여 유사한 특징을 갖는 사람들을 그룹으로 나눈 후 그들을 위한 마케팅 전략으로 옳은 것은?
① 차별화 전략
② 세분화 전략
③ 집중화 전략
④ 무차별 전략

280 다음 중 등록체육시설업이 아닌 것은?
① 골프장업
② 자동차경주장업
③ 스키장업
④ 썰매장업

281 다음 중 신고체육시설업이 아닌 것은?
① 무도학원업
② 자동차경주장업
③ 수영장업
④ 무도장업

282 다음 중 신고체육시설에 해당하지 않는 것은?
① 조정장
② 빙상장
③ 승마장
④ 스키장

283 최적의 스포츠시설 입지 선정을 위한 고려사항이 아닌 것은?
① 시설물의 유연성
② 소비자의 접근 용이성
③ 주변지역에서 경쟁자의 위치
④ 주변지역 주민들의 인구통계학적 특성

284 스포츠(체육)시설 계획 및 소비자 관리를 위해서는 잠재수요 규모가 추정되어야 한다. 일반적으로 사회체육시설이나 문화 복지시설과 같은 도시공공시설의 공급 및 수용의 분석은 주로 이용자와 시설간 거리에 따른 이용률 분석을 통한 이용권역 분석을 기초로 하는데 이 설정 방법으로 거리가 먼 것은?
① 곡선거리에 의한 방법
② 직선거리에 의한 방법
③ 중력모형에 의한 방법
④ 시간개념에 의한 방법

285 체력단련장의 운동기구 배치에 있어서 가장 먼저 고려하여야 할 사항은?

① 운동기구의 수량과 유형   ② 이용자의 접근용이성
③ 안전 완충 및 확보 공간   ④ 시설 이용자수의 규모

286 실내 스포츠(체육)시설의 조명도에 대한 설명으로 틀린 것은? (foot candles : 피트촉광의 단위. 1루멘의 광속으로 1제곱피트의 면을 균일하게 비치는 조도)

① 실내 농구장 : 50-100 foot candles
② 실내 수영장 : 50 foot candles
③ 실내 트랙 : 85-100 foot candles
④ 라커룸, 사위실 : 50-75 foot candles

287 스포츠 활성화를 위한 스포츠사업 홍보의 목표가 아닌 것은?

① 스포츠 관련 신설 프로그램,시설 확충, 비용, 계절별 프로그램 일정 등의 정보를 제공한다.
② 스포츠 활동을 통한 사회적 공헌을 고무시킴으로써 모든 계층이 스포츠 프로그램에 적극적으로 참여하도록 한다.
③ 생활만족과 지역사회 발전에 미치는 스포츠의 기여도에 대한 공중의 이해를 강화한다.
④ 스포츠동호인 모임의 결성을 권장 하여 직장 및 지역사회 스포츠의 발전을 촉진한다.

288 다음은 관리 및 설치 면적에 따른 스포츠시설 분류 중 어느 시설에 해당하는 내용인가?

> 체육단체, 사회복지단체, 종교단체, 민간단체 혹은 개인이 영리 목적이 아닌 일반인의 스포츠 활동 또는 그 기관의 고유목적을 위해 설치, 운영하는 모든 비영리 스포츠시설과 개인, 영리 단체 또는 기업에서 영리 목적으로 설치 및 운영되는 모든 상업용 영리 스포츠시설을 지칭한다.

① 공공스포츠시설   ② 민간스포츠시설
③ 학교스포츠시설   ④ 직장스포츠시설

289 다음 중 등록체육시설업에 속하지 않은 것은?

① 조정장   ② 스키장   ③ 수영장   ④ 골프장

290 다음 중 등록체육시설인 것은?

① 골프장   ② 승마장   ③ 카누장   ④ 요트장

 연습문제 스/포/츠/시/설/경/영/론

291 스포츠시설의 분류방법으로 옳지 않은 것은?
① 운동 종목에 따른 분류방법
② 운영 주체에 따른 분류방법
③ 시설 형태에 따른 분류방법
④ 시설 위치에 따른 분류방법

292 종합스포츠시설에 대한 설명으로 옳은 것은?
① 실내수영장을 포함한 2개 이상의 단위 스포츠시설을 말한다.
② 3개 이상의 단위스포츠시설을 포함한 스포츠시설을 말한다.
③ 2개 이상의 단위스포츠시설을 포함한 스포츠시설을 말한다.
④ 트랙을 포함한 2개 이상의 단위스포츠시설을 말한다.

293 다음 중 공공체육시설이 아닌 것은?
① 전문체육시설
② 직장체육시설
③ 학교체육시설
④ 생활체육시설

294 다음 중 스포츠시설을 분류하는 방법으로 운동종목에 따른 분류가 아닌 것은?
① 골프연습장
② 골프장
③ 궁도장
④ 종합체육시설

295 다음 중 공공체육시설에 해당하지 않는 것은?
① 직장체육시설
② 전문체육시설
③ 정부체육시설
④ 생활체육시설

296 다음 중 스포츠 프로그램 참가자의 프로그램 개발 및 선택을 위한 사전평가항목이 아닌 것은?
① 건강상태 검사
② 운동수준 검사
③ 의학검사
④ 체력수준 검사

297 스포츠시설 관리의 기본 원리로 거리가 먼 것은?
① 능력 있는 관리자를 확보해야 한다.
② 시설의 적절한 활용이 수반되어야 한다.
③ 비 사용기간에도 철저한 관리가 이루어져야 한다.
④ 시설관리 실무자가 행정적 업무를 담당해야 한다.

298 스포츠 경기장 시설을 활용하는 방법으로 적절하지 않은 것은?
① 적극적인 스포츠 이벤트를 활용하여 관중동원을 활성화시킨다.
② 각종 콘서트 등을 개최하여 복합문화 공간으로서 수익성을 높여 나간다.
③ 대형할인점, 복합영상관, 예식장사업, 은행, 식음료 등 갖가지 임대사업을 추진한다.
④ 시민의 편익증진보다는 수익의 극대화에 우선순위를 둔 복합 체육문화 공간으로 적극 활용한다.

299 체육시설업 변경신고를 하지 않고 신고사항을 변경하여 영업을 할 때 행정처분기준으로 틀린 것은?
① 1차 : 경고
② 2차 : 영업정지 7일
③ 3차 : 영업정지 10일
④ 4차 : 영업정지 20일

300 다음 중 체육지도자 배치기준이 바르게 연결된 것은?
① 골프코스 18홀 이상 36홀 이하는 4인 이상, 골프코스 36홀 초과는 5인 이상
② 수영조 바닥면적이 400㎡ 이하인 실내수영장은 2인 이상, 수영조 바닥면적이 400㎡를 초과하는 실내수영장은 3인 이상
③ 테니스 코트 6면 이상 16면 이하는 1인 이상, 코트 16면 초과는 2인 이상
④ 스키 슬로프 10면 이하는 3인 이상, 슬로프 10면 초과는 4인 이상

301 스포츠시설 계획 및 소비자 관리를 위해서는 잠재수요규모가 추정되어야 한다. 일반적으로 사회체육시설이나 문화 복지시설과 같은 도시 공공시설의 공급 및 수요의 분석은 주로 이용자와 시설간 거리에 따른 이용률 분석을 통한 이용권역 분석을 기초로 하는데 이 설정 방법으로 거리가 먼 것은?
① 곡선거리에 의한 방법
② 직선거리에 의한 방법
③ 중력모형에 의한 방법
④ 시간개념에 의한 방법

302 체육시설 설치 · 이용에 관한 법령상 공공체육시설의 설치 · 운영에 대한 설명으로 틀린 것은?
① 직장체육시설을 설치 · 운영하여야 하는 직장은 상시 근무하는 직장인이 100인 이상인 직장으로 한다.
② 읍 · 면 · 동에는 지역주민이 고루 이용할 수 있는 실외 체육시설을 설치 · 운영하여야 한다.
③ 시 · 군에는 시 · 군 규모의 종합경기대회를 개최할 수 있는 체육시설을 설치 · 운영하여야 한다.
④ 군부대 직장 체육시설의 설치 · 운영에 관하여는 국방부장관이 이를 지도 · 감독한다.

302 ①
301 ①
300 ③
299 ②
298 ④
297 ④
296 ②
295 ③
294 ④
293 ③
292 ③
291 ④

303 "기업이 고객의 열망에 부응하여 제공하는 구체적인 유·무형 요소의 총체로서 제공받는 가치에 관해 전체적인 고객 지각을 창출하는 경험을 총체"를 뜻하는 것으로 맞는 것은?
① 고객 가치 패키지 ② 고객 정보 패키지
③ 고객 수요 개척 패키지 ④ 고정 고객 패키지

304 스포츠 소비자의 참여 의사 결정의 단계가 맞는 것은?
① 필요성 인식 ⇒ 선택 대안 평가 ⇒ 인지 또는 정보 탐색 ⇒ 구매 의사 결정 ⇒ 스포츠 경험 ⇒ 경험 평가
② 필요성 인식 ⇒ 선택 대안 평가 ⇒ 구매 의사 결정 ⇒ 인지 또는 정보 탐색 ⇒ 스포츠 경험 ⇒ 경험 평가
③ 필요성 인식 ⇒ 인지 또는 정보 탐색 ⇒ 선택 대안 평가 ⇒ 구매 의사 결정 ⇒ 스포츠 경험 ⇒ 경험 평가
④ 인지 또는 정보 탐색 ⇒ 필요성 인식 ⇒ 선택 대안 평가 ⇒ 구매 의사 결정 ⇒ 스포츠 경험 ⇒ 경험 평가

305 고객을 자극하는 방법으로 적합하지 않은 것은?
① 쾌락적 자극 ② 위협적 자극
③ 유머러스한 자극 ④ 특별한 자극

306 팬클럽 커뮤니티 프로그램의 장점으로 맞지 않는 것은?
① 구단, 팀의 이미지 개선 ② 경기수준 저하
③ 관중 증대 ④ 후원이 용이해짐

307 체육시설 설치·이용에 관한 법률 제3조에 따르면 체육시설의 종류를 운동종목과 시설형태에 따라 누가 정하도록 되어 있는가?
① 문화관광부 장관 ② 도지사 or 구청장
③ 대통령 ④ 대한 체육회장

308 체육시설의 설치·이용에 관한 법률상 체육도장업의 운동종목에 해당되지 않는 것은?
① 태권도 ② 합기도
③ 권투 ④ 우슈

309 현재의 참여정부가 체육활동 공간의 효율적 활용을 위한 정책으로 추진하고 있는 사업내용이 아닌 것은?

① 공공체육시설 관리 운영의 합리화
② 공공체육시설 보완 및 이용절차 간편화
③ 공공체육시설의 전면적인 민간위탁 및 민영화
④ 공공체육시설의 활용도 제고를 위한 시책 개발과 운영

310 다음 중 체육시설의 유형구분으로 올바른 것은?

① 경기형, 레저형, 생활형, 수련형
② 경주형, 레저형, 모험형, 수련형
③ 레저형, 생활형, 수련형, 경주형
④ 생활형, 경주형, 경기형, 레저형

311 체육시설의 설치·이용에 관한 법규상 테니스장의 설치 기준으로 틀린 것은?

① 네트는 코트의 세로선으로부터 각각 0.91미터 바깥쪽에 위치한 2개의 포스트위를 넘어서 매도록 해야 한다.
② 네트는 공이 빠지지 않을 정도의 좁은 그물이어야 한다.
③ 코트간의 간격은 1미터 이상이어야 한다.
④ 양쪽 세로선과 휀스와의 거리는 3미터 이상, 양쪽 가로선과 휀스와의 거리는 5미터 이상이어야 한다.

312 스포츠시설 광고 PR에 있어서 FRC Grid 모델 4개 공간 중 소비자들이 구매 시 많은 정보를 탐색하는 특징을 지니고 있으며 엄격한 회원관리가 이루어지는 고가의 골프장회원권, 다기능 휘트니스 기구 광고 및 홍보 등이 포함되는 공간은?

① 고관여/이성 공간 ② 고관여/감성 공간
③ 저관여/이성 공간 ④ 저관여/감성 공간

313 다음 중 체육 시설의 설치·이용에 관한 법률에서 정의한 체육시설이란?

① 체육활동에 지속적으로 이용되는 시설과 그 부대시설
② 체육활동의 터전으로써 운동을 통하여 건강과 즐거움을 추구하는 공간
③ 운동에 필요한 물적인 여러 가지 조건을 인공적으로 정비한 시설과 용기구
④ 운동학습을 위한 각종의 운동 공간

303 ① 304 ③ 305 ④ 306 ② 307 ③ 308 ② 309 ③ 310 ④ 311 ③ 312 ① 313 ①

314 스포츠산업에서 고객을 분류하는 방법으로 옳지 않은 것은?
① 반복구매 고객 ② 미지각 고객
③ 매체 이용 고객 ④ 상거래 고객

315 다음 중 스포츠 고객 상담 시, 상담자에게 필요한 자질에 대한 설명으로 맞지 않는 것은?
① 공감적 이해 능력
② 깨끗한 외모와 언변
③ 수용적 존중 태도
④ 전문적 지식

316 체육시설업 변경신고를 하지 않고 신고사항을 변경하여 영업을 한 때 행정처분기준으로 틀린 것은?
① 1차 – 경고
② 2차 – 영업정지 7일
③ 3차 – 영업정지 10일
④ 4차 – 영업정지 20일

317 도시형 시설에 관한 설명으로 맞지 않는 것은?
① 일상적인 생활권역에 위치한 시설이다.
② 어린이용, 청소년용, 성인용으로 구분 가능하다.
③ 스킨 스쿠버, 스키 활동을 할 수 있는 곳이 포함된다.
④ 체육 영역에 따른 분류에 포함 된다.

318 수영장의 특징과 관련이 없는 것은?
① 도약대를 설치한 경우에는 도약대 돌출부의 하단 부분으로부터 3m 이내의 수영조의 수심은 2.5m 이상으로 하여야 한다.
② 여과시설의 종류에는 활성탄 여과기, 규조토 여과기, 모래여과 시설 등을 이용하여 물을 여과시킨다.
③ 수영장 실내습도는 50~60%를 유지시키는 것이 좋다.
④ 수영장의 바닥면적은 어느 수영장이나 똑 같이 적용된다.

319 골프장 안에서는 숙박업의 시설물을 설치할 수 없다. 다만, 다음의 요건에 적합한 경우에는 숙박시설을 설치할 수 있다. 잘못된 것은?

① 자연보전권역, 자연공원법 제4조 내지 제6조의 규정에 의하여 자연공원으로 지정된 구역이 아닐 것
② 골프장 규모가 18홀 이상일 것
③ 숙박시설과 수영장을 함께 설치할 경우에는 수영조의 바닥면적이 200제곱미터(시·군의 경우에는 100제곱미터)를 초과하지 아니할 것
④ 숙박시설 건물의 층수는 10층을 초과하지 아니할 것

320 다음 중 스포츠시설의 공간효율화 경영으로 옳지 않은 것은?

① 스포츠 이벤트를 활용하여 관중동원을 활성화시킨다.
② 문화 및 체육공간으로 복합적 활용 방안을 강구한다.
③ 예식장, 은행, 대형할인점 등 여러 가지 임대사업을 추진한다.
④ 스포츠 활동에 관련된 이벤트만 유치한다.

321 초기 구매에 실망한 다량 구매자가 처음에 충분한 만족을 얻지 못해 재구매를 않는 구매자를 일컫는 말로 옳은 것은?

① 소량구매자   ② 미지각소비자   ③ 무관심소비자   ④ 탈퇴자

322 다음 중 체육지도자 배치 기준으로 올바르게 설명된 것은?

① 요트장업의 경우 요트 10척 이하는 1인 이상의 지도자 배치
② 조정장의 경우 조정 10척 이하는 1인 이사의 지도자 배치
③ 스키장업의 경우 슬로프 10면 이하는 1인 이상의 지도자 배치
④ 승마장업의 경우 말 10두 이하는 1인 이상의 지도자 배치

323 스포츠시설 수요 예측 방법에 있어 인구 통계학적 세분화 요건으로 맞지 않는 것은?

① 입지 조건   ② 성별   ③ 소득   ④ 연령

324 직장체육시설 설치 의무에 대한 설명으로 가장 적합한 것은?

① 상시근로자 200명 이상의 직장 대표자는 운동종목 1개 이상 설치 의무
② 상시근로자 200명 이상의 직장 대표자는 운동종목 2개 이상 설치 의무
③ 상시근로자 500명 이상의 직장 대표자는 운동종목 1개 이상 설치 의무
④ 상시근로자 500명 이상의 직장 대표자는 운동종목 2개 이상 설치 의무

324 ④
323 ①
322 ③
321 ④
320 ④
319 ④
318 ④
317 ③
316 ②
315 ②
314 ④

연습문제 스/포/츠/시/설/경/영/론

325 다음 중 프로그램의 평가에 관한 설명으로 맞지 않는 것은?
① 프로그램 계획모델의 마지막 단계이다.
② 프로그램이 설정된 목표를 성취하는 정도를 나타낸다.
③ 전문가가 프로그램 서비스에 직접 개입함으로써 목표를 달성하게 된다.
④ 프로그램의 향상과 프로그램에 대한 책임의 한계를 명확하게 한다.

326 광고전략 모델의 전제조건으로 맞지 않는 것은?
① 현실성이 있어야 한다.   ② 비과학적이어야 한다.
③ 표준화가 가능해야 한다.   ④ 효율적이어야 한다.

327 체육지도자 배치기준으로 틀린 것은?
① 승마장업 : 말 20두 이하 – 1인 이상
② 골프장업 : 골프코스 18홀 이상 36홀 이하 – 1인 이상
③ 수영장업 : 수영조 바닥면적이 500제곱미터 이하인 실내수영장 – 1인 이상
④ 에어로빅장업 : 운동전용면적 300제곱미터 이하 – 1인 이상

328 공공체육시설에 해당되지 않는 것은?
① 생활체육시설   ② 직장체육시설
③ 체육시설업   ④ 전문체육시설

329 다음 중 스포츠시설을 분류하는 기준이 아닌 것은?
① 위치별 분류   ② 운동종목별 분류
③ 설치 및 운영주체에 따른 분류 ④ 시설형태별 분류

330 체육시설의 설치·이용에 관한 법규상 체육시설업자는 체육시설업을 등록 또는 신고한 날부터 며칠 이내에 손해보험에 가입해야 하는가?
① 5일   ② 10일   ③ 15일   ④ 30일

331 체육시설의 설치·이용에 관한 법규상 수영장 물의 깊이에 대한 시설기준으로 맞는 것은?
① 0.9미터 이상 2.7미터 이하   ② 1.0미터 이상 2.5미터 이하
③ 1.0미터 이상 2.0미터 이하   ④ 0.9미터 이상 1.5미터 이하

332 체육시설의 설치·이용에 관한 법률에 의한 체육시설업자의 의무사항이 아닌것은?
① 회원 보호 의무
② 체육지도자 배치 의무
③ 보험가입의무
④ 체육시설의 진흥 의무

333 다음 중 체육시설업 운영시 고려할 사항이 아닌 것은?
① 대중이용의 효율성을 제공한다.
② 기본 이용시설에 대한 무료시설과 사용자 부담시설을 운영한다.
③ 회원시설과 복합시설을 단일화 하여 운영하는 것이 바람직하다.
④ 이용자를 세분화하여 형평성을 유지하고 차별화를 시도한다.

334 사회스포츠시설로 분류하기 어려운 것은?
① 공공체육시설
② 전문체육시설
③ 민간체육시설
④ 직장체육시설

335 스포츠시설의 고객관리에 관한 설명으로 틀린 것은?
① 스포츠시설업의 주 수입원은 고객이 납부한 시설 이용료이기 때문에 확보된 고객의 수는 경영에 직접적인 영향을 미친다.
② 스포츠시설업의 고객이 되었다고 할지라도 시설관리 및 제반 서비스 등의 만족도에 따라 향후 등록에 대한 변동이 일어날 수 있기에, 이를 사전에 방지할 수 있는 관리가 필요하다.
③ 고객의 수에 따라 수입의 증감이 좌우되므로 경영의 안정을 위해서는 다수의 고객을 확보해야 한다.
④ 스포츠시설 이용자 특성상 한번 확보된 고객은 이탈 가능성이 적기 때문에 신규 고객의 창출에만 노력해야 한다.

336 다음 스포츠 시설업자 중 반드시 이용자를 위한 보험에 가입해야 하는 업장을 고르시오.
① 에어로빅장업   ② 볼링장업
③ 무도학원   ④ 당구장업

336 ③
335 ④
334 ②
333 ③
332 ④
331 ①
330 ②
329 ①
328 ③
327 ③
326 ②
325 ③

337 다음 중 생활체육시설에 대한 설명으로 적합하지 않은 것은?
① 생활체육 시설은 국민의 거주지와 가까운 곳에서 쉽게 이용할수 있는 시설을 의미한다.
② 생활체육 시설은 국가와 지방자치단체로 하여금 시 · 군 · 구에 지역주민이 골고루 이용할 수 있는 실내 및 실외 체육시설을 설치, 운영하도록 하고 있다.
③ 생활체육 시설은 학교 및 공공체육시설을 의미하여 지역주민이 이용이 무료로 사용할 수 있도록 하고 있다.
④ 생활체육 시설은 읍, 면, 동에서도 지역주민이 골고루 이용할 수 있는 실외 체육시설을 설치 · 운영하도록 하고 있다.

338 생활체육시설의 설치기준은 다음 중 어디에 근거하고 있는가?
① 국민체육진흥법
② 체육시설 설치 · 이용에 관한 법률 시행규칙
③ 국민생활체육진흥법
④ 도시건설촉진법

339 고객유지 관리 중 기업시 실제 고객과 만들어 가는 단계로 맞지 않는 것은?
① 고객단계 ② 단골단계 ③ 수용자 단계 ④ 동반자 단계

340 체육시설 설치 · 이용에 관한 법률 제3조에 따르면 체육시설의 종류를 운동종목과 시설 형태에 따라 누가 정하도록 되어 있는가?
① 문화관광부 장관 ② 도지사 or 구청장 ③ 대통령 ④ 대한 체육회장

341 체육시설의 설치 · 이용에 관한 법규상 수영장 물의 깊이에 대한 시설기준으로 맞는 것은?
① 0.9미터 이상 2.7미터 이하
② 1.0미터 이상 2.5미터 이하
③ 1.0미터 이상 2.0미터 이하
④ 0.9미터 이상 1.5미터 이하

342 다음은 체육시설의 설치 · 이용에 관한 법률을 설명하는 것으로 가장 적합한 것은?
① 체육시설의 설치 · 이용에 관한 법률의 목적은 스포츠시설을 설치하고, 이용을 장려하여 스포츠시설을 건전하게 발전시켜 국민의 여가선용과 건강증진에 이바지하는 것이다.
② 체육시설의 설치 · 이용에 관한 법률은 엘리트 스포츠를 지원하기 위하여 제정되었다.
③ 체육시설의 설치 · 이용에 관한 법률은 스포츠산업진흥법이 제정되면 폐지될 예정이다.
④ 체육시설의 설치 · 이용에 관한 법률에 의하여 전국체육대회가 개최되고 있다.

343 다음 중 관할 행정관서장이 등록 취고, 영업 폐쇄 명령 등을 할 수 있는 조건이 아닌 것은?
① 대중 골프장 조성비 예치 의무 미 준수자
② 허위 또는 부정한 방법으로 등록 또는 신고를 할 때
③ 영업중지 중 영업을 한 때
④ 경미한 사항의 변경을 신고하지 않았을 때

344 스포츠 프로그램의 지도자의 역할에 포함되는 것으로 맞지 않는 것은?
① Manager   ② Trainer   ③ Coach   ④ Companion

345 스포츠 프로그램 지도자 중 Consultant에 대한 설명으로 맞는 것은?
① 회원을 친절하게 안내하고 따뜻한 말을 사용
② 총제적인 건강과 체력유지를 위한 관리 및 조언
③ 클럽 내 각 동호인회의 관리와 지도
④ 코치 집단 간의 방향성을 경영 전략에 따라 관리

346 다음 중 소규모 스포츠시설업의 홍보 방법으로 적합하지 않는 것은?
① 기존회원의 구전효과   ② 지역행사 활용홍보
③ 지도자의 신뢰성 구축   ④ 관광 상품화 유도

347 스포츠시설 관리운영에서 물적관리의 주요 내용이 아닌 것은?
① 비품과 비품대장의 일치   ② 절차에 의한 사용과 정리정돈의 철저
③ 시설 내 환경미화   ④ 안전사고 미연에 방지대책

348 다음 중 실내스포츠시설의 조명시설 설계 시 고려사항이 아닌 것은?
① 경제성을 고려해야 한다.   ② 환기성을 고려해야 한다.
③ 사용목적이 명확해야 한다.   ④ 환경적 요소를 고려해야 한다.

349 다음 중 스포츠시설의 정의로 타당하지 않는 것은?
① 체육활동에 필요한 지리적, 물리적 조건을 갖춘 운동 장소이다.
② 스포츠시설은 스포츠 프로그램을 운영하기 위한 필수 요건으로 본다.
③ 운동장소 중에서 주차장 등은 포함되지 않는다.
④ 스포츠시설은 스포츠 활동을 통하여 건강과 즐거움을 추구하는 공간이다.

349 ③
348 ②
347 ③
346 ④
345 ②
344 ②
343 ④
342 ①
341 ①
340 ③
339 ③
338 ②
337 ③

350 다음 중 체육시설의 법적 개념에 따른 체육시설의 범위로 옳은 것은?
① 체육시설이란 체육 활동에 지속적으로 이용되는 시설과 그 부대시설을 말한다.
② 체육시설이란 영리를 목적으로 하지 않은 공익적 체육시설을 말한다.
③ 체육시설이란 관람석이 있는 종합체육시설을 의미한다.
④ 체육시설이란 경기장 건설 등 건축에 위해 만들어진 시설을 말한다.

351 광의의 의미에서 스포츠시설의 개념에 포함되는 것은 어느 것인가?
① 수영장의 정화 장치 등의 부대시설
② 용기구와 설비 포함한 조형물
③ 하천부지, 공지, 인근공원, 놀이도로
④ 각종 경기장, 체육관, 수영장 등의 조형물

352 다음 중 스포츠시설업에 해당하지 않는 것은?
① 경기장운영업
② 신고스포츠시설업
③ 등록스포츠시설업
④ 스포츠방송업

353 다음 중 신고체육시설에 해당하지 않은 것은?
① 골프연습장
② 빙상장
③ 요트장
④ 테니스장

354 직장의 장이 직장인의 체육활동을 위하여 설치하는 체육 시설로 2종 이상의 체육 시설을 설치해야 하는 직장인 규모로 맞는 것은?
① 100인 이상
② 200인 이상
③ 500인 이상
④ 700인 이상

355 스포츠시설의 분류방법으로 옳지 않는 것은?
① 운동종목에 따른 분류방법
② 운영주체에 따른 분류방법
③ 시설형태에 따른 분류방법
④ 시설위치에 따른 분류방법

356 다음 중 시설형태별 체육시설에 해당하지 않는 것은?
① 운동장
② 체육관
③ 종합체육시설
④ 축구장

357 다음 중 체육시설업의 분류 방법에 관한 설명으로 적합한 것은?
① 사회적 영역에 따라 학교체육시설과 직장체육시설로 나눌 수 있다.
② 단독 종목 체육시설과 복합 체육시설로 나눈다.
③ 단독 종목체육시설과 종합체육시설로 나눈다.
④ 사회적 영역에 따라 전문, 생활, 직장 체육시설로 나누기도 한다.

358 체육시설의 설치·이용에 관한 법규상 스포츠시설업 설치기준으로 운동전용면적 $66m^2$ 이상, 바닥면은 운동 중 발생하는 충격흡수가 가능하게, 연습용구는 10점 이상을 갖추어야 하는 스포츠시설은?
① 볼링장업
② 에어로빅장업
③ 무도학원업
④ 체력단련장업

359 다음 중 체육 시설의 설치·이용에 관한 법률에서 정의한 체육시설이란?
① 체육활동에 지속적으로 이용되는 시설과 그 부대시설
② 체육활동의 터전으로써 운동을 통하여 건강과 즐거움을 추구하는 공간
③ 운동에 필요한 물적인 여러 가지 조건을 인공적으로 정비한 시설과 사용가구
④ 운동학습을 위한 각종의 운동 공간

360 스포츠시설의 소비자관리에 있어서 높은 고객만족의 혜택으로 옳지 않은 것은?
① 기존 고객의 충성도를 높인다.
② 가격민감도를 높인다.
③ 경쟁적 노력으로부터 기존 고객을 보호한다.
④ 미래 거래비용을 낮춘다.

361 다음의 체육시설업의 분류 방법으로 적합한 것은?
① 신고체육시설업은 14개, 등록체육시설업은 3개 종목으로 나눈다.
② 회원제 운영에 따라 회원제 체육시설과 비회원제 체육시설로 나눈다.
③ 무도학원업, 무도장업은 등록체육시설이다.
④ 자동차경주업은 신고체육시설에 해당한다.

362 다음 중 주거지형 스포츠시설의 특성으로 가장 거리가 먼 것은?
① 고객의 특성이 30~40대의 전업주부가 주류
② 오전시간(9시부터 12시)대 이용고객이 많다.
③ 부대시설에서 대화할 수 있는 공간 확보와 휴게시설의 확충이 필요
④ 고객 몰림 현상으로 인해 충분한 서비스 제공이 어렵다.

363 직장체육시설에 대한 설명으로 가장 적합한 것은?
① 직장체육시설이란 직장인을 대상으로 하여 국가, 지방자치단체, 또는 공공단체의 지원으로 건설 운영되는 체육시설을 말한다.
② 직장체육시설이란 개인, 기업, 사회단체, 그리고 체육단체 등이 일반 대중을 대상으로 설치하는 체육시설을 말한다.
③ 직장스포츠시설이란 영리 목적으로 운영되는 스포츠시설을 말한다.
④ 직장스포츠시설은 직장인의 건강증진 및 여가선용과 후생복지를 위해 이용할 수 있도록 한 체육시설을 말한다.

364 스포츠시설 소비자 시장세분화시 기본요소가 아닌 것은?
① 측정가능성   ② 접근가능성
③ 실체성   ④ 심리성

365 체육시설업의 시설기준에 대한 설명이다. 틀린 것은?
① 체육시설업은 적정한 환기시설을 필수시설로 갖추어야 한다.
② 체육시설업은 관람석을 설치 필수시설로 하여야 한다.
③ 등록체육시설업에는 그 체육시설의 이용에 지장이 없는 범위안에서 해당 체육시설 외에 다른 종류의 체육시설을 설치할 수 있다.
④ 등록체육시설업에는 매표소, 사무실, 휴게실 등 해당 체육시설의 유지, 관리에 필요한 시설을 설치하여야 한다.

366. 스포츠시설 경영 관리 과정이 아닌 것은?
① 계획   ② 조직   ③ 통제   ④ 촉진

367 골프연습장업의 경우 타석 간의 간격으로 적합한 것은?
① 2m 이상   ② 2.5m 이상
③ 3m 이상   ④ 3.5m 이상

368 다음은 스포츠시설의 역할을 설명하고 있다. 적합하지 않는 것은?
① 건강증진의 공간 ② 수익창출 공간
③ 문화활동 공간 ④ 생산성 공간

369 다음의 생활체육시설의 설치 기준에 대한 설명으로 적합한 것은?
① 시군구의 경우 지역주민이 고루 이용할 수 있는 실외 체육시설의 설치
② 시군구의 경우 체육관, 수영장 등 지역주민 선호도와 입지여건을 고려해야 한다.
③ 읍면동의 경우 지역주민이 고루 이용할 수 있는 실외 체육시설의 설치
④ 읍면동의 경우 수영장 등 지역주민 선호도와 입지여건을 고려해야 한다.

370 일반대중골프장의 골프코스 길이의 기준으로 적합한 것은?
① 6,000m ② 3,000m
③ 2,000m ④ 1,000m

371 수영장업의 설치기준으로 잘못 표현된 것은?
① 바닥면적은 200㎡(시군의 경우 100㎡) 이상
② 물의 깊이는 0.9㎡ 이상 2.7m 이하
③ 수영조 주변통로의 폭은 1.5m 이상
④ 물미끄럼대, 유아 및 어린이용 수영조는 임의시설이다.

372 스포츠시설의 시설 형태에 따른 분류로 적합하지 않는 것은?
① 개별 시설 ② 통합형 시설
③ 복합형 시설 ④ 종합형 시설

373 스포츠산업에서 최근 고객관리의 중요성이 대두되고 있다. 다음 중 스포츠산업의 고객관리의 역할과 가장 거리가 먼 것은?
① 기존고객의 유지
② 관계발전 단계로 유도
③ 신규고객 유치
④ 고객 신상정보 확보

373 ④
372 ②
371 ③
370 ②
369 ③
368 ④
367 ②
366 ④
365 ②
364 ④
363 ④
362 ④

연습문제 스/포/츠/시/설/경/영/론

374 골프장 안에서는 숙박업의 시설물을 설치할 수 없다. 다만, 다음의 요건에 적합한 경우에는 숙박시설을 설치할 수 있다. 잘못된 것은?
① 자연보전권역, 자연공원법 제4조 내지 제6조의 규정에 의하여 자연 공원으로 지정된 구역이 아닐 것
② 골프장 규모가 18홀 이상일 것
③ 숙박시설과 수영장을 함께 설치할 경우에는 수영조의 바닥면적이 200 제곱미터(시, 군의 경우에는 100제곱미터)를 초과하지 아니할 것
④ 숙박시설 건물의 층수는 10층을 초과하지 아니할 것

375 체육시설업의 시설기준 중 필수시설이 아닌 것은?
① 수용인원에 적정한 주차장(등록체육시설업에 한한다) 및 화장실
② 적정한 환기시설
③ 관람석
④ 탈의실, 샤워실 및 급수시설

376 고객관리 프로그램에 적합하지 않는 것은?
① 마일리지제도
② 회비 할인제도
③ 홍보용 도서 발간
④ 고객감동의 실현

377 고관여 상품의 경우 일반적인 고객의 구매행동 절차에 포함되지 않는 것은?
① 욕구 인식
② 정보 탐색
③ 정보 처리
④ 평가

378 고객을 자극하는 방법으로 적합하지 않는 것은?
① 쾌락적 자극
② 위협적 자극
③ 유머러스한 자극
④ 특별한 자극

379 관람스포츠의 분류 형태와 가장 거리가 먼 것은?
① 프로스포츠
② 전국체전
③ 직장체육대회
④ 경마

380 참여 스포츠 시설업의 특징에 대한 설명으로 틀린 것은?
① 사업의 특성상 초기 투자비가 많음에도 불구하고 그 회수는 장기간 소요된다.
② 대규모 장치사업으로 타 사업에 비해 해당 시설 및 설비 등과 관련된 하드웨어에 대한 지출 비중이 높다.
③ 개장 후 초기 시설계획이나 운영 컨셉트의 오류 발생시 쉽게 이를 수정할 수 있으며, 다른 프로그램 운영을 위한 시설로의 변환이 용이하다.
④ 스포츠 시설 업은 초기 시설 운영에 있어서 오류가 발생하는 경우 이를 수정하기 위해 막대한 위험과 비용 지출이 수반된다.

381 관람스포츠시설의 특징과 가장 거리가 먼 것은?
① 제공되는 부대시설이 다양하다.
② 시설자체가 고객유인에 미치는 영향이 크다.
③ 고객이 전체 서비스의 일정 역할을 담당한다.
④ 스타선수가 중요한 고객 유인의 동기가 된다.

382 관람스포츠 소비 집단에 관한 설명으로 틀린 것은?
① 프로구단의 시즌티켓 소비자는 대량 소비자로 분류된다.
② 중계프로그램 시청자는 주요 관람스포츠 소비 집단이다.
③ 좌석 라인센스(seat license) 구매자는 충성도 높은 구매자에 속한다.
④ 기업은 관람스포츠 소비자로 볼 수 없다.

383 소유자와 경영자가 다른 간접경영 형태를 말하며, 일반적으로 정부 또는 지방자치단체가 투자하여 소유하고, 경영은 다른 사람에게 위탁하므로 투자자는 직접 경영에 참여하지 않는 형태의 경영방법은?
① 직접경영   ② 위탁경영   ③ 임대경영   ④ 제3경영

384 스포츠시설 경영효율성 검토하기 위해 사용하는 진단계수 산출방법으로 적합하지 않은 것은?
① 사업장 이용자 수 = 총 이용자 수 / 총 실시사업단위 수
② 시간당 이용자 수 = 총 이용자 수 / 시설공용면적
③ 직원당 이용자 수 = 총 이용자 수 / 전문 직원 수 + 파트타임직원 수
④ 운동장 면적당 이용자 수 = 총 이용자 수 / 총 운동장면적

 스/포/츠/시/설/경/영/론

385 공공체육시설에 관한 설명으로 적합하지 않은 것은?
① 일반대중의 이용도를 높이기 위해 이용자의 전반 요구에 부응하는 시설이다.
② 공공성을 최대한 보장한다는 의미에서 일반 대중에게 지역적, 시간적으로 균등한 혜택을 부여한다.
③ 수익창출에 우선순위를 둔 복합 스포츠 문화공간이다.
④ 사회구성원의 적극적이고 건전한 스포츠 활동을 장려하기 위해 일반 대중들을 대상으로 설치하는 시설을 의미한다.

386 참여 공공체육시설의 기능이 아닌 것은?
① 참여자의 건강 및 체력 유지·증대의 장으로서의 기능
② 참여자의 체육·스포츠 활동을 위한 공간으로서의 기능
③ 스포츠지도의 기능에 대한 육성을 위한 장으로서의 기능
④ 자생 체육단체의 육성을 저해하는 장으로서의 기능

387 다음 중 스포츠 시설 경영전략에 대한 설명으로 틀린 것은?
① 경쟁자가 가격을 조사 후 이에 대응하여 가격을 책정하는 경영전략은 원가계산 전략이다.
② 다양한 경영환경의 변화로 인해 경쟁력 상실이 우려되는 경영전략은 원가우위 전략이다.
③ 한정된 시장 내에서 목표시장의 축소 및 소멸될 위험이 있는 경영전략은 집중 전략이다.
④ 고객 로열티 형성이 용이하고 전략 요구 시 비교적 다양한 경영전략은 차별화 전략이다.

388 스포츠시설 업 가격정책 중 단기적 이익을 목적으로 고가격으로 고소득층을 대상으로 가격을 결정하고 차후에 가격을 내리는 것은?
① 흡수가격정책　　　　　　　　　② 침투가격정책
③ 차별화가격정책　　　　　　　　④ 시장가격정책

389 스포츠센터의 효율적 회원관리 및 확보를 위해 고객들을 인구통계 특성별로 구분해 전개하는 마케팅 전략은 무엇인가?
① 차별화전략　　　　　　　　　　② 세분화전략
③ 집중화전략　　　　　　　　　　④ 경쟁우위전략

390 다음에 나오는 체육시설 이용금액 표에서 적용된 가격전략은?

프로그램	요일	시간	사용료(1시간 기준)	
			회원	비회원
수영	월~토	12:00-13:00	성 인 : 2,000원 청소년 : 1,300원 어린이 : 1,000원	성 인 : 2,500원 청소년 : 1,700원 어린이 : 1,300원
	일요일 공휴일	10:00-13:00 14:00-17:00	성 인 : 2,500원 청소년 : 1,700원 어린이 : 1,200원	성 인 : 3,200원 청소년 : 2,200원 어린이 : 1,600원
요가	일요일 공휴일	10:00-13:00 14:00-17:00	성 인 : 1,800원 청소년 : 1,200원 어린이 : 1,100원	성 인 : 2,300원 청소년 : 1,500원 어린이 : 1,400원

① 원가기준 가격전략
② 가격차별화 전략
③ 신상품 가격전략
④ 묶음 가격전략

391 새로운 종합체육 스포츠시설을 설립하기 위해 부지 선정 시 고려하여야 하는 요인과 가장 거리가 먼 것은?

① 해당부지 주변의 미래 개발 관련 계획
② 해당부지의 개발 관련 법률 사항
③ 사용용도
④ 개발 허가기관과의 인적 관계성

392 스포츠시설의 입지결정 기법 중 요인평가법이라고도 불리는 간당하여, 이해하기 쉬운 입지결정 기법은?

① 가중치 이용법
② 중력모델법
③ 의사결정나무기법
④ 확실성등가법

393 스포츠시설 입지결정을 평가하는 방법 중 시설물의 규모와 시설물까지의 이동거리의 관계로 최적지역을 찾아내는 방법은 무엇인가?

① 가중치이용법
② 중력모델법
③ 요인평가법
④ 의사결정나무기법

394. 다음 중 스포츠센터를 중력모델 법을 이용하여 평가했을 때, 매력도가 가장 높은 것은?
① A스포츠센터 - 200평의 규모, 20분 거리
② B스포츠센터 - 180평의 규모, 15분 거리
③ C스포츠센터 - 300평의 규모, 30분 거리
④ D스포츠센터 - 250평의 규모, 25분 거리

395. 다음 중 가중치 이용법으로 평가했을 때 가장 적합한 스포츠센터 시설의 입지는?

입지요인	가중치	A입지	B입지	C입지	D입지
시설물 지대	0.3	90	80	70	90
유통, 거주 인구	0.4	70	80	80	70
교통 환경	0.3	80	90	60	90

① A입지　② B입지　③ C입지　④ D입지

396. 서울특별시는 야구경기의 고객이 늘어남에 따라 전천후 시설인 돔구장을 건설하기로 결정하고, 입지를 조사한 결과 아래와 같이 4가지를 선정하였다. 가중치이용법을 적용하였을 때 가장 우수한 조건의 입지는?

입지요인	가중치	A입지	B입지	C입지	D입지
접근성	0.5	80	90	60	70
유동인구	0.4	70	80	70	60
상권형성	0.3	60	80	70	50
교통환경	0.2	50	90	90	80
주변거주인구	0.1	60	50	80	90

① A　② B　③ C　④ D

397. 다음 표에서 가중치 이용법을 이용했을 때 스포츠 시설의 입지 대안으로 가장 적합한 곳은?

입지요인	가중치	A입지	B입지	C입지	D입지
시설물지대	0.5	80	70	85	90
상권형성	0.3	70	80	85	85
유동 및 거주 인구	0.1	90	70	60	55
교통 환경	0.15	80	70	60	60
도로 환경	0.1	80	75	75	70
지역사회 태도	0.1	50	70	50	80

① A입지　② B입지　③ C입지　④ D입지

398 다음중 가중치 이용법으로 평가했을 때 가장 적합한 스포츠 센터 시설의 입지는?

입지요인	가중치	A입지	B입지	C입지	D입지
시설물지대	0.3	80	80	70	90
유동, 거주인구	0.2	80	90	80	70
교통환경	0.3	80	90	90	90
지역사회 태도	0.2	90	70	100	70

① A입지　　② B입지　　③ C입지　　④ D입지

399 스포츠 센터의 시설 설계디자인 시 고려하여야 하는 요인과 가장 거리가 먼 것은?
① 센터의 오픈 및 마감 시간
② 이용자들이 편리하게 움직일 수 있는 동선
③ 신체장애인, 어린이, 노약자를 고려한 동선 및 이용시설
④ 바음 설계 및 음향 시스템

400 스포츠센터 설계의 단계 중 평면계획에 해당하지 않는 것은?
① 건물의 외보환경과 위치, 크기 등의 계획
② 건물의 층수별 계획
③ 시설의 동선 계획
④ 시설의 화장실 위치, 설비 등의 계획

401 운동장 시설 설계 시 기본적인 고려사항이 아닌 것은?
① 스포츠시설의 중심이 되는 육상경기장은 장축이 남북이 되도록 방위를 택하여야 한다.
② 부지는 경기에 필요한 넓이에 따라 결정하지만, 전면은 반드시 동편으로 하여야 한다.
③ 햇빛 등을 고려하여 건물의 남쪽에 설치하는 것이 좋다.
④ 건물보다는 낮은 부지에 설치해야 관리나 운영상 편리하다.

402 스포츠 시설의 활용도를 제고하기 위한 방안으로 옳지 않은 것은?
① 스포츠시설 공간 확보와 부대시설의 개선
② 스포츠시설 설치 기준의 강화와 환경 친화적 설계
③ 다목적으로 이용 가능한 시설 및 설비의 도입과 설치
④ 홍보활동 강화와 고객 유치를 위한 경영체제 도입 촉진

394 ②　395 ②　396 ②　397 ④　398 ③　399 ①　400 ①　401 ①　402 ①

403 스포츠 경기장 시설을 활용하는 방법으로 적절하지 않은 것은?
① 적극적인 스포츠 이벤트를 활용하여 관중동원을 활성화시킨다.
② 각종 콘서트 등을 개최하여 복합문화 공간으로써 수익성을 높여 나간다.
③ 대형할인점, 복합영상관, 예식장사업, 은행, 식음료 등 갖가지 임대사업을 추진한다.
④ 시민의 편익증진보다는 수익의 극대화에 우선순위를 둔 복합 체육문화 공간으로 적극 활용한다.

404 스포츠시설의 효율적인 활용방안에 대한 내용과 가장 거리가 먼 것은?
① 종합스포츠센터 건립 시 다양한 계층의 폭넓은 수요를 충족시키기 위한 수요조사가 선행될 필요가 있다.
② 관람 스포츠시설은 설계 초기부터 문화시설, 위락시설 등 복합적인 활용 계획의 수립이 요구된다.
③ 정부 및 지자체가 운영하는 공공스포츠시설도 공익성보다도 경제성이 우선시된 합리적인 경영이 이루어져야 한다.
④ 스포츠시설 내 상업시설의 임대 및 각종 이벤트 개최에 있어서도 경제성을 고려한 마케팅 계획이 수립되어야 한다.

405 지방자치단체가 많은 예산을 들여 최신 스포츠시설을 완공했을 때 얻을 수 있는 효과와 가장 거리가 먼 것은?
① 이용자들의 건강 증진
② 지역주민의 자긍심 고취
③ 차기 비장자치단체장 선거에 활용
④ 지역사회 발전에 기여

406 체육시설의 설치 · 이용에 관한 법률상 체육시설 등에 관한 용어설명으로 틀린 것은?
① '회원'이란 1년 미만의 일정 기간을 정하여 체육시설의 이용료를 지불하고 그 시설을 이용하기로 체육시설업자와 약정한 자를 말한다.
② '체육시설'이란 체육활동에 지속적으로 이용되는 시설과 그 부대시설을 말한다.
③ '체육시설 업'이란 영이를 목적으로 체육시설을 설치 · 경영하는 업을 말한다.
④ '체육시설업자'란 체육시설 업을 등록하거나 신고한 자를 말한다.

407 다음 중 연도별 스포츠 시설 업 관련 규제 개선내용으로 틀린 것은?
① 1999년 : 탁구장, 롤러스케이트장 자유업종화
② 2000년 : 운동장, 체육관, 수영장 등 체육시설의 입장료에 대한 부가금제도 폐지
③ 2006년 : 대중 골프장, 스키장 세제 인하
④ 2007년 : 상수원 보호구역 주변지역 골프장 숙박시설 설치요건 폐지

408 다음 ( ) 안에 들어갈 알맞은 것은?

> 체육시설의 설치 이용에 관한 법령상 위반행위의 횟수에 따른 과태료의 기준의 최근 ( )간 같은 행위로 과태료를 받은 경우에 적용한다.

① 6개월　　　　　　　　　　　　② 1년
③ 1년 6개월　　　　　　　　　　④ 3년

409 체육시설의 설치 이용에 관한 법률상 체육지도자의 배치기준으로 옳은 것은?

체육시설업	규모	배치인원
골프장업	골프코스 9홀 이상 18홀 이하 골프코스 18홀 초과	1명 이상 2명 이상
스키장업	슬로프 5면 이하 슬로프 5면 초과	1명 이상 2명 이상
요트장업	요트 10척 이하 요트 10척 초과	1명 이상 2명 이상
조정장업	조정 20척 이하 조정 20척 초과	1명 이상 2명 이상

① 골프장업　　　　　　　　　　② 스키장업
③ 요트장업　　　　　　　　　　④ 조정장업

410 다음 중 스포츠시설의 회원 보호에 대한 설명으로 올바른 것은?

① 사업계획이 승인을 얻은 자라해도 회원을 모집할 수는 없으며, 회원모집 개시일 30일 전까지 시·도지사 및 시장·구청장에게 회원모집계획서를 작성 제출하여야 한다.
② 회원의 종류, 회원 수, 모집 시기, 모집방법 및 절차, 회원 모집총금액 등에 관하여 필요한 사항은 문화체육관광부령으로 정한다.
③ 스포츠시설업자 및 사업계획의 승인을 얻은 자는 회원 자격의 양도 양수 및 입회금액의 반환 동에 있어 회원의 권익보호를 위해 대통령령이 정하는 사항을 준수해야 한다.
④ 회원모집에 앞서 시설업자 및 사업자는 그 시설 안에서 발생한 피해에 대한 보상을 위해 보험에 가입하여 하며 소규모 시설업자의 경우에도 예외가 될 수 없다.

411 체육시설의 설치 이용에 관한 법률상 체육시설의 회원을 보호하기 위한 규정으로 틀린 것은?

① 회원자격의 양도·양수 : 회원이 그 자격을 다른 사람에게 양도하려는 경우에는 양수하려는 자가 법령상 회원의 자격제한 기준에 해당하는 경우 외에는 이를 제한하여서는 아니 되며, 회원자격을 양수하는 자로부터 회원자격의 양도·양수에 따른 일체의 비용을 징수하는 경우 실비를 기준으로 한 금액이어야 한다.

② 연회원에 대한 입회 금액의 반환 : 연회원이 회원자격의 존속기한이 끝나 입회금의 반환을 요구하는 반환을 요구하는 날부터 10일 이내에 반환하여야 한다. 다만, 입회금의 반환 여부 등에 관한 약정이 있는 경우에는 그 약정에 따른다.

③ 회원증의 확인·발급 : 회원이 입회한 날부터 10일 이내에 회원증을 작성하여 문화체육관광부령으로 정하는 바에 따라 회원에게 확인·발급하여야 한다. 회원자격을 양수한 회원의 경우에도 또한 같다.

④ 회원 대표기구 : 회원이 회원을 대표하는 운영위원회를 구성할 것을 요구하는 경우 회원 10명 이상으로 구성하게 되어야 하고, 회원의 권익에 관한 사항은 그 운영위원회와 미리 협의하여야 한다.

412 골프회원권 중 예탁금 회원제에 관한 설명으로 옳은 것은?

① 회원들이 골프장의 소유권과 이용권을 모두 소유하고 있는 제도이다.
② 주주회원제와 유사한 제도로 골프장의 주인이 없고 회원들이 자체적으로 골프장을 운영하는 제도이다.
③ 1년에 한 번씩 납부하는 회비로 운영하는 제도이며 재산권적 의미는 없다.
④ 일정금액을 맡기고 약관에 명시한 기간이 지나면 입회금 반환을 요청할 수 있는 권리를 부여한다.

413 공공스포츠 시설의 경영 관리적 측면에서 관리운영 주안점이 아닌 것은?

① 정기적 경영진단과 평가
② 지속적 홍보방안 강구
③ 민간 위탁관리의 적합성 검토
④ 지역사회의 네트워크화

414 스포츠시설 배치의 기본 원칙과 가장 거리가 먼 것은?

① 이용자의 편리성
② 창의적 공간배치를 통한 창조성
③ 효과적인 투자를 통한 경제성
④ 업무처리의 효율성

415 스포츠시설 홍보를 위한 FCB(Foote Cone & Belding) Grid 모델에 대한 설명으로 틀린 것은?
① FCB Grid 모델은 4개의 공간으로 구성된다.
② 제1공간은 고관여 – 이성 공간으로 이곳에 속하는 제품은 소비자들이 구매 시 많은 정보를 탐색하는 특징을 보여준다.
③ 제2공간은 고관여 – 감성 공간으로 담배, 술, 청량음료, 영화 등이 해당된다.
④ 제3공간은 저관여 – 이성 공간으로 브랜드 충성도가 습관을 형성하게 된다.

416 국내 프로구단의 경기장 내 수입원과 가장 거리가 먼 것은?
① 입장수입
② PSL(Personal Seat Licensing) 판매수입
③ 식음료 판매수입
④ 라인센싱 및 머천다이징 판매수입

417 관람스포츠 경기장 안팎의 공간을 이용해 펼칠 수 있는 사업 중 그 성격이 다른 것은?
① 경기장 내 상업시설 공간
② 펜스 공간
③ 선수 유니폼
④ 경기장 외벽공간

418 광고효과 측정 및 경기장광고 가격 산정에 활용되는 NTIV(Net TV Impression Value)란 무엇인가?
① TV중계프로그램의 도달범위를 감안한 광고가치
② 시청률을 감안한 광고가치
③ 시청인구를 감안한 광고가치
④ TV노출을 광고률 환산한 가치

419 관람스포츠 소비자 행동 중 재 관람의사에 영향에 주는 요인과 가장 거리가 먼 것은?
① 경기장 시설   ② 팀 지지도   ③ 관람비용   ④ 사회공익성

420 스포츠조직이 재원을 확보하기 위한 좌석 라이센스(PSL)에 관한 설명으로 옳은 것은?
① 경기장건설 사업체가 좌석 사업권을 취득하기 위해 부담하는 비용이다.
② 개인이나 사업체가 좌석에 이름을 각인하는 대가로 부담하는 비용이다.
③ 특정좌석의 시즌티켓을 구매할 수 있는 권리를 취득하는 대가로 지불하는 비용이다.
④ 경기장의 모든 좌석을 구매할 때 할인을 받을 수 있는 권리를 취득하는 대가로 지불하는 비용이다.

411 ③ 412 ④ 413 ④ 414 ② 415 ③ 416 ④ 417 ① 418 ④ 419 ④ 420 ③

421 입장권에 관한 설명으로 틀린 것은?
① 수익의 원천으로 사용된다.
② 경기를 관람할 수 있는 권리를 제공한다.
③ 입장권은 법적 책임성이 없다.
④ 입장권을 광고매체로 이용되기도 한다.

422 한 시즌 동안 좌석을 개인에게 지정하여 경기관람이 가능한 입장권은?
① PSL ② Suit ③ Club Seat ④ Group Ticket

423 프로야구경기의 총 관중 수가 2,000명인 경기장에 500명을 표집할 때의 표집률은?
① 25% ② 40% ③ 80% ④ 100%

424 다음 경기에 홈팀의 입장권 수입은?

> 경기의 입장권 수익배분율은 홈팀72% 원정팀 28%이고 입장권 가격은 지정석 8,000원, 일반석 6,000원이다.
> 이 날 경기에 관중이 1만명(지정석 5,000명, 일반석 5,000명)입장했다.

① 7,000,000원
② 19,000,000원
③ 50,400,000원
④ 70,000,000원

425 A구단의 입장권 가격은 특석1만원, 일반석 5,000원, 군경할인 3,000원으로 3종류이다. 오늘 경기에서 A구단은 특석 1,000장, 일반석 1만장, 군경할인 1,000장을 판매하였다. A구단의 오늘 평균 입장료는 얼마인가?
① 6,000원 ② 5,000원 ③ 5,250원 ④ 4,500원

426 경기장 임대조건을 설정할 때 반영해야 하는 사항과 가장 거리가 먼 것은?
① 사업가치의 원천이 이벤트 개최에 있기 때문에 이벤트 생산업체의 생산원가가 임대 조건에 반영되어야 한다.
② 경기장 소유주인 자치단체는 지역주민이 얻는 심리적 소득 중 무형의 이익이 발생한다는 것을 감안할 필요가 있다.
③ 경기장 사업에서 발생하는 수입을 어떻게 분배할 것인지를 경기장 소유주, 프로구단 등 가치사슬에 입각해 설정할 필요가 있다.
④ 경기장사업의 가치가 형성되는 기반은 경기장을 찾는 관중이므로 관중 비율이 임대 조건에 반영되어야 한다.

427 경기장 임대와 관련된 내용과 가장 거리가 먼 것은?
① 임대사업의 1차 목표는 경기장의 수익성 제고라 할 수 있다.
② 장기임대는 제3자에게 시설의 운영권을 임대하는 방법이다.
③ 임대 시 임대자의 생산원가와 발생수익의 분배방법을 반드시 고려한다.
④ 임대주의 무형의 이익은 경기장 임대 시 고려할 사항이 아니다.

428 프로구단의 매점사업 계약 유형을 전통적인 위탁계약과 관리대행 수수료계약으로 구분할 때 관리대행 수수료계약 장단점으로 옳은 것은?
① 구장 측의 재정적이 부담을 덜게 된다.
② 매점운영에 대한 감사업무가 단순해진다.
③ 구장 측의 수입이 늘어날 가능성이 있다.
④ 구장측이 일일운영 계획을 할 필요가 없다.

429 경기장 매점에서 창출할 수 있는 수입의 규모 요인과 가장 거리가 먼 것은?
① 초기투자 규모   ② 관중 수   ③ 이벤트의 유형   ④ 구장의 크기

430 관람 스포츠시설인 경기장의 부대사업으로 볼 수 없는 것은?
① 식음료 품   ② 입장권   ③ 주차장관리   ④ 수단용품 판매점

431 다음 중 경기장 부대사업에 대한 내용으로 옳지 않은 것은?
① 명칭사용권(Naming Rights)은 부대사업을 통한 수익성 제고에 도움이 된다.
② 부대사업의 위탁운영 방식에는 크게 위탁계약 방식과 관리대행 방식이 있다.
③ 관리대행 방식으로 부대사업을 운영할 경우 스포츠조직의 수익 증대 효과가 있다.
④ 위탁계약 방식은 피위탁자의 명의로, 보증금 납입형태로 운영되는 것이 일반적이다.

432 다음 중 관람스포츠 비즈니스와 연관된 집단으로 성격이 다른 하나는?
① 매점사업자   ② 타이틀 스폰서   ③ A-보드 광고주   ④ 경기장명칭 사용권자

433 국내 프로스포츠 구단 중 구장 명칭권(Naming Rights)활용의 일환으로 역 명부기권을 계약하여 사용한 최초의 구단은?
① 롯데 자이언트   ② LG트윈스   ③ SK와이번스   ④ FC서울

433 ③
432 ①
431 ③
430 ②
429 ④
428 ③
427 ④
426 ④
425 ③
424 ③
423 ①
422 ①
421 ③

434 다음 중 Naming Rights을 올바르게 설명한 것은?
① 일정기간의 대회명칭 사용권이다.
② 스포츠조직이 라이센스 의 특정 브랜드명을 스포츠 PR에 활용하는 권한이다.
③ 일정기간의 구장 명칭 사용권이다.
④ 기업의 브랜드 프로퍼티 권한이다.

435 스포츠시설 운영방침 수립 시 유의해야 할 사항과 가장 거리가 먼 것은?
① 운영방침은 경영자 입장에서 수익을 고려하여 수립되어야 한다.
② 일부 이용자들의 전유물이 되지 않도록 하여야 한다.
③ 시설의 기능이 충분히 발휘될 수 있도록 해야 한다.
④ 이용요금 및 이용시간이이용자 중심에 맞도록 적절하여야 한다.

436 다음 중 스포츠 시설에서 이용자에게 제공하는 서비스와 가장 거리가 먼 것은?
① 경영서비스   ② 상담 서비스
③ 지도서비스   ④ 프로그램 서비스

437 스포츠 시설업 경영 시 입지에 대한 설명으로 가장 적합하지 않은 것은?
① 입지결정은 스포츠사업을 진출하는 순간 가장 우선적으로 해야 할 요소이다.
② 소비자의 필요와 수요예측을 고려하여 선정한다.
③ 스포츠 시설의 입지 및 규모가 결정되면 다음은 시설물내 설비배치를 해야 한다.
④ 공공스포츠시설과 가까운 상소를 물색한다.

438 아래 (   )에 들어갈 운영방식은?

> 일본의 경우 공공시설관리를 관리나, 운영, 서비스면에서 높은 효율성과 장점을 지닌 민간 조직에게 시설운영을 위탁하는 '지정관리자제도'를 도입하기 이전의 공공시설 운영방식 중 민간기업이 재량껏 경영할 수 있어 이용객 수를 늘릴 수 있고, 증측과 개축도 가능한 장점을 갖는 반면 도시공원법에 의한 적용시설이 한정됨에 따라 사용료 수입이 결정되어 있어 민간기업의 손실도 크다는 단점을 지닌 운영방식을 (   )이라고 한다.

① 위탁정액방식   ② 위탁쉬입방식
③ 관리허가방식   ④ 건설위탁방식

439 다음 중 등록 체육시설업끼리 짝지은 것은?
① 당구장업, 골프장업
② 요트장업, 무도학원업
③ 골프장업, 스키장업
④ 볼링장업, 빙상장업

440 공공스포츠시설의 위탁경영 시 예상되는 문제점과 가장 거리가 먼 것은?
① 특정 주민들에게 편중되어 이용될 가능성이 있다.
② 사고가 발생할 경우 책임소재가 불명확할 수 있다.
③ 공휴일 등 개장시간의 탄력적 이용이 불가능하다.
④ 전반적인 서비스 수준의 저하를 초래할 수 있다.

441 체육시설의 설치·이용에 관한 법규상 체육시설업의 시설 기준으로 틀린 것은?
① 수용인원에 적합한 주차장(등록 체육시설업만 해당한다) 및 화장실을 갖추어야 한다.
② 수용인원에 적정한 탈의실, 샤워실 및 급수시설을 갖추어야 하는데 수영장과 빙상장업의 자동차 경주장업에는 탈의실, 샤워실을 대신하여 세면실을 설치할 수 있다.
③ 체육시설(무도학우너업과 무도장업은 제외한다) 내의 조도(照度)는 「산업표준화법」에 따른 조도기준에 맞아야 한다.
④ 적정한 환기시설을 갖추어야 한다.

442 스포츠센터에서 제품이나 프로그램을 수정하지 않고 기존의 표적시장에서 소비자들의 참여 횟수 또는 타제품의 이용을 유도하는 마케팅 전략 형태는?
① 시장침투전략
② 프로그램개발전략
③ 시장개발전략
④ 프로그램다각화전략

443 체육시설의 설치·이용에 관한 법규상 승마장업의 시설기준으로 틀린 것은?
① 실내 마장의 면적은 300제곱미터 이상이어야 한다.
② 말의 관리에 필요한 마사(馬舍)를 설치하여야 한다.
③ 실외 마장은 0.8미터 이상의 목책(木柵)을 설치하여야 한다.
④ 3마리 이상의 승마용 말을 배치하여야 한다.

443 ①
442 ①
441 ②
440 ③
439 ③
438 ③
437 ④
436 ①
435 ①
434 ③

444 체육시설의 설치·이용에 관한 법률에 해당하는 사업자의 보험가입 의무와 관련된 내용 중 틀린 것은?
① 체육시설의 설치·이용에 관한 법률에 따라 강제가입대상인 사업자는 체육시설업을 등록하거나 신고한 날부터 10일 이내에 손해보험에 가입하여야 한다.
② 체육도장업, 체력단련장업, 당구장업을 설치·경영하는 자에 대해서는 보험가입의무가 면제된다.
③ 체육시설의 설치·이용에 관한 법률은 신고 체육시설업자에게만 보험의 가입을 의무화하고 있다.
④ 손해 보험에 가입한 등록 체육시설업자는 그 사실을 증명하는 서류를 시·도지사에게 제출하여야 한다.

445 스포츠시설의 스포츠참여 형태에 포함되지 않는 것은?
① 인지적 참여
② 정의적 참여
③ 창조적 참여
④ 행동적 참여

446 관람스포츠시설 사업에서 이벤트 개발 시 고려해야 할 사항과 가장 거리가 먼 것은?
① 이벤트의 주제 등이 관련자에게 감동이 일어나도록 기획되어야 한다.
② 이벤트 참가자들로부터 충분한 공감을 끌어낼 수 있어야 한다.
③ 참가자들의 관심유발을 위한 오락적 요소가 포함되어야 한다.
④ 참가자들의 주의집중과 상관없이 빠르게 진행되어야 한다.

447 고객 유치에 영향을 주는 요인과 가장 거리가 먼 것은?
① 정치요인
② 인구통계학요인
③ 상황요인
④ 동기요인

448 체육시설의 설치·이용에 관한 법률상 썰매장업의 시설기준으로 틀린 것은?
① 슬로프 규모와 관계없이 제설기 또는 눈살포기 등을 갖추어야 한다.
② 썰매장의 부지면적은 슬로프 면적의 3배를 초과할 수 없다.
③ 슬로프의 가장자리에는 안전망과 안전매트를 설치해야 한다.
④ 슬로프 규모에 적절한 썰매와 제설기를 갖추어야 한다.

449 스포츠 경기장 시설을 활용하는 방안으로 가장 거리가 먼 것은?

① 수익의 극대화를 우선순위로 복합 체육문화 공간으로 적극 활용한다.
② 콘서트 등 각종 문화행사를 개최하여 복합문화공간으로 활용한다.
③ 각양각색의 스포츠 이벤트를 활용하여 관중동원을 활성화시킨다.
④ 부대 시설 및 다양한 임대사업으로 활용한다.

저자 소개

윤 태 훈

한양대학교 Ph.D.(스포츠산업전공)
남서울대학교 스포츠비즈니스학과 교수(대외협력처 부처장)
대한스쿼시연맹 경기위원장
충남스쿼시연맹 전무이사
아시아스쿼시연맹 마케팅이사
한국 스포츠엔터테인먼트법학회이사
문화체육관광부 스포츠 산업 R&D 기술위원
대한체육회 스포츠인권 전문인력위원
교육부산하 국립국제교육원 심사위원
문화체육관광부 경기지도자(생활체육) 2급, 3급 심사위원
대한체육회 최우수논문상 수상

전)스쿼시 국가대표선수, 코치, 감독역임
전)코오롱스포렉스근무
전)롯데그룹스포츠부 근무
전)삼성그룹근무(삼성라이온스, 호텔신라, 삼성스포츠단)
전)충남골프협회 전무이사

주요저서
스쿼시게임(대한스쿼시연맹, 1993)
스쿼시론(대한스쿼시연맹, 2002)
스쿼시(대한스쿼시연맹, 2006)
스포츠클럽비즈니스(숲속의 꿈, 2006)
스포츠시설경영(대한미디어, 2008)
스포츠법령입문(태근, 2009)
스쿼시가이드(태근, 2011)
스쿼시의 전략과전술(남서울대 출판국, 2012)
누구나 쉽게배우는 스쿼시(대경북스, 2015)

김 성 훈

한양대학교 Ph.D.(스포츠산업전공)
수원과학대학교 생활체육계열 겸임교수
한국과학기술원 대우교수
SEI연구소 국내연구담당 연구원
㈜ A. PARTNERS 대표

전)한양대학교 체육과학연구소 전임연구원
전)세계태권도학회 사무국장
전) ㈜ 와이즈웰리스 마케팅자문

이 성 민

日 준텐도대학교 Ph.D.(스포츠매니지먼트 전공)
한양대학교 Ph.D.(스포츠마케팅 전공)
수원과학대학교 생활체육계열 조교수 및 학과장
(사)한국스포츠산업협회 이사 및 포럼위원장
대한체육회 미래전략위원회 위원
문화체육관광부 국제행사 심사위원회 위원

주요저서
지도자를 위한 Aerobics의 이해(도서출판 금광, 2006)
유아체육의 지도법 – 유아체조를 중심으로–(도서출판 금광, 2005)

주요역서
24 키워드로 본 스포츠 비즈니스
일본 프로 스포츠 정복하기(비즈토크북, 2014)